庫
ション

新装版

憲兵

元・東部憲兵隊司令官の自伝的回想

大谷敬二郎

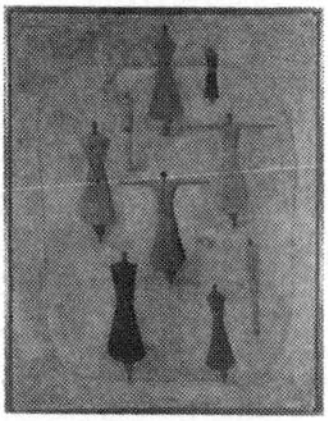

潮書房光人新社

本書では東部憲兵隊司令官を務めた著者の実体験をもとに綴られています。

憲兵というものは権力悪の象徴という感が強く、良いイメージを持たない人が多分にいるなか、本来の任務は軍事警察であり、それを忘れたものは憲兵失格であると著者は訴えます。

昭和の激動期、軍民の間にあって、民情、人間の機微に接した憲兵の姿を昭和の陸軍史とともに描きます。

昭和12年正月、参賀の後、赤坂憲兵分隊長官舎にて記念写真に収まる著者。大正8年、陸軍士官学校卒業。昭和5年、憲兵に転科。後、東大法学部に派遣される。昭和激動期、憲兵としてつぶさに事件の処理にあたる。また職務柄、ひろく民情に接し、人びとの機微に触れる温厚な憲兵であった。

▷昭和 17 年 7 月、シンガポール軍政監部司政官時代の著者 (左)。△同じく執務室における司政官当時の著者。

昭和 18 年、京城憲兵隊長時代。後列右から 4 人目が著者 (憲兵大佐)。

憲兵――目次

満州事変勃発の前後
——関東軍と関東憲兵隊

軍都千葉
——時局に動く将校たち

戒厳司令部の幕僚たち
——事件捜査の裏におどる

暗黒裁判に思う
——つぶさに世情を体感して

反軍のひととき
——国民の目は正しい

奇妙な警察務
——狂人二題

万歳に沸く兵営街
——応召兵の二つの窃盗事犯

国外に追放された男
——浅原健三を中心として

排英運動の高まり
――そのこれを動かすもの

政治の中の憲兵
――その反省と痛恨

スパイ物語二題
――潜入スパイとデッチ上げスパイ

南方占領地軍政に干与して
——現住民政策の反省など

戦争末期の朝鮮
——戦争が与えた傷痕は深い

空襲と共に東京へ
——本土戦場化とその警察

殺人光線にからまる「科研」騒動
——大発明家か大詐欺漢か

敗戦と憲兵の終焉
——その悲惨なる末路

憲兵

元・東部憲兵隊司令官の自伝的回想

満州事変勃発の前後
——関東軍と関東憲兵隊

憲兵一年生

わたしが憲兵大尉の辞令をもらったのは昭和五年六月だった。一ヵ年の憲兵練習所（憲兵学校の前身）の課程をおえて、やっと憲兵転科となったわけだが、その門出にあたってひとり考えたことは、はたして自分にも憲兵といった仕事が勤まるだろうかという危惧であった。そこでの教官たちから教わった憲兵実務は、歩兵の中隊長など比較にもならぬ複雑多岐で、そのうえすべてが「かげの仕事」ばかりであったし、なによりも長い間習性づけられた軍隊的階級観にとらわれないで、高い地位の指揮官と対等に折衝するといったことなどは、余程の強気でないとできるものではない。こんなことから、わたしは憲兵になることはなったが、たいへん弱気だった。だが幸いにわたしは第一線の憲兵分隊長ではなかった。わたしの命課は、関東憲兵隊附というのである。関東憲兵隊の本部は旅順にあって関東州と満鉄付属地を管轄している。満州なら自分にとっては熟地である。すでに少尉のころ駐箚《ちゅうさつ》師団として一年、さらに中尉時代独立守備隊に三年あまり勤務している。土地の様子はたいていわかっている。この点は安心だったし、隊附とあるからには全くの独立勤務ではない。いささか安心して赴任の途についた。

途中、転科前の任地、北陸の敦賀市に立ち寄った。わたしの原隊の歩兵第十九連隊は、敦賀市の郊外粟野村にあった。新前の憲兵でも、憲兵は憲兵、わたしはなつかしい原隊を訪ねたあと憲兵分隊にも挨拶に伺った。分隊長は長浜彰大尉（終戦時大佐、比島戦犯で処刑）、ところが長浜分隊長からたいへんな事を聞かされた。

「君、関東隊に行くからにはウンと腹をすえておかなくては勤まらんぞ。あそこの隊長は二宮健市大佐といって憲兵界随一の実務家だが、気に入らぬと見さかいなくどなりつけるので有名なんだ。関東隊の前は東京隊長だったが、あそこで彼にどなられない部下は一人もいなかった。いや部下だけではない、部外者でも気に食わないと容赦しないのだ。警視庁の部課長でも彼にどなりかえされた者もいるぐらいだ。とても気位の高い、自信満々といった方だ。まあ、こういう隊長に仕えてしっかり揉んでもらうことは、苦労の仕甲斐があろうが、それだけにこっちも芯の太いところをもっていないと、神経衰弱になってしまうぞ」

すっかりおどかされてしまった。

わたしはこんな先入観をもって旅順に着いた。だが、隊長はたいへんわたしの着任を喜んでくれた。いつも昼食後の雑談のときは、いろんな経験話を聞かせてもらって仕合わせでした。ところが、カン癖の強いこと、気位の高いことは事実だった。幸か不幸か、わたしは一度も隊長からどなられたことはなかったが、副官などは毎日のようにやられていた。

こんなことがあった。本部附の蹄鉄工長（獣医部の下士官で曹長相当）が、隊下の馬事を指導するために十日ばかり出張した。その留守中に、新婚まもない妻のところに「夜這い」がもぐり込んだ。幸い事は未遂で、旅順憲兵分隊の新旅順分駐所員の手で検挙されたのであったが、当の蹄鉄工長は不在中の事故で憲兵職員にはたいへんお世話になったと思っていたのだろう。帰隊してから二宮隊長に帰隊申告をした。申告したまではよかったが、これにつけ加えて、

「留守中たいへんお世話をかけまして、ありがとうございます」

と懇ろなお礼をいった。これが隊長のカンにさわった。とたんに、

「馬鹿者！　お前たちなんかの世話をオレがするものか。退れ！」

どなりつけられた当の工長も、なぜ叱られたかわからない。ほうほうの体で退室したが、隊長は即刻、高級副官都間少佐を呼びつけて、

「躾が悪い。高級副官はもっと礼儀作法を教えろ！」

高級副官まで傍杖をくってしまった。

お礼をいって叱られる、これはいささか説明しておかないとわかりにくい。

二宮隊長は、たいへん気位の高い方だったことは前に書いた。だから下士官と俺とは格が違うのだ。下士官風情から〝お世話になりました〟などと心やすくいわれる俺じゃないんだ。そこで、なにがしか自分の気位が傷つけられたという感情の爆発が、こうした一見非常識な言動となるのだった。昭和の初めごろにはこのような隊長が、なお陸軍にはいたものだった。だからまた、二宮隊長は隊外関係でも憲兵の威信が傷つけられたと直感するときには、その

相手が軍参謀部であろうと関東庁の警務局であろうと容赦することはなかった。

当時関東軍司令官は畑英太郎大将急死後の菱刈隆大将で、参謀長は三宅光治少将、高級参謀板垣征四郎大佐、作戦主任石原莞爾参謀、情報主任新井匡夫少佐、それに片倉衷は参謀部附だった。関東庁は、長官塚本清治氏、警務局長中谷政一氏、外事課長は河相達夫氏だったと記憶している。

さて、旅順では二宮隊長と参謀部との間にはこれといった確執は見られなかったが、たしか昭和五年の秋ごろ、参謀部が、それは中央の指令によったことだろうが、大連に亡命中の山西軍閥閻錫山を民間航空機で周水子飛行場から山西に送り込んだことがあった。全く秘密裡に行なわれたもので、一切の標識を塗りつぶした、この国籍不明の飛行機は払暁に飛び立ち夕刻にはすでにかえってきていた。だが、この飛行機は日本航空のもので操縦士も民間人パイロットであった。これを知った関東庁は軍に抗議し大分もめたが、二宮隊長が中に入ってどうやら仲をとりもったこともあった。また、そのころから石原参謀の直情径行は有名で、所かまわずの悪口雑言では人々をハラハラさせていたが、その私生活はきびしく、両親と共に住みたいへんな親孝行で、しかも熱心な日蓮信者だとの評判だった。ずっとあとになってわかったことだが、彼はそのころから満蒙問題の根本的解決について研究思索していたのだった。

わたしは着任して隊の特高主任を命ぜられた。特高といっても「実働」をもたない書類上の情報扱いであったが、月一回定例的に開かれる、関東庁、満鉄、軍司令部、憲兵隊の情報連絡会議にはいつも参加して得るところが多かった。なかでも満鉄の中国共産党情報、関東庁の対朝鮮人情報はすぐれたものであった。

憲兵一年生もこんな環境で育てられていたが、なにぶんにも第一線実務にはほとんど縁がないので、いわゆる憲兵実務には依然として自信はなかったが、それでも憲兵部内一般の空気にもなじみ、一応憲兵らしいものを身につけていたといえるだろう。

なお、関東憲兵隊は内地の憲兵司令部に直属していたが、その軍事警察は関東軍司令官の区処をうけることになっていた。ここが内地憲兵と違うところだった。

事変の前夜

わたしはいわば憲兵隊の情報主任だったので、満州に関する独立の動きはおおよそわかっていた。六年春ごろからいずこともなく満蒙独立運動なるものが低迷し、朝鮮の間島方面や内蒙古方面にはささやかな独立の動きが見られたし、また、これとは別に満州独立運動といったものの胎動として、一部の中国人と支那浪人といわれた人々の奉天や大連などへの来往頻繁なるものがあった。大杉栄を殺した元憲兵大尉の甘粕正彦は当時奉天に定住していたが、こうした運動になにがしかの関与をしていることはわかっていたし、また、和田勁といった陸士二十九期出身の支那浪人や、かの張作霖爆死事件の河本大作予備大佐らも奉天、大連などに来往していたのも事実であった。

ところで、そのころわたしが隊下からくる報告を見て感じたことは、こうした工作はなにかしら奉天や大連で動いているように思われたのであるが、大連からは時々報告されるが、奉天よりは不思議にもなんの報告もなかった。そこで、わたしは奉天分隊長三谷清少佐に私信を送って、この種運動の実体把握を要請したが、その答えは満州独立運動は全く根のない風説にすぎないと書いてきた。これはあとでわかったことだが、三谷少佐こそ関東軍謀略の同志の一人であったのである。

また、六年四、五月ごろのことであったが、軍司令部の調査班で憲兵将校参加の下に、満州占領後における憲兵兵力配置等の研究がなされており、万一開戦となれば、満州は関東軍が占領し、この軍事占領の下では軍政が布かれ、憲兵が主体となって治安維持に当たる構想で、その所要兵力、編成配置等が練られ、すでにその一案が準備されていた。しかしこのような軍政に関する研究準備も関東軍としては当然のこととわたしは理解していた。なぜなら、対ソあるいは対支開戦とならば満州は当然に軍事占領されるものと信じていたからである。だからまた軍から配布された警備書類の中に、奉天市政実施計画書があったり、遼寧省（奉天省のこと）政府要人中逮捕すべき人名表があっても、それらはすべて恒例の戦時における警備書類として理解していた。

さて、満州は六年に入るとひどく荒れてきた。わが国内でも満州権益は危殆に瀕するとさわがれていたように、張学良の易幟以来革命中国の勢力はここにも伸びて排日侮日の空気は全満を蔽うていた。当時もっとも切実なる問題は奥地在留邦人に対する商権の圧迫であり、在満朝鮮人に対する非道な迫害の続出であった。そしてこうしたなかに中村震太郎大尉虐殺事件が起こった。参謀本部部員だった彼が兵要地誌調査のため内蒙古に入ったが、蘇鄂公府付近で墾屯軍第三団の兵隊に捕らえられ、同行の井杉予備騎兵曹長と共に銃殺されたのである。中村大尉は陸士三十一期、片倉やわたしなどの同期生だった。この事件で関東軍は緊張していた。その初め関東軍は自らその特務機関を通じ奉天政権と折衝し、これが調査を要求したが事態の究明は進まなかった。すなわち、選抜せる憲兵准士官、下士官二十数名をもって捜索力の差し出しを求めてきた。軍は自ら現地調査を行なうこととし関東憲兵隊に憲兵兵隊を編成しこれを洮南に派遣し現地調査を行なう、しかもこれが支援部隊として歩兵二個大隊を四平街に待機せしめるというもの。関東憲兵隊も直ちにこれが準備に着手し、すでにその命令を発していた。

そのころのある朝、わたしは出勤途上、石原参謀に会った。彼は、

「軍における捜索隊の派遣は中央が差し止めてきた。中央の腰の弱いのにも愛想がつきたが、中央から命令してきた以上独断もなりかねる。そこで軍は一応この捜索は中止することにしたので、都間君にも君から伝えておいてくれ。いずれあとから連絡はするが」

都間君とは憲兵隊の警務担当の高級副官のことである。

かくてこの軍による捜索の強行は中止されたが、この兵力派遣こそ、関東軍が満蒙問題を一気に解決するための契機となったかもしれないのである。

七月に入ると、憲兵司令官峯幸松中将が視察のため来満された。峯中将の来満はきたる八月の定期異動で退職されるので、そのお別れのための鮮満旅行と聞いていたが、随行の司令部部員三浦三郎少佐はさかんに満州情報をあつめていた。とくに「満州独立運動」に関しての報告を求められ、急いでまとめあげたことを覚えている。

八月には菱刈大将に代わって本庄繁中将が軍司令官として着任された。わたしたちの二宮隊長も少将に進級された。まもなく新任本庄軍司令官の独立守備隊に対する初度巡視、駐箚

第二師団（師団長多聞中将）に対する随時検閲が行なわれたが、そこでは必ず「警備演習」が検閲課目として課せられ注目を浴びていた。そのころ憲兵部隊でも隊下の検閲が行なわれ、わたしも二宮少将に随行し、旅順をあけることが多かった。

ともかくも、あとから考えればいろいろと不審のことはあったが、柳条溝事件が満蒙問題解決のための「付け火」であるとは、残念ながら、つゆ知ることはなかった。

柳条溝事件の勃発

九月十八日の夜、わたしは旅順の大和ホテルにいた。というのは、この日同期生の岡部英一騎兵大尉（軍馬調査班）から電話があり、宮本新（同期だが少尉ごろ病気退職）が来満したので、一夕、同期で食事をしようとの知らせであった。岡部とわたし、それに参謀部附の片倉衷の三人が、来客宮本を囲んで大和ホテルで晩餐をとった。九時ごろになると片倉は落ちつかぬ風で、用があるからお先に失礼するといってかえってしまった。

この夜十時ごろ、第一線検閲中の本庄軍司令官が遼陽から帰庁せられる予定なので、片倉の早退きも別に不思議とも思わなかった。わたしたちはそれから旧旅順の華街にのり込んで二次会をやり、わたしが官舎にかえったのは、もう十二時に近かった。

しばらく、まどろんだと思うとけたたましい電話で呼び起こされた。非常呼集！　奉天で日支両軍の衝突、と聞いた。駆け足で役所に出ると、すでに二宮隊長は登庁していた。奉天分隊とは電話をつなぎっ放しにして、続々と情報が入っていた。まもなく都間高級副官が軍の命令受領よりかえってきた。関東軍は全線、張学良軍に対し全面攻撃、軍司令部は午前三時旅順出発臨時列車により奉天に前進するという。そこで隊長はとりあえずわたしに、先発してこれに同行せよと命じた。

トランク一つを持って旅順駅に駆けつけ待機中の軍用列車にのり込んだ。発車は予定よりおくれた。ここに駐屯する歩兵第十六連隊の出発準備がおくれたのが原因だった。兵の中には巻脚絆を手にかかえているもの、水筒雑嚢も乱れ、部隊は弾薬を支給する暇もなかったのか、弾薬箱をそのまま列車に投げ入れていた。とにかく三十分ばかりおくれて午前三時三十分ごろ発車した。

軍用列車が周水子に着くと夜が明けた。関東州を出て遼陽までくると、もう事件は知れわたっていた。ここに駐屯する多聞師団主力は、夜半すでに奉天に出動したのであった。駅の構内では国旗を手にした市民たちが、万歳の声を送ってくれた。やっと「戦争だなあ」といった実感が湧いた。

この列車には軍司令部のために一、二等混合の客車がたった一つしかなかった。一等の方は軍司令官以下高等官だけだったので、すべて四人がけの混雑ぶりだった。軍司令官だけは一つの座席を占め、その前に石原参謀、新井参謀がすわっている。新井参謀は情報主任だから列車が停車するごとに駅に走って連絡をとり、刻々判明する戦況を伝える。遼陽に着いたころには、南嶺、寛城子を除いて南満鉄道沿線は完全に占領していた。南嶺の砲兵営攻撃は激戦と報告される。軍司令官に憂色が見えたが、石原参謀は「敵の抵抗が激しければ激しいほどわが戦果は偉大であります」と自信のほどを示していた。

だが、本庄軍司令官はこの兵力使用には余程心配と見えて、石原に向かってしきりと「大丈夫かね」と念を押していたのが印象的であった。石原は例の毅然たる態度で、関東軍司令部条例第三条（註、軍司令官の管外出兵権条項）に該当しているので絶対に問題は起こりません、と強気で軍司令官を激励していたのが、今でもわたしの耳に残っている。

十二時、奉天に着いた。板垣参謀がプラットホームに軍司令官を迎えていた。わたしは板垣参謀が奉天にいたことに驚いたが、それは次の事情によると聞いた。参謀本部からの連絡によって、在旅順の三宅参謀長から、

「建川第一部長が連絡のため十八日夕着奉する。この際石原参謀か板垣参謀かいずれか一人を同少将に連絡せしめられたい」

と在遼陽の軍司令官に報告されてきた。軍司令官はこのため板垣を残置し、この連絡にあたらしめた。そこで板垣は、この日午後安奉線本渓湖駅に建川を迎え、夕刻建川と共に奉天に着き、これを出迎えた花谷少佐は建川を柳町の料亭「菊文」に送り込み酒食を供して引き揚げ特務機関にかえったが、板垣はすでに奉天駅から特務機関に立ち寄り待機していた。そして事件勃発と共に在奉部隊に独断攻撃命令を下したのであった。

さて、軍司令部一行と共に奉天に着いたわたしは奉天分隊長三谷少佐の出迎えをうけ、同少佐の案内ですぐ奉天城内をひと巡りした。多聞師団はすでに飛行場の方から北陵にかけて戦線を進め追撃戦に移っていた。砲声も断続的に聞こえていた。城内のあちこちにはわが警備兵がいたが、この兵たちも昨夜来の攻撃にすっかり疲れたのであろう、機関銃のそばに、いびきをかいて眠っているものもいた。

城内で一番気がかりだったのは、今晩電灯がつくかどうかだった。幸い発電所には異状が

ないと知り安心した。そして、ともかくもその夜到着する憲兵隊本部のために、庁舎と宿舎の準備をしなければならなかった。三谷少佐の援助によって、奉天憲兵分隊に近い江ノ島町の「日華クラブ」をとりあえずの本部とすることにきめた。

板垣参謀一喝さる

九月十九日夜、隊本部は日華クラブ別館に開設された。そこではわたしは「情報主任」を命ぜられた。この夜、われわれはこの事件が軍の企図する謀略であったことを知った。三谷少佐がこれまでかくしにかくしていた同志たちの陰謀を、その憲兵としての良心にしたがって一切を二宮隊長に告白したのであった。事のからくりを聞いてしまった以上、これを率直にそのまま東京に報告すべきかどうかが問題となった。

すでに書いたように、当時の関東憲兵隊は関東軍司令官の隷属下にはない。僅かにその軍事警察についてのみ区処をうけるにとどまる。そこで二宮少将を中心に、これが東京への報告の可否が論議されたが、

「この事件が単なる柳条溝事件でとどまっているのであれば、その不当を暴露することは、あるいは憲兵として当然のことであろうが、今や関東軍は全力をあげて東北軍権に対して攻撃を行なっている。すでにわが軍にも相当の死傷者を出している。もはや憲兵はこれが摘発に出るべきではなく、むしろこれに協力する態度に出るべきである。この際憲兵はこうした陰謀には目をつぶることが大乗的な態度ではないか。したがってこの事件の陰謀を積極的に詮議立てすることは、戦場憲兵としては慎むべきである」

との結論に達した。しかし、これは公式報告の立場であって、真実の事態を「私信形式」をもって上司に報告するのは、なんら差し支えないものと了承した。

事件後数日にして陸軍省兵務課長安藤利吉大佐（註、終戦時大将、自刃）が陸軍省を代表して来奉し、事件調査にあたった。安藤大佐は陸士十六期、板垣参謀と同期、しかも同じ歩兵第四連隊の出身であったが、関東軍はこのような中央部幕僚を一切相手にしなかった。やむを得ず安藤大佐は同じ連隊出身の先輩二宮少将を訪れ、やっと真相をつかむことができた。また、橋本虎之助参謀本部第二部長の来奉は九月末で、統帥部からのお目付役だったが、臨時の軍司令部東拓ビル一階の新聞記者室のとなりに一室を与えられて、冷飯を食わされていた。

その後たしか十月末か十一月の初めに、中央は関東軍独立の風説に驚いて、軍事参議官白川義則大将を渡満せしめた。白川大将は作戦課長今村均大佐を伴って来奉したが、この時も二宮少将は大和ホテルに同大将を訪ねて事の真相を報告したし、その後も便を得るごとに、事態の動きを直接報告しておられた。

こんなことが関東軍の幕僚に洩れないわけにはいかない。憲兵のスパイ根性として幕僚たちは内心不快を感じていた。こんなこともあって幕僚たちは二宮少将に嫌悪を示していた。もともと、二宮少将は関東軍の行動には批判的だった。ことに板垣、石原、花谷といった幕僚が、本庄司令官や三宅参謀長を全くロボット扱いしている非軍紀的な態度にも内心憤りを感じていたし、謀略そのものも気に食わなかった。

ちょうど奉天に着いて三日目に、二宮少将は柳条溝の鉄道爆破現場を視察された。専属副官舟木喜代治大尉とわたしが同行した。わたしは中尉のころ奉天駐屯の独立守備第二大隊に勤務したことがあるので、この付近はよく知っていた。柳条溝の分遣隊というのは奉天守備隊から派遣されていた一個分隊ばかりのもので、線路の傍らにある小さな建物が、その庁舎だった。この近くには男女交合の大きな仏像が安置されたラマ寺があり、子宝恵みの仏さまとして有名だった。わたしたちはこの分遣隊から線路沿いに鉄道爆破地点まで歩いた。

分遣隊から北大営の支那兵舎の西南隅にかけては、一帯に高粱《こうりゃん》畑がしげっていたが、その爆破地点に立つと、ちょうどその畑の中に一線を引いたように高粱が倒れている。仔細に見ると、この爆破地点から北大営の外壁にかけて、三三五五支那兵らしいものが死んでいた。当時の東北軍兵士の着用していた浅黄色の軍服に帯剣をし、小銃を手にして倒れていたが、まだひどくは腐敗していなかった。二宮少将は静かに鉄道線路上に立ってあたりを眺めていたが、わたしに向かって、

「これは明らかに謀略である。しかもたいへんまずい謀略工作をしたものだ。戦場の実景といったものはこんなものではない。多分少しも戦場体験のない者が、思いつきで創作したものだろう」

といわれた。二宮少将は日露戦争当時少尉で初陣し、功四級の抜群の武勲者であり、またシベリア出兵にも長く戦場にあった、いわゆる歴戦の勇士だったので、実戦の体験者にはその事の真偽が直感できるものかと、感慨ふかく聞いたことを今でも思い出す。

それから北大営にまわってその兵舎内を詳しく視察したが、ここにはわが一個中隊が警備していた。その兵舎内は全くの荒廃で惨澹たるものであったが、しかし舎内至るところ反日

抗日のスローガンがベタベタ貼られており、東北軍の抗日気勢をうかがい知ることができた。こんな視察からも、二宮少将はこの謀略のあと味の悪さを感じとっていたのだろう。

その翌日、たしか九月二十三日と思う。二宮少将は三谷少佐の案内で、当時奉天省長だった臧式毅のかくれ家を訪ねたことがある。一体、事件の計画では満州要人はことごとく逮捕することになっていたが、事の勃発と共にこれらの要人たちはいち早く遁走してしまった。ところが臧式毅だけは奉天城内にいた。省民の安全を願い省民と共に苦労するのは省長たるものの責任だというのである。彼はかつて日本への留学生であった。

三谷少佐に案内されて、そのかくれ家を訪ねた二宮少将は、親しく彼に会ってその人柄識見に敬服した。そして、このような人材こそ軍において起用し、占領施策に縦横に活動の余地を与うべきだと考えた。そこで二宮少将はその帰途、さっそく軍司令部に本庄司令官、三宅参謀長を訪ねて、臧式毅の起用について意見具申した。三宅参謀長は事情がわからぬというので、板垣高級参謀の来室を求めた。少将は同じように板垣に意見をのべると、板垣大佐はさも不快気に、

「憲兵はこうしたことに干与することをやめてもらいたい」

と剣もホロロにその意見をしりぞけた。二宮少将はこの板垣の態度がカンにさわったのであろう。「何をいうか!」とすっと立ち上がって軍刀を握って板垣に詰めよったという。この気配に驚いた三宅少将は、両方をなだめてその場を収めたが、これが参謀連中に伝わって、参謀部の憲兵への態度はガラリと変わった。

たしか、その日の午後であったろう。わたしは用務のため作戦室に入った。石原を課長に

二人の少佐参謀がいた。石原中佐は傍らのソーファーに寝そべっていたが、フト起きあがり、

「大谷君、憲兵はいらざるお節介をやめて本務に精進するんだな。よく隊長にもいっておきたまえ」

といった。妙なことをいうなと思ってかえったが、そこで初めてさきの隊長と板垣の一騎打ちを聞いた。

さて、なぜに二宮少将が居丈高になって板垣をどなりつけたかというと、板垣大佐とは特殊な関係にあった。さきにもふれたが、二宮少将は陸士十四期、板垣は十六期、しかも出身連隊は共に仙台の歩兵第四連隊、その若い日、板垣の士官候補生のときは二宮は見習士官だった。見習士官と候補生、こんな間柄であるので少しも遠慮がない先輩格、少将は、板垣何者ぞ、といった感じがいつも離れなかったのだろう。

ともかくも、爾来、憲兵と軍参謀部とは全く対立してしまった。そして軍参謀たちは憲兵隊に対して水くさい態度をとったが、しかし、憲兵との事務的な連絡にはさしてこと欠かなかった。やはり憲兵を使わなくては軍事警察はもとより占領地の保安もできないし、奥地作戦のための情報収集も困難であったからだ。

張学良邸金庫爆破事件

ところが、まもなく憲兵と軍との間にまたトラブルが起こった。

花谷正少佐は事変主謀者の一人であるが、当時土肥原大佐の奉天特務機関の一員だった。のちに軍参謀部の総務課に籍をおき板垣課長の下にいたが、事件直後、林奉天総領事が軍の

謀略だと外務省に報告したことを怒って、自ら領事館にのり込んで、軍刀をガチャガチャさせながら森島守人領事を威迫した、当の本人であった。このように彼はたいへんな暴れん坊だった。

事件後この花谷少佐は張学良邸を捜索した。そこには大金庫があったがどうしても開扉できないので、彼は工兵中隊長を連れてきて、この堅牢な金庫を爆破させた。そしてその中から出てきたものに、のちに床次竹二郎の五十万元受領事件とさわがれた、鶴岡和文、赤塚正助両人の受領書もあったし、学良が日本の皇室から拝領した勲二等旭日章もあった。だが、この金庫爆破は二宮少将をひどく怒らせた。少将によれば、それは明らかに掠奪であり器物損壊だというのである。

「張学良は東北の主権者だ。その主権者の留守邸こそ軍において大切に保管すべきなのに、これに闖入してその金庫まで爆破して、ものを取るとは何事か。これがはたして軍の姿なのか」

怒り心頭に発した彼は舟木大尉に、掠奪と器物損壊容疑事件としてこれが捜査を命じた。舟木はさっそく学良邸の現場検証をやり、工兵中隊長を憲兵隊に出頭せしめて取り調べを開始した。ところが、軍はこの事実を聞いて俄然憲兵の非常識とがなりたてた。軍司令部側では、このような行動は軍事行動であり、司法権の及ぶところではないというのである。

こうしてしばらく相争うていたが、大山文雄軍法務部長（のちの陸軍省法務局長）が中に入って事を収め、軍の自戒と引きかえにこの捜査を不問に付することになった。しかし、軍事行動と掠奪行為との対立で一時は大騒動であったたし、軍参謀部は憲兵は軍に非協力で有害無用だと論難し、両者の対立はいよいよ内攻した観があった。

ところで、この金庫爆破から出てきた「五十万元受領書」は写真にとられ東京にも報告された。政党征伐のための好個の材料とあっては、これが利用されないのがおかしい。翌七年三月わたしは東京に転任したが、わたしのところにまでこの五十万元事件の怪文書が送られてきたことを覚えている。ではその受領書といったものは、どのようなものであったのか。

その怪文書には、元代議士鶴岡和文、奉天総領事赤塚正助が床次竹二郎の代理として張学良から五十万元を受け取って政治資金とした、というものであったが、事の真偽は別として、その五十万元の受領書の筆者が鶴岡、赤塚の両人であるところに疑惑があった。一説によると、昭和四年八月、赤塚領事は鶴岡から事業資金として張学良から五十万元借款の依頼をうけたが、赤塚は父の作霖とじっこんであったので、学良も簡単にこれを承諾したものだといわれ、また一説には、床次が昭和四年満州旅行の際、張学良に会っているので、学良が田中義一内閣の満州に対する強硬政策を緩和させる意図をもって、赤塚の依頼に応じ金を出したものともいわれていたが、この五十万元が床次のふところに入ったかどうかが問題とされていた。のちに、床次は金銭関係がないことは一応明らかになり、彼は犬養内閣には鉄道大臣として入閣し、また、岡田内閣に政友会の党規に反し逓信大臣となり岡田を助けたのだが、政友会は床次の失脚をはかり、この五十万元事件をむしかえしてきた。そして、鶴岡夫人と一緒に床次邸へカバンに入れた札束を届けたという鶴岡方の女中が現われたり、また、この二人の女性が銀行で金を受け取り床次邸に行ったときの自動車の運転手なるものまで現われて、みにくい政争を展開していたが、それらは、政友会が売り込みの「にせ証人」にだまされたものだといわれていた。たいへんな「証文」だったわけである。とにかく、この五十万元の受領書はいつまでも糸を引いた、政党の不純を象徴するものだったといえよう。

いささかわき道にそれたが、こうして軍と憲兵は確執をつづけていた。が、翌七年二月になると、憲兵隊には思いもよらぬ渉外事故が起こった。そのころ、さきの臧式毅、それに二、三の東北側要人たちが、奉天商埠地に軟禁されていた。わたしたちは俗にこれを「高等監禁所」と呼んでいたが、大きな洋館に一時的にこれらの要人を抑留し外部との連絡を遮断していたが、生活にはなに一つ不自由させていなかった。そしてここに若干の私服憲兵が監視にあたっていたのである。

ある朝、ハルビン駐在のアメリカ領事が自動車でこの監禁所前を通行すると、一人の支那服を着た日本人が現われ、自動車にストップを命じ内部をあらためた。領事は支那名の名刺（漢字）を出して身分を明らかにしたが、この支那服の男は西洋人が支那名を使っているので不審に思ったのかもしれない。自動車から引きずりおろし、ビンタをくわしたらしい。領事はさっそくこれを軍司令部に抗議した。

軍司令部はあわてて第三課（渉外）の指令で在奉部隊に厳重な捜査を命じた。なかなかわからなかったが、犯人はこの監禁所に勤務する一憲兵上等兵と判明した。参謀部は江戸の仇は長崎でといわんばかりに、この責任をつよく憲兵隊長にまで求めた。軍司令官は二宮少将に対し重謹慎五日に処してしまった。

こんなことがあって、二宮少将もその年八月の異動で参謀本部附となり東京にかえり、本庄前軍司令官らと共に、天皇に拝謁の光栄には浴したが、まもなく待命となり軍より退いた。

二宮少将は、東京憲兵隊長から関東憲兵隊長に転じた人で、当時の憲兵実務の権威であった。が、この事件に抵抗された正義感と、あの軍中央部もどうしようもなかった強気の関東軍幕僚と対決しておられた勇気は、そのころ御用聞き憲兵といわれた憲兵の中にあって、気骨稜々憲兵のために万丈の気を吐いたものと、いつまでもこのころのことが偲ばれることである。

溥儀の来満と馬賊の処刑

七年の初め、わたしは遼陽、大石橋、鞍山、営口などの憲兵留守部隊を視察してまわった。この旅行は一週間ぐらいの日程であったが、営口では溥儀が天津を脱出し営口に上陸したときの実況を聞いたし、また、遼陽では、支那側による馬賊の処刑を実視したので、この二つのことを「思い出」として書いておこう。

すでに知られているように、溥儀の天津脱出は軍の謀略であるが、それはともかくとして、この脱出は「天津の兵乱により難を満州に避く」といった格好がととのえられていた。六年十一月十二日、大連汽船会社の淡路丸という貨物船が営口に入港した。この船には日本将校の軍服を着用し将校マントを羽織った一見日本将校らしい青年が、従者と思われる二人と共に乗船していた。溥儀であった。そしてこれを奉天から迎えにきていたのが甘粕正彦元憲兵大尉、まもなく甲板上での会見が行なわれた。甘粕は軍司令官代理の資格であった。溥儀は、「天津の騒乱によって難を満州に避け、この一身を関東軍司令官の保護に委したい」と挨拶した。これに対し甘粕は、

「誓って貴方の生命を保護安泰ならしめることを、軍司令官の名において誓約します」

と答え、両者はかたく握手した。そして甘粕は軍司令官当座の贈りものとして、金一万円を溥儀に贈呈した（この会見に立ち会った宮口憲兵分遣隊長佐藤太郎准尉の直話）。

溥儀は上陸と共に満鉄の特別列車で湯崗子温泉に入った。ところが故意か偶然かそのころ鞍山、海城付近の治安は著しく悪化し、敗残兵匪が付属地周辺に出没し、その兵禍は湯崗子付近にも及んで、時に流弾がこの温泉を見舞うといったところまで悪化した。関東軍はこうした情勢によって溥儀を他の安全地帯に移すことになり、その居を旅順新市街にあった大和ホテルに移した。しかし大和ホテルは人の出入りも多く人目をひくので、軍司令部の官舎地帯でちょっと小高い所にあった同族、粛親王邸に移したとも聞いたが、この点の記憶は正確ではない。溥儀は翌年一月皇后を旅順に迎えたが、三月長春に移り執政の任についた。

もう一つ馬賊の処刑の話、これは遼陽でのことである。わたしが遼陽分隊を視察したとき、支那側警察が馬賊の一団を逮捕したが、その処刑が支那側の手によって行なわれることを知った。ここでは古くから馬賊は罪九族に及ぶといい、その処刑は大衆を前にして斬首あるいは銃刑されるのが慣例とされていた。

その日午後遼陽城内は処刑があるというのでざわめいていた。遼陽の支那人街は四周高い城壁をもってかこまれていたが、その城壁の西南端の一角が、当日の処刑場とされていた。わたしが憲兵の案内でここに着いたときは、すでに多くの群衆が黒山のように集まっていた。もちろん日本人も相当数いたようである。しかし刑場といっても別に柵があるわけでなく、その処刑場所と思われる境界線に巡警が立哨してこれを画しているのだった。

やがて牛にひかれた二台の荷車が刑場に着いた。その一つの荷車には三人がのせられ、二台で六人の馬賊が、がんじがらめに縛られて荷車の上にすわらされていた。そしてその一人一人の背にはその罪状と名前を書いた細長い小旗を背負わされており、その荷台には二人の巡警が同乗して警護していた。

これは市中引き回しがおわって、今この刑場に送り込まれたのであった。

さて、この車が刑場に着くとまず一人の巡警が飛びおりて銃を構える、他の一人がこれらの囚人を地上に蹴落とす。囚人は手足を縛られているので、一塊の肉体がゴロゴロと地上に落ちるようであった。その地上に転び落ちた肉塊にも似た囚人たちは、またもや巡警たちによって、六人一列に、一メートル間隔ぐらいに城壁に向かってならべられる。ついで巡警たちはその背後三メートルぐらいのところに銃を擬して立った。いよいよ処刑である。

指揮官の合図で銃弾がその頭部に撃ち込まれた。異様なうめき声と共に囚人たちは前にのめった。なかにはまだ生きているのであろう、さらに第二の弾丸を撃ち込まれたものもいた。頭蓋からは脳漿がたれ、見るに堪えない残酷さである。六つの死骸は地上に横たわった。すると、かねて待機していた苦力たちが太い竹の棒にその死骸を一つずつ通して二人で担ぎ、点々と血を地上にたらしながら群衆の中を縫うように運び去った。おそらく近くの畑の中にでも埋めるのであろう。

かくて処刑はおわった。見物の群衆からはざわめきはなかった。ただ、じっとなんの表情もなく見つめているように思えた。

わたしは初めて見たこの処刑に、いうにいわれぬ不快をおぼえた。帰途憲兵隊に立ち寄り、留守をあずかっていた憲兵曹長にこういった。
「もうこんなことはやめさせろ。いくら馬賊だからといっても、あの群衆の前の公開処刑、その残忍目を蔽わしめるような処刑は、たといそれが中国側における永い慣習であったとしても、今日は日本の占領下、ことに支那警察を日本憲兵が指導している以上、断固やめさせなくてはならない」

なお、この馬賊処刑について思い出すことは、関東軍においても、事変直後の満鉄沿線地域における粛清工作には、現地処刑を行なっていたということである。事実、当時にあっては、敗残兵匪の横行、南京政府あるいは張学良系の「抗日便衣隊」の潜入に悩まされ、随時、小部隊による討伐が行なわれていたが、こうした場合、その粛清工作によって逮捕した不逞分子は、即時現場処刑がなされていた。それは公認されていたのである。そのころ、関東軍参謀長から隷下、指揮下部隊に通達されたものに、「このような不逞分子は厳重処分を行なうことを得」とあり、しかも、その厳重処分とは、「兵器を用うる儀と承知相成度」との註釈が加えられていた。

このため、反満抗日分子の蠢動に対応して、全満に行なわれた匪賊討伐では、軍も憲兵も現地処刑をすることが多かった。そしてその現地処刑の表現が、「厳重処分」という熟語であったのだ。裁判によらざる現場処刑、その名は関東軍で創作された厳重処分であったのである。

満州事変において出された関東軍の「厳重処分」通牒、これこそ、のち日支事変から大東亜戦争に至るまで、大陸や、南方諸地域で、日本軍の残虐を許した公的通牒ではなかったか。

戦場に戦う日本軍は、作戦一段落と共に、爾後の治安粛清を行なって自衛した。その粛清工作において敗残兵、遊撃軍ないし地下工作員等々と確認されると、それらの捕獲分子は軍事裁判によることなく、直ちに処刑された。そのことが国際戦争法規に照らし非理非法とされることなく、あたかも自衛上の当然の措置と見なされていたところに、「残虐なる日本軍」の根があった、といえよう。

軍都千葉
――時局に動く将校たち

七年三月、満州を去ったわたしは東京に移り、四月から東京帝国大学法学部に、陸軍より派遣の聴講生として通学することになった。所属は陸軍兵器本廠附で、修学については陸軍省軍務局長の指示に従うことになっていた。全く実務から離れて「学窓」にあったわけであるが、この間、血盟団事件、五・一五事件、神兵隊事件等々と血なまぐさいあらしの中で、「学究生活」といえば大げさだが、ともかくもなにがしかの勉学を余儀なくされていた。それからまる三年の聴講をおえて東京憲兵隊附として憲兵に戻ったのは、十年三月であった。そしてここでの隊内命課は警務課附だった。この警務課というのは、軍事警察専掌の事務機関であったが、軍事特高をもっていたので、そのころのいわゆる「青年将校運動」を取り扱っており、若干名の「特務」も所属していた。課長は、そのころ皇道派といわれていた前隊長持永浅治少将の片腕として部内に定評のあった森木五郎少佐で、青年将校の動きにはたいへんくわしい人だった。

わたしのこの課附勤務は仕合わせだった。わたしは東京情勢、とりわけむずかしい軍内の派閥の動きやその争いについては全く無知だったので、ここで過去三ヵ年の空白を取り戻すために、みっちりと勉強することができたのである。資料はいくらでもある。係官にいいつけては次々に古い書類を取り出させ、それをせっせと読みふけったし、当時の関係者について、事情を詳しく聞くこともできた。こうしてまたたく間に八月異動を迎えて、わたしは千葉憲兵分隊長に転補となった。はじめて待望の第一線実務についたわけである。

ここでは、わたしにとって忘れがたい二つの出来事があった。

妻に抵抗する「革新」の老将軍

荒木は国賊だ

千葉はそのころ「軍都」といわれていたように、軍隊そのものも少なくはなかったが、陸軍の学校がたいへん沢山あった。千葉市には歩兵学校があり、のちに防空学校もできたし、習志野には騎兵学校、津田沼には瓦斯学校（習志野学校）や戦車学校、習志野につづく下志津原には野戦砲兵学校、飛行学校、通信学校といったように、千葉市を中心に陸軍の諸学校が集中していた。そしてこれらの学校は青年将校を短期間召集して兵科教育をするところだったので、将校学生たちは遠く原隊を離れ、いささか将校団から解放された気持ちも手伝ってか、その習学にも熱心を欠く者が少なくはなかった。そのうえ東京に近く、するどく中央の革新熱を感受するので、憲兵の青年将校運動の視察といった仕事は、なかなか骨の折れたものであった。

さて、わたしの着任したころは時局は大きく揺れていた。皇道派の巨頭といわれた真崎教育総監の強引な追放のあとで、なお、青年将校は騒然としていたし、八月十二日には永田軍務局長が相沢三郎中佐に斬殺された。怪文書は出るし、相沢につづけといった青年将校の気鋭も見られて、わたしたちはずいぶん心配もし厳重な視察警戒を怠らなかった。この相沢事件のあと、山田兵務課長の悪評がとび兵器本廠附となり、その後任に歩兵学校教導連隊長の村上啓作大佐が任命され、その転任挨拶に見えたことがあった。わたしが、

「たいへんなときに重任に就かれて」

との言葉を送ると、彼は無雑作に、

「なに、一時的動揺ですよ」

とたいへん楽観していたのに内心驚いたことをおぼえている。この人が二・二六事件のときの軍事課長であった。

とにかく軍内は荒れていた。ちょうどそのころのことである。椿森といって国鉄千葉駅の北側台地にあった連隊区司令部からわたしに使いがあって、司令官がぜひお会いして話したいことがあるので、急ぐこともないがおついでのとき立ち寄ってもらいたいという連絡があった。わたしは二、三日のあと連隊区司令官を訪ねた。司令官は陸大出の沼田大佐、たいへん積極的な人柄で、この人の強気には県知事なども一目おいているといった噂の持ち主であった。

沼田大佐はわたしを見ると机の引き出しから一通の書状を取り出して、

「君、まずこの書面を見てくれ給え」

と、その書状をわたしの前においた。手に取って見ると「上申書」と書かれた半紙二枚ば

かりのものであったが、なかなか見事な達筆で墨書されていた。そして陸軍少将河村圭三と署名してあった。

荒木大将は国賊である。彼は陸軍大臣在職中国防婦人会なるものをつくって、これまでの愛国婦人会に対抗する組織とした。そのうえこの国防婦人会は白地に国防婦人会と書いた襷をかけさせている。なんの必要があって、あのような白だすきをかけさせるのか、全くわからない。一旦、風雲急を告げて日ソ相戦うようなこととなれば、ソ連は日本本土を空襲するだろう。そしてこれらの白だすきは敵機の好目標となり、いたずらに多くの爆撃の犠牲者を出すにすぎない。荒木はソ連と通じている。すでにこのことを予期して、ソ連に好目標を与える白だすきをかけさせているのだ。荒木こそソ連に通謀する国賊なのだ。荒木を速やかに逮捕糾弾すると共に、百害ありて一利なき国防婦人会を解散せよ。

ざっとこんな趣旨のものだった。

さて、そのころの連隊区司令官は軍の国防思想普及運動の中核だったし、国防婦人会のごときも内面指導することがあった。だからこそこうした上申書もここに出されたわけだが、わたしはこれを見て、実のところこれが陸軍少将の挙措とはどうしても思えず、少々気がへンなのではないかと思った。その上申書なるものも、どうしても正常な軍人が書いたものとは思えなかったのだ。

司令官はわたしが読みおわるのを待って、

「河村少将とはこういう人なんだよ。誇大妄想で独断の強い人、そうしたことで早く予備に入ったと聞いているが、こういう上申書を出すようではなんとかしてもらわなくては困るので、一応、君の耳に入れておこうと思ったのだ」

と、憲兵に警告でもしてもらいたい口ぶりだった。

わたしはこの河村少将が下志津に住んでいることは知っていたが、着任してからはまだお目にかかっていなかった。しかし過去にたった一度顔を見たことがあった。それは昭和七年二月ころのこと、奉天の憲兵隊司令部に転任の挨拶に見えたときのことである。彼は多聞師団（第二師団）に属しその砲兵隊長として南満に北満に転戦中、突如転任となったのだ。彼はこの転任がたいそう不平らしく、そのいうところ奇矯で、わたしは〝妙な砲兵隊長もいるものだなあ〟と思ったことがある。そのとき津軽要塞司令官に転じ、そこで待命となって下志津に隠棲していたのだった。下志津には現夫人の実家があった。

そのとき沼田大佐は、彼につきこんなこともつけ加えた。

「河村少将は革新青年将校ではなくて、革新老年将校なのだ。さかんに革新熱をふりまわしているが、皇道派は虫が好かないのか、しきりに荒木大将や真崎大将の悪口をいっているし、毎日のように東京に出て軍の暗闘についての情報あさりをしている。おそらく同じ砲兵出身の小林順一郎の三六クラブにも出入りしているのだろう」

ここにも時局の波は寄せていた。だが、老人の革新熱はさしあたり治安上の危険はない。わたしはむしろ河村少将がいまだに、荒木人事によって、多聞中将らと共に馘首されたことの反感のしこりを持っているようにも思えた。しかしこの上申書だけで、わざわざ憲兵隊に呼び出して彼に警告するほどのこともあるまいと、この問題の処置は手をつけずにおいた。

白刃に脅かされた警察部長

それから二ヵ月もたったある日のこと、わたしは下村県特高課長の来訪をうけた。下村課長は、下志津に河村という少将がおられますが、ご存知でしょうかという。

「おられることは知っていますが、まだここにきてからは会っていません。河村少将がどうかしましたか」

「いや、実はそのことで伺ったのですが。今日は山本（義章）警察部長が直々伺うつもりでいたのですが、他に用事ができたので、わたしが代わって伺った次第です」

特高課長のいうところはこうだった。

「昨日午後一時ごろ、軍服を着た陸軍少将が警察部長受付に現われ、部長に面会を求めた。ちょっと用談したいことがあるというのでした。部長は、下志津の河村少将との名のりだったので、このころ時々おこる軍人と警察官とのトラブルがあったのではないかと、内心心配しながら河村少将を部長室に通したのです。少将は襟下に勲三等の勲章をつり、また、軍刀を佩用しておられたそうです。

最初は世間話を始めていたのですが、だんだん熱を帯びてくると、満州事変の作戦を論じ、自分がどうしてクビになったのかといった理由をクドクドしくしゃべりつづけるのです。そこで部長も少将が在郷の人だとわかったが、なにぶんにも用件を持ち出さないので、まだ少将の来意がつかめず、ずっと聞き役にまわっていました。話はあれからこれへと飛んで一つもロジックが合わないのです。国防婦人会をけなしたり、荒木、真崎は軍を破壊するものだと憤慨したり、そうかと思うと警察に飛び火して、警察官が権力を使いすぎるといって、千葉市内のある駐在所を盛んにけなしたりするのです。部長もとうとうたまりかねて、〝なにかご用事だったのでしょうか〟とくちを挟んだところ、途端に少将は、キッとなって、〝あなたは最後までわたしの話を聞きなさい！〟と、もう命令調なのです。部長も、彼が陸軍少将の軍服姿ですから、手荒なことを部下に命ずることもできないまま、腰をすえて彼のいうことを、なお聞くことにしました。

しかし、この部長の一言に少将はなにを考えたのか、今度は官僚の攻撃です。それから日本の高等教育を論じ、たましいのない教育は国に害毒を流すばかりだと、精神教育論をまくしたてました。突然、彼はすっくと立ちあがりました。軍刀をぐっと握りしめて。

部長は内心ハッと緊張したそうですが、少将は、今まで互いに向かい合ってすわっていた席を離れて、入口の扉の方に歩き出しました。そしてくるりとひとまわりすると、さっと軍刀を抜いて大上段に振り上げました。さすがに落ちついた部長も、行動の自由を確保するために立ちあがって椅子から離れ、彼の刀を凝視つづけました。少将は軍刀を大上段に構えながら、二、三歩前進しましたが、突然、ヤッと奇声を発して斬撃を始めました。部長に向かって斬りつけるのでなく、空の斬撃をしたのです。つづいて二度三度の斬撃をしましたが、やがてひと息深呼吸をして刀をもとの鞘に収めました。そして再びもとの座につきました。

〝部長、わかりましたか。わたしたちの教育はこの剣の下の教育です。わたしの子供はいつもこのようにして精神を鍛練しているのです。子供をわたしの前において、わたしがこのような真剣の斬撃をするのです。だが、この刀は子供の頭上一寸のところで、ぴたりと止まるのです。白刃の下でも平気でおられるのは、このような訓練によって「胆」がすわってくるからです。あなたもぜひ、この白刃教育を子供のためにやってごらんなさい。きっと子供の性格が変わってくるのがわかります。これからの日本人はこうした腹のできた人材が必要なのですぞ〟

部長はびっくりしてしまいました。軍服を着、勲章をつった陸軍少将ではあるが、これはすこしおかしい。これまで敬意を払い、礼を失わないでいたが、少々頭がどうかしていると見極めがつくと、今までの応接が馬鹿らしくなった。そこで部長は、今は執務中ですから御用がなければおかえりを願いたいと、退去を要求したのですが、少将は別におこりもせず、

〝たいへんお邪魔でした。またちょいちょい伺います〟といって気軽に立ち去ったのでした。しかしすでに時はもうたそがれが迫っていて、隣室の課員たちは首を長くして部長の退庁を待ちあぐんでいたのです。

こんなことで、部長としてはたいへん迷惑していますので、これからもたびたびこられては困りますので、一度、憲兵隊の方から警告してもらいたいと思うのです」

一部始終を聞きおわったわたしは、

「それはとんだご迷惑でした。さっそく気をつけることにしましょう。万一、どんな間違いもおこらないとは限りませんし、第一、少々狂った人が制服に勲章をつけて出歩くのは、軍としても困ることです。制服の将官だと思って敬意を払っていただくのはよいが、これでバサリとやられたのでは、たまったものではありません。とにかく、事は軍の威信上からも捨てておきがたいので、さっそく善処いたしましょう」

神代文字の家

わたしはその日のうちに下志津分遣隊長を招致した。そして、河村少将についての最近の動静を至急内偵して報告するよう命じた。分遣隊長はすでに少将が警察部長を訪問したことは知っていた。昨日夕方の帰途、分遣隊に立ち寄った彼が、「今日は警察部長をおどかしてきた」と隊員の一人に語ったという。ともかく分遣隊長はその日から、自ら、また部下を使って河村少将の身辺を内偵した。そしてそれから三日目、わたしは次のような報告を得た。

少将の家庭は彼のほかに夫人、それに小学校に通学中の子供があり、一見平凡な中流の生活だが、現夫人は少将の後妻で、彼が佐官時代下志津砲兵学校教官のころ、下志津在の商家の娘さんを後添えにもらったもので、少将が現役を退いてから、妻の要請でここに永住することになった。

彼はほとんど毎日制服着用で外出している。四ツ街道―東京間の二等定期を持ち、東京通いがはげしい。東京のどこにいくのかわからないが、なにかの信仰に凝っている様子で、わが家の一室には祭壇があり、この室には妻子も入室せしめない。自分一人で入ってしきりと祈っている。時には東京から巫子風の女性がやってきて一緒にお祭りをしていることもある。夫人は商家の出であるためか、しっかり家計をおさえており、近所の風評も悪くない。一見その家庭は平和のようで、これといったいさかいも聞かないとのことだったが、一年ほど前に、少将が亡き先夫人のために立派な石碑を、夫人に相談せずに建てたことから、夫婦のいさかいとなってしばらく険悪の状態だったというが、今はそうしたこともない。

ただ一つ不思議なことは、彼の住居の屋根の一角にトタン葺のところがあり、ここには赤、黄、青いろとりどりで、わけのわからぬ画とも文字ともつかぬ、いたずら書きがしてある。これは少将自らが屋根の上にのぼって、一日がかりで書きあげたものであるが、彼が家人に語ったところでは、それは神代文字（象形文字）だという。すると、少将は国体、国学に凝りかたまったあげく、神代文字まで研究して神がかりになっており、自分ではわが家を神代ながらの神祠とし、そこに神代につながる同族としての自分を、たかく自任しているのではあるまいか。

ざっとこんな報告であった。やはり変わっている。信仰上からきている偏執なのか、時局に刺激されての常軌の逸脱か、なお判断しかねていた。わたしは、なお隠密に視察内偵を続行することを指示しておいた。

この報告をうけてまもなくのことであった。まもなくといっても二、三日はすぎていただろう。ある朝早く、わたしの官舎の玄関のベルがけたたましく鳴りつづけた。まだ女中も家内も起きていなかったが、わたしは飛び起きた。寝衣のままで玄関に出てみたが、訪う人とて見当たらない。たしかに玄関の戸が開けられ、「ご免下さい」と聞いたはずだが人の影はない。わたしは玄関のスリッパをつっかけたまま、飛び石伝いに表門のところまで出てみた。道路の方を見ると、五、六十メートル先に制服軍人が歩いて行く。その後姿を見て、わたしは河村少将だと直感した。

こんな早朝、彼がどうしてわたしの門をたたいたのだろう。多分それは下志津での内偵を感づいてこれが抗議にきたのではあるまいか。いずれにしても、ちょっとでも会ってみよう。わたしはすぐ家に引きかえし丹前を羽織って飛び出した。駅に向かったのに違いない。わたしは草履ばきのまま千葉駅の方に走った。やっと駅に着いてあたりを見渡すが人の気はなく、もちろん軍服姿も見当たらない。あまりの足早にあっけにとられながら、改札の駅員に聞くと、

「いまさっき、少将の方が見えました、もう電車に乗られたと思います」

とのことだった。わたしはなにかしら不思議な予感がしたので、急いで自ら東京に電話して、上京後の彼の動静を注意するよう手配した。

真崎大将の遺稿「暗黒裁判」（文藝春秋、昭和三十二年四月号「今こそ言う」）の中にこんな一節がある。

昭和十年の末、千葉県四ツ街道に居住する河村圭三元少将は、一夕わたしを現住所に訪ね来り、中島今朝吾少将（のちの中将、憲兵司令官）は河村君を示唆し荒木、真崎の暗殺を企てている。同君は中島少将に大いにその非を詰りおいたが、なお、警戒せよと言って来たことがある。

このことの真否はわたしは知らない。が、中島に托しての彼の真崎へのいやがらせではなかったのか。いずれにしても、それが昭和十年末ごろのことというと、ちょうどこのころのことにあたる。彼が当時の東京での行動の一端を示していて興味が深い。

妻をまいて豪遊する

こんなことがあっては、わたしとしてもなんとかしなくてはならない。そこで一度少将に憲兵隊まできてもらうことにした。

彼はあいかわらず軍服姿で勲章を帯びてやってきた。

「閣下はいつも軍服で出歩いておられるようですが、別にそれがどうこういうことではありませんが、閣下はすでに在郷であられるのですから、できるだけ背広で外出していただきたいものです。冠婚葬祭といった儀式ばった会合には軍服も結構ですが、あまり勲章をつけた公式ばりの服装は慎んでいただきたいと思います」

単刀直入に、こう話してみた。少将はこのわたしの警告は気に入らぬらしく、わざと落ちつかぬ様子で、扉の方ばかり気にしている。

「それは君わかっているよ。できるだけそういう風にしよう」

頼りない返事である。そこでわたしは話を転じ、

「先日、早朝わたしの家を訪ねていただいたようですが、何か御用でもおありでしょうか」

「いや、別に用はなかったが、君は東京の情勢をご存知ないと思うので、少々知らしてあげたいと思ったので――」

これから彼の長広舌が始まった。それは相沢事件のことだった。相沢の単独犯行なんぞと思っていたらたいへんな間違いだ。これは荒木、真崎の合作で真崎がやらしたことなんだ。相沢は気の毒なロボットだよ。また、あのとき山田兵務課長がその場に居合わせておりながら逃げ出したことは卑怯千万だ。われわれ砲兵科の先輩たちが、山田を説得して腹を切らせたのだ。彼には気の毒だが腹を切るよりほかには武士道がたたん。われわれは、あとのことは心配するな、きっと面倒を見る、砲兵科の名誉のために死んでくれといって、自決させたのだ――。

わたしが、この山田大佐の自決、ウソかほんとうかわからぬ裏話に、しばらく考え込んでいるすきに、

「では、これで失礼する。ちょっと出かけるところもあるので」

とい い残しながら、さっさと扉を開けて出て行ってしまった。わたしとしてはすっかりしてやられた格好だった。これでは彼はなかなかいうことを聞くまい。わたしの見たところすっかり落ちつきがなくキョロキョロしている。明らかに、精神異常とはいえないまでも、その一歩手前といった症状だ。ワイワイと周囲のものが騒げばさわぐほど症状は悪化する。どこかで、そっと静養させるくふうはないものかと考えた。そして下志津分遣隊長を呼んで相談した。

「彼がああした軍服姿で常軌を逸した行動をつづけている限り、もはやそのままに放置することはできない。間違いがおこってからでは、もうおそい。なんとか家族の手でどこかに静養させることはできないものだろうか」

分遣隊長はわたしの意図をくんで彼の夫人にはかってみた。夫人もこのごろの夫の所行にはホトホト困っておられた。そこで夫人の発議で親族会議がもたれ、しばらくの間でも静かな温泉地にでも行って静養させることにきまった。ところが少将が、遠いところはいやだといってきかない。とうとう、きまったところは県下の木更津の近くにある青堀温泉だった。青堀というところは、海岸にある静かな村である。温泉といっても低鉱泉で沸かさなくては入れない。泉質はおぼえていないが、とにかく茶褐色のお湯だった。だいたいそのころでは、土地の百姓や漁師が骨休みに入湯するといった、田舎の湯治場だった。

わたしは、ともかく青堀でもよい、しばらくの間静かに温泉療養でもすれば、少しは精神も落ちつこう。これで河村少将のガタガタも収まるだろうと思った。そして、いよいよ今朝、夫人同伴で出発したと聞いてホッとした。なによりも夫人がついていればと安心した。

その夜わたしは千葉の料亭にあがっていた。下村特高課長の招待で、特高の警部が二人ほど同席していた。夜の十時ごろだった。もうそろそろ失礼しようとしているとき、課長は電話がかかって中座した。しばらくして戻ってきた下村課長は、

「また、部長のところへやってきたそうですよ。いま官舎でねばっているとのことです」

わたしはびっくりした。今朝、夫人と一緒に納得して出かけたはずなのに、これはどうしたことなのだろう。しかし警察部長自ら電話して、いまきているというのだから間違いはない。だが、本人の調子はおだやかで物騒なことはないので、部長宅ではそう心配していないとのことだった。その夜、憲兵が出向いて連れ出したりして、かえってまた感情をたかぶらせてはとの配慮から、わたしは、警察部長に気長に相手になってもらうことにした。

翌朝、警察部長からの連絡で知った、彼のいうところは、こうであった。

家内と一緒に青堀に着いたが、なにか驚かしてやりたくて独りで策を練っていた。青堀駅から旅館に入ったが、家内には、ちょっと用事を思いついたから外出してくる、ぼくがかえるまでは食事もせずに待っているようにといい残して旅館を出た。それから車を駆って木更津に出た。さっそくとある料亭にあがって芸妓共を総揚げした。ドンチャン騒ぎをしてすっかり財布をはたいてしまった。二時間ほどで切り上げ、家内を置いてきぼりにして、また千葉に戻ってきた。今ごろ家内は夕食もとらずに待ち呆うけていることだろう。

これでは本気である。少々気が狂うていると思っていたが、そうでもないらしい。ふだんくちやかましく小遣銭を出ししぶられる腹いせに、一ヵ月の滞在費とて渡されたあり金を、ひとときで蕩尽してしまったのである。

金をくれといえばくれるか

こうして、折角の温泉行きもオジャンになってしまったが、それでも彼には正心のあることがわかって安堵した。しかし油断はできない。事はまた、白紙に戻ったわけである。しばらく様子を見ることにしたが、彼の制服着用は依然としてつづき、また、東京行きも頻繁であった。やはり彼にある程度の自制を促さなくては危険で安心しているわけにはいかない。軍の内外はあいかわらず騒々しい。

わたしは一夜、四ツ街道に車をとばして桜井少将を訪問した。この将軍も砲兵出身で河村少将の友人、かつて鎮海要塞司令官をしていたが、有名な鎮海事件という、部内の映画会でフィルムから火が出て観覧中の家族十数名の死傷者を出したことに、責任をとり待命となった人であった。わたしは桜井少将に、最近の河村少将の行状についての所見を聞いた。同少将もたいへん心配していたが、

「ぼくも忠告しようと思うのだが、一筋なわでいくような男ではない。人の意見など聞かないのが彼の悪い癖なのだ。このぼくには歯が立たない」

という。わたしは聞いた。

「砲兵科中に、彼がいうことを聞くという御仁はいないでしょうか」

「それは、たった一人いる。いま習志野にいる中島中将だ。中島のいうことなら彼も聞くだろう」

わたしはさっそく中島中将に会おうと思った。そして彼に説得を引きうけてもらえば、事は収まると考えた。

翌日わたしは津田沼にあった習志野学校に出向き、刺《し》を通じて校長に面会を求めた。校長室に通されたが、中将は副官に墨をすらせて「揮毫」の下書きでもしているようだった。しばらく待っていると、

「やあ、待たせたね。なんの用かね」

と至極打ちとけたものだった。初対面の緊張もほぐれたわたしは、さっそく用件にかかり、河村少将の最近の行状を具《つぶ》さに説明した。中将の顔にはきびしいものが現われた。

「君、ちょっと待ちたまえ。天才と気狂いとはどう違うのかね。彼は気狂いじゃない、天才なのだ」

第一次世界大戦後の日本陸軍も、この大戦の戦訓をとりいれるのに大童だった。そのころ佐官の中堅級だった中島中将は、同じ砲兵科の小林順一郎、河村圭三らと共に、わが軍砲兵界の革新をとなえて、砲兵戦術・技術の近代化を促進した、いわゆる砲兵の三羽烏といわれた人々であった。だから中島中将と河村少将は盟友ともいうべき間柄であったのだ。それをわたしが河村少将の行動を非難して狂人扱いするものだから、とうとうこの将軍のカンにさわったのであろう。

「天才と気狂いがどう違うかといった、むずかしいことはわたしは知りません。気狂いであ

ろうとなかろうと、そんなことはここでの問題ではありません。わたしの心配していることは、在郷の将官がいつも軍服を着て、いかにも現役軍人のような錯覚を民間人に与え、それが非常識な行動であったり、また、なにか感情に激して異変でもおこすことがあっては、軍としてはまことに申しわけのないことで、われわれは軍事警察の立場からこのような態度を在郷軍人だからといって放置することはできないのです。また、このように軍の立場を守ることは同時に本人を保護することにもなると信じているので、あえて閣下にお願いに上がったわけです」

「よしわかった。君の立場はよくわかったので、ぼくのいうことを聞くかどうかはわからないが、一応、彼に会って説得することにしよう」

これでわたしはひと安堵した。中島中将のいうことなら必ず聞くというのだから、彼にいささかでも正心があるのなら、越軌の行動を慎むだろうと思った。そしてしばらく様子を見ることにした。それから一週間たち二週間すぎた。彼はもうあまり外出しなくなった。たまに出かけることがあっても、あの物騒な軍刀を持ち歩くこともなくなった。やっぱり中島中将の説得の効果があったかと内心喜んだが当の中島中将からはなんの連絡もなかった。

中島中将がわれわれの憲兵司令官になったのは、翌年二・二六事件後のことだった。着任式のあと、彼はとくにわたしを司令官室に呼んで、こう話した。

「ぼくは烱眼だったよ。君がきて説諭してくれとの要請があってから考えたのだが、たしかに河村は誇大妄想でいささか常軌を逸する男だよ。それは現職中からのことだ。しかし君のいう行状を聞いていているとおだやかでないことが多い。だが、なにが原因かぼくにはわかるような気がした。

そこで、ぼくは四ツ街道の彼の家にのり込んだよ。そして夫婦をならべておいて、河村にはなに一つ叱言をいわず妻君をひどく叱りつけたものだ。かわいそうなぐらいね。

主人の悪いのはすべて妻女たる君が悪いのだ。君が心を改めれば河村のよくなることは間違いない。じっと胸に手をあてて考えるがよい。どうしても主人を大事にできないというのなら、さっさっと去れ、とね。

夫人はしばらくだまってうつ向いていたが、とうとう泣き出したよ。そして、すべてはこのわたしが悪うございました。これからはきっと気をつけますすと、泣きながらあやまったよ。

傍らにいた河村は生々とした眼付きで、ここまで聞いていたが、妻があやまった途端、ほんとに間髪を入れずにだ、大声でどなるように妻に叫びかけた。君、なんといったと思う。

〝よし、それではこれからはオレのいうとおりするか。オレが金を出せといえばいくらでも出すか〟

これが彼の本音だったよ。もとから少々おかしな男だったが、ぼくはこれですべてがわかったと思った。ぼくの、女房への説諭も的を外れていなかったね。

どうだ、これなら憲兵司令官もつとまるだろうが。アッハッハ――」

すっかり恐縮したわたしは、夫婦のあり方、夫婦ぐらしののぞきどころを教えられて、よい人生修行になったと思った。

革新に酔うた偽装狂人は、そのすべてが不信の妻へのつらあてであった。

一在郷将官の不軌の動静から彼を救おうとしたわたしの未熟な警察のしぶりを、ありのままに書いた。私事にわたることが多く、今日、ご遺族の方にはたいへんご迷惑なことで申しわけないが、これも歴史の流れの中のひとこまとしてとくにご宥恕を乞いたい。

酔っぱらい将校は革新の闘士

憲兵をどなりつける

これも千葉にいたころの出来事である。前に書いたように、千葉市周辺の諸学校はすべて実施学校だったので、ここには若い将校が地方の原隊から短期間派遣されて、入れかわり立ちかわりしている。東京の革新将校の狙いどころなのである。

そのうえ、当時、憲兵部内では「一部将校」と呼称されていた革新将校が、歩兵学校と野戦砲兵学校の職員の中にも数名いたので、東京方面からは、しきりと怪文書や思想啓蒙の宣伝文書が送られてきたし、人の往き来も相当あって、憲兵としても青年将校の動きには細心の注意を払っていた。

さて、荒れに荒れた十年の暮れも押しつまった大晦日の夜、市内の某料亭で若い将校が乱暴して手がつけられないというので、憲兵隊に知らせてきた。さっそく憲兵が駆けつけて、その酔っぱらい将校を取り押さえ、憲兵隊まで連れてきたのだが、この酔っぱらいは憲兵隊にきても酔いに乗じ居丈高に、逆に憲兵を叱りつけるといったありさま、隊員としても相手が将校であってみれば、独断でこれを検束留置することもできかねて、分隊長だった私のところに急ぎ報告してきた。

わたしの官舎は分隊庁舎のつづき、板塀一つを境にしている。わたしはこの裏木戸から急いで登庁した。見るとそこにはずんぐりした若い少尉が傲然と構えており、もう一人若い少尉が傍らにいた。この酔っぱらいの介添えをしているとみた。

わたしが分隊長室に入っても敬礼もしない。恐ろしい顔でにらんでいる。

「どうしたのだ！」

「どうもしない」

「どうもしない？　君は今までどこにいたのだ」

彼はだまって依然このわたしをにらみつけている。その眼はいやに憎々しげである。傍らの少尉はハラハラしている。

突然、この男、

「分隊長！　分隊長なら分隊長らしく、軍服を着て出てこい。着流しでわれわれに対するとは何事だ！」

と大声で、このわたしに食ってかかってきた。なるほどわたしは着流しに羽織をひっかけたままだ。

これまでこの若い少尉の不遜な態度も、それが酔余の勢いだと、じっと我慢していたわたしだったが、

「馬鹿野郎！　貴様のその態度はなんだ。いくら少しばかり酒を飲んだからとて、その乱れ方はなんだ。俺は分隊長だ。憲兵なのだ。憲兵はどんな服装でも仕事ができるんだ。この馬鹿者め！　貴様には、ものをいってもわからん、わかるまで留置場に入っとれ！」

「当直下士官！　この男をすぐ留置場にぶち込め！」

とうとう、わたしは爆発してしまった。

当直下士官は彼を引きずるようにして連れ出した。介添え役の背の高い少尉はウロウロしている。

「分隊長殿、留置場へ入れることだけは堪忍してやって下さい。私も悪かったのです。留置場は堪忍して下さい」

「ならん！」

この少尉のすがるような懇願をはねつけた。分隊長室の隣は分隊事務室だった。その事務室の一角に、留置場がある。当直下士官は、この酔っぱらいを留置場に入れようとしているのだろう。鍵をガチャガチャ音をさせている。なんだか、もつれるように話し声が聞こえてくる。わたしは彼らを立ち去らせても、なお、分隊長室にすわって独り考え込んでいた。

——なんと向う意気の荒い将校だろう。そうひどく泥酔しているとも思えないのに。上官を上官とも思わない、この厚かましさはただ事ではない。いずれどこかの派遣学生だろうが、これがこの節の若者の下剋上というやつかもしれない——

しばらく時がたった。扉をたたいて介添えの背の高い少尉が入ってきた。

「分隊長殿、あいつも悪かったといっています。留置場だけは許してやって下さい。分隊長の一喝で酔いもさめたらしく、ぜひ分隊長殿にお詫びしたいといっています。たのみます、もう一度会ってやって下さい」

「悪かったというのなら連れてこい」

二人は入ってきた。今度は直立不動の姿勢である。この酔っぱらい男も正しく敬礼した。

「まことにご無礼をいたしました」

と殊勝気に下を向いている。わたしはこの男にいささか興味をおぼえた。

「すわれ！」

彼らはもはや羊のようにわたしの前にすわっている。

「君の名前は」

「山田信二（仮名）であります」

「原隊は」

「朝鮮羅南の歩兵第七十三連隊」

「学校は通信か機関銃か」

「通信であります」

「今夜のことを逐一述べてみよ」

彼は今夕以来の行動を述べた。料亭で女中の態度が悪いと憤慨し、玄関であばれ、正月用の飾り物を庭へ投げつけた。そこに活けてあった見事な生け花など水盤もろともひっくりかえした。さらにこれを止めようとした女中たちを投げとばしたことなど、すっかり白状した。

「悪いことをしたと思っているのか」

「申しわけないことだと思います。将校としての体面を汚したことは、なんとも申しわけありません」

「よし！　いずれこの責任は負わねばなるまい。学校当局には自分で報告しろ！」

「ときに君は何期か」

「はい、四十六期であります」

わたしは、この男は臭いと直感した。というのは、彼の不遜な態度にはなにか信念的なものが感じられたし、羅南といえばそのころ朝鮮における「一部将校」の拠点なのだ。それに四十六期という。五・一五事件に立ち上がった士官候補生は四十四期だった。だからこの将校もすでに学校時代から革新の空気を吸っているとみた。

「君は大蔵大尉を知っているか」

「知っています」

大蔵大尉はついこの間まで戸山学校の教官で、在京青年将校の指導者であったのだ。わたしは、この男は少なくとも革新将校の流れを汲むものとみた。そこで、そうした含みでなおいろいろと話してみると、なかなかに部内の様子にも通じているし、また、こうした派閥の中にいなければ知りえないことまで知っている。わたしは予期せざるところに一人の新しい革新将校を発見したというわけだった。

教育総監に辞職の強要

さて、この酔っぱらい事件はともかくとして、この若い少尉は、当時「一部将校」名簿という憲兵隊に極秘に備え付けられていたリストにものっていない、全くわれわれの視察外の将校であった。そこでこの将校に対しては、今後当分の間視察を加えねばならないが、それよりもまず当面所属する学校に連絡して、これが指導に誤りなきを期せしめねばならない。

わたしは年が明けると、このために歩兵学校に岡村中佐を訪ねた。岡村中佐は学校における管理面での責任者であった。ところが同中佐は、

「ちょうどよいところにきてくれた。実は学校幹事（副校長）が君にお願いしたいことがあるというので、いま、電話でもしようかと思っていたところだ」

という。わたしはさっそく幹事に会った。佐伯少将である。佐伯幹事は、

「実はちょっと困ったことが起こった。ここの一人の若い学生が、年末に書面をもって渡辺教育総監に辞職を勧告している。その書面が総監部から送られてきているので、これを君にも見てもらって、その将校はどう処置したらよいか、また、今後どのように指導していくべきかについて意見を聞かせてもらいたい」

という。わたしは幹事からその書面を受け取った。見ると、それは奉書封筒、奉書巻紙に書かれた書状だった。だが、その差出人は、

「陸軍歩兵少尉　山田信二」

なんと、それは今日わたしが学校当局に連絡しようとした、先夜料亭で乱暴を働いた、あの若い少尉だったのである。まさしくわたしの判断したとおり、彼はすでに革新の洗礼をうけ、革新将校として軍の派閥争いの中にまきこまれ、まさに志士気取りに酔っていたのであった。そして、あとでわかったことであるが、彼はその羅南衛戍地で任官以来革新の仲間入りをし、学校派遣にあたっては、東京の磯部浅一に紹介され、すでに磯部とは面識の間柄にあったのである。

さて、皇道派青年将校が渡辺教育総監を目の仇にし、これに非難攻撃を集中し出したのは、

十年秋からのことであった。林陸相は真崎教育総監を罷免同様に退任せしめたが、それは青年将校にとっては、自分たちへの鉄槌の下る前ぶれととった。林粛軍は、青年将校運動の粛清にあったからだ。だが、この総監更迭の裏に渡辺大将（当時軍事参議官）がいたことがわかり、しかもその渡辺大将が真崎のあとを襲って教育総監になったのであるから、青年将校たちはこの渡辺大将に攻撃の鉾を向けようとしてきた。

おりもおり、渡辺新総監は十月の初め、名古屋偕行社で衛戍地将校を集め、その席上、

「天皇機関説問題はやかましく、今やこれがよくないということは、天下の定説になってしまったが、わたしは機関説でもよいと思っている。ご勅諭の中に、朕が頭首と仰ぎと仰せられている。頭首とは有機体としての一機関である。天皇を機関と仰ぎ奉ると思えば、なんの不都合もないではないか」

といった。これから渡辺攻撃に火がついた。渡辺総監は機関説信者である。天皇機関説を排撃する軍は、機関説信者を軍教育の中枢におくことはできない。速やかにこれを追っぱらえ、と青年将校はいきり立った。在京青年将校の指導中枢、村中孝次、磯部浅一らは全軍青年将校に指令して渡辺教育総監排撃に出た。こうして渡辺総監に対する辞職勧告ないし強要運動は、教育総監部直轄学校から火の手があがった。この場合、山田少尉の辞職勧告も、もちろん東京よりの指令によったものであった。

さて、わたしは佐伯少将の要請には即答を避けた。それは、この若年の将校はいまだ革新の仲間入りをして日が浅い、一歩その指導を誤まればどんなことになるかもしれない。ここは慎重に考えてやるべきだと思ったからである。

わたしは、一応、「研究いたしましょう」と、その書面を持ちかえった。そして辞職要請の内容についても法律的に研究したし、また、この将校をどうすべきかについてもとくと考えてみた。そしてその結論はこうだった。

書面の全体的な内容は、「渡辺教育総監が天皇機関説思想をもって皇軍教育の総帥にあることは、皇軍を破壊するものであるから、速やかに自らその職を去れ」というもので、その文脈からは明らかに辞職を強要しているともとれるが、しかし、この文書内容をもって直ちに司法処分とすることには無理がある。そこには脅迫という明確な事実に欠けていたからである。

だが、こうした下剋上の軍紀破壊行為は、断じて許さるべきではない。この際、学校当局は、もっとも厳正に強力な意思をもって、本人に対し〝厳重な行政処分〟を行なうべきだというのが、わたしの意見だった。どうしてわたしがこんな考えをもったのか、それは当時の軍部内の事情によることが多い。

たしかにそのころの青年将校の増長慢は目に余るものがあった。が、中央部はこれに対して断固たる態度に出ることなく、むしろ、かような青年将校の革新の動きを政治的に利用するかに見えた。また、青年将校を指導すべき各隊長の統率は、ややもすれば中央部や派閥の上にある人びとの意向に気兼ねしてか、青年将校の越軌行動には放任主義をとっていた。「さわらぬ神にたたりなし」であった。

わたしは、一人の勇断ある統率者もなく、そのうえ中央部が青年将校に曖昧な態度をとっている限り、軍の自粛更生は到底求められない。その陰鬱な空気はどうにもならぬまでに深まっている。ここに一人のきびしく青年将校を料理する剛腹果断の統率者の出現を待ち望んでいたのだった。

こんな心境にあったので、このような小さい事件でもきびしく断固としてこれに臨み、これが導火線となって全軍のあちこちに青年将校の粛清旋風がまきおこされることを期待した。いいかえれば、このような思想的な不軍紀事件が突発するごとに、部隊長は身を挺してこれが粛清にのり出す。一挙に全軍的な粛清が求められないならば、これを各個に撃破して自粛の実をあげるよりほかに途はないと考えたのであった。しかし、この場合、そのことは一面この若い将校の前途に、あるいは致命的な傷あととなるかもしれない。だが、またこの若い将校を厳重に処断することによって、その思想の禍いから救い出しうるかもしれない。たとい、もしこれが本人の将来を閉ざすこととなっても、全軍自粛の一投石として学校当局の強いきびしい処置を望みたい。

このようなわたしの意見は、幸い学校当局が進んで受け入れ、ほどなく山田少尉は、この種事件としては相当に重い〝重謹慎二十日〟に処せられた。

なおわたしは、この将校は懲罰処分のうえは所属隊に復帰せしめ、そこであらためて温かい部隊長や将校団の指導を受けしめるのが、本人将来のため適当だと考え、本人の退校処分を進言しておいたが、実施学校の性格上退校処分は不可能だということで、在学間の学習はそのままつづけられることになった。

思えば、このときのわたしは、学校へはもちろん、校長園部中将の私宅にまで伺って、この善後処置の協議に加わり、憲兵としてはいささかゆきすぎの観がないでもなかったが、わたしが、この問題にかような熱意を示したのは、すでに述べたように、これを機として全軍に一大粛清の烽火が燃えあがることを熱望し、その必要のために、極めて積極的に学校当局を推進した以外に、全く他意はなかった。生意気をいうようだが、それは「粛軍」に関するわたしの信念の行動だったのである。

こうして、かの若者は、任官早々にして重謹慎二十日という重罰をうけたのであったが、それは、結果としては、この若い前途ある青年将校を、あの思想の渦から救い出すことができたのであった。

余談ではあるが、なお書きつづけよう。

目下謹慎中

山田少尉は重謹慎二十日に処せられた。陸軍における、この「謹慎」というのは、むかしの武士の「閉門」のようなもので、登校に及ばず居宅にあって謹慎するというのが「作法」であった。ところが学校としては、在学させている以上できるだけ学習訓練をうけさせたいということになる。そこで教育上重要な野外における作業や演習の場合には、その間、処罰の実施を停止して演習作業に出場参加せしめたのである。だから彼は、たとえば三日間居宅で謹慎すると、一週間処罰停止となり、その間学校に出ていき演習訓練をうける。これがすめばまた学校にいかないで居宅謹慎をつづけるといったことで、この処罰が満罰となるのには相当長くかかった。

二月二十六日未明、在京青年将校は蹶《けっ》起した。帝都における反乱である。急を聞いたわたしは、若い血気の将校がこれに参加することを惧《おそ》れた。あるいはすでに参加しているかもしれない。なによりも気になったのはこの少尉だった。

　高等特務をしていち早く要注意将校の在否を調査せしめたことはもちろんだった。だが、その特務の報告は、

「山田少尉は在宅しております。六畳一間の下宿に朝早くから勉強していました。しかし面白いことに、その入口の戸には長さ六尺もある紙片に〝目下謹慎中につき一切面会謝絶〟と大きく墨書したものを貼りつけていました。彼は確実に在宅しております」

　わたしはほっとした。まだ謹慎していたのだったか。それにしても貼紙までしているとは、いささか奇矯なことだ。わたしは、なお厳重に視察を続行するよう命じておいた。

　二十九日、わたしは東京本部に応援を命ぜられた。翌三月一日には渋谷憲兵分隊で反乱首謀者の一人、磯部浅一の訊問に当たった。ひととおりの取り調べがすんでからのことである。

「ときに君は千葉の山田少尉を知っているかね」

「知っています。しっかりした男です。一、二度わたしのところにもきましたし、わたしも千葉に彼を訪ねたことがあります」

「なに、君は千葉にきたことがあるのか」

「実をいいますと、この蹶起のことが決定した翌日の十九日のことでした。わたしは市川の野重七の田中勝中尉を訪ねました。そこでは彼の参加をたしかめ、出動兵力と時間など一応の打ち合わせをしました。それから千葉市に出て山田を訪ねたのです」

「なぜ、訪ねたのかね」

「わたしは、彼は若いが頼りになる同志だと信じていましたので、もちろん彼に今度の参加を求めるつもりだったのです」

「それがどうして彼は起たなかったのだ」

「わたしが彼の下宿を訪ねてみますと、〝目下謹慎中につき一切面会謝絶〟と貼紙がしてあるではありませんか。彼からは教育総監問題で処罰をうけたとの通知はありましたが、もう、そんなことは済んでしまったことと思っていたのです。ところがまだ彼は謹慎中だというので、それは、ほんとうに謹慎していました。

彼にこの企図を打ち明けて参加を求めようかと、くちから出かかっていたのでしたが、ほんとうに謹慎している、この若者を、この旗挙げに引っ張り込むのに躊躇しました。

何度か切り出そうかと思いわずらったことでしたが、とうとう彼を殺すに忍びませんでした。それで相沢公判の進行やその見通しについて、情報や意見の交換をしただけで、なにもいわずにかえってしまいました」

そうだったのか、わたしたちの視察もずいぶん、間の抜けたものだったなと反省させられたが、なによりもこの将校の「謹慎中」だったことが、彼をその反乱参加より救ったことになったといえよう。

こうして、この若い少尉は、二・二六事件後の大粛清にも触れることなく、ずっと軍務に励み、軍人の登竜門だった陸軍大学校も出て、終戦ごろは累進して中佐、しかも軍参謀の要職にあったと記憶している。もともと、この将校は原隊にいたころすでに革新の洗礼をうけ、学校派遣のため上京するや磯部と連絡し、同志として活躍を誓っていたのだった。だが、この処罰の因縁は、彼を軍人としての正しい道を歩ませることになったと思うてみれば、わたしがこの若者を厳重に処罰せよとつよく主張し、学校当局の重罰が、結果として彼の人生に大きな転換を与えたものではあるまいか。もちろん彼の徹底した自省にもよることであったが。

わたしの千葉憲兵分隊長当時の思い出の一つである。

戒厳司令部の幕僚たち
――事件捜査の裏におどる

勢いづく清軍派幕僚

わたしは二月二十六日午前六時すぎ、事件の突発を東京からの電話で知った。ここでも白い牡丹雪がふりしきっていた。一応の隊内処理をおわったのち、サイドカーをとばして所在の軍隊、学校に自ら連絡に出かけた。なによりも歩兵学校の一部学生の突出があやぶまれ、学校に在籍学生の総点検を要求した。さきに書いた謹慎中の一少尉が自宅謹慎と聞いてほっとしたし、学校から当日の各教育現場での点検の結果若干の欠席者がわかり、その学生たちの下宿まわりをさせて在宅を確認したのは、もう午後二時すぎであったが、ともかくも在営内軍人の不参加を知りえてひとまず安堵した。

二十九日午前九時ごろ東京に応援を命ぜられ、自動車を駆って東京に駆けつけた。小松川橋を渡って死の都東京に入った。今朝来の討伐作戦におびえてか、家々は門戸を閉ざし、車や人の往来もたえて静寂そのもの、往年わたしが満州事変の九月十九日奉天市内をかけめぐった当時を思わせるものがあった。一路、九段下に着く。軍人会館にあった戒厳司令部前の道路には、雪と木材でかためたバリケードがつくられていたが、この検問を通って憲兵司令部に着いた。

討伐作戦は最後の段階に入り、ここ道路上には飛行機からまかれた「兵に告ぐ」のビラが散乱していたし、お濠の彼方、遠く田村町あたりの空には大きなアドバルーンがあげられ、これにつらされた字幕には「軍旗に手向うな」と描き出されていたのが、はなはだ印象的であった。わたしはその日から百三十余日不眠不休、事件の捜査に専念した。事件そのものについてはすでに書いているので（「二・二六事件の謎」その他）今更これに触れることをやめる。ただ、わたしはこの捜査中たいへん不愉快な思いを味わったことがあるので、これらについていささか書きのこしておこう。

さて、わたしがここで捜査室をもったのは、三月の中ごろであったが、この室の扉には、でかでかと「将校と雖も無断入室を禁ず」と貼紙をした。それは、捜査秘密の漏洩を防ぐためのものだったが、なぜ、部内でこんなことをする必要があったのか。憲兵隊と戒厳司令部とは目と鼻との間、戒厳司令部からは連絡と称して将校の出入りが多かった。ある幕僚のごときは、憲兵の捜査状況を知るためにしばしばここを訪れ、無断で机上の捜査書類を披見する。これはわれわれとしては困る。そこで右の貼紙で自衛したわけだ。

ところで、戒厳司令部の幕僚は多くは中央部幕僚の兼務であったが、これらの幕僚をふくめての中央部幕僚、なかでも青年将校と争っていた清軍派といわれた、いわゆる十月事件関係者は、事件中は全くひっそくしていたが、事が青年将校の惨敗でおわると、彼らは急に威張り出した。もはや身辺の危険はないからだ。そして、かねての対敵意識からこの際、皇道派を徹底的に圧倒殲滅しようとした。これがためには憲兵に捜査情報を提供することである。真偽とりまぜての情報を運んできた。

そのころ、わたしの捜査室にも金沢朝雄大尉が応援にきてくれた。金沢君は戦争中香港憲兵隊長だったが、戦後戦犯に問われ刑死した悲劇の人である。当時仙台憲兵分隊長で、応援のため東京隊にきていたのだった。わたしは彼を私服で捜査情報の収集にあたらせた。東京勤務に張り合いがあるとみえて、張り切ってとび歩いていた。あるときたいへん意気込んでかえってきた。

「今日はすごい男に会ってきました。しかも荒木、真崎の、事件前の行動について、とてつもない情報を得ました」

と前置きして、

「荒木、真崎は、事件の前に事の起こるのを知っていて、この機会に、昭和維新の実現をはかるという密約があったというのです。それは二月二十五日のことで、真崎が軍法会議の証人に出た日の帰途、どこかで荒木と会っているはずです。だから荒木は事件の朝、『歴代詔勅集』を持って会議にのぞんだのです」

「ところで君のその情報はどこから得たのかね」

「それはちょっといいかねます。情報提供者とは、その出所は聞かぬ、いわぬと約束したのです」

わたしは金沢の報告を聞いて、これは偽情報と直感した。金沢がウソをいっているのでなく、情報提供者を信じきっているのである。

それより数日前、わたしは戒厳司令部に勤務している重藤憲兵少佐より、それとよく似た情報を得ていた。それはおそらく出所を一にするものだろう。だが、そのことは今までのわたしの捜査常識では信じられないことだった。誰かにいわされていると思った。その誰かとは、彼の同期長勇少佐あたりではないかと見当をつけていた。そしてまたしても同種の情報を得たのだ。私は金沢君にいった。

「東京にはいろいろな情報ブローカーがいるよ。君のいう情報もそうした情報ブローカーのものだよ。あまり信用しないがいいなあ。ときにその情報提供者はなんというのかね」

「ただNとだけいっておきましょう」

「Nか？」

フト、わたしはそのNなる男は野島某というのではないかと思った。野島という男なら清軍派幕僚につながっている。わたしは前年警務課にいて一片の出版法違反事件記録を読んだことを思い出した。それは岡田内閣の九年夏の在満機構改革問題、満州での憲警統一、関東庁の警察が関東憲兵司令官の指揮をうけるというので、関東庁の警察官が総蹶起して反対し、拓務省の役人までこれに同調するといった大騒動がもちあがった。そしてこの改革案の決定があやしくなった。

このとき野島某は陸軍省の幕僚、田中清、池田純久らにたのまれたのか、かの赤塚正助、鶴岡和文の張学良より受け取ったという床次竹二郎の五十万元事件をむしかえし（床次は岡田内閣の逓信大臣）、怪文書を全国全軍に撒布して政府牽制に出たことがある。この野島なら今でもこれらの幕僚や尉官クラスの将校と通じているだろう。したがってまた、この男の背後には長少佐などの存在が推断される。事は、うかつにのってはならない。

消えた不純幕僚の粛清

わたしはこうしたことを見るにつけ、粛軍とは皇道派の殲滅のみではなくて、かつての十月事件加担者、のち清軍派といって皇道派青年将校と対決して争ったこれらの徒輩も、一網打尽にするのでなくては決して達成されないし、なによりもそれをやらなければ著しい片手落ちのこととなると確信した。

三月末のある日、わたしは坂本俊馬隊長にこの旨意見具申した。ところが隊長は、次のように答えた。

「よくいってくれた。君、実はこの捜査が一段落したら、次には必ず不純幕僚たちの掃除をやろうと、ぼくはかねてから考えているのだ。そのための捜査資料はちゃんとぼくの金庫の中にしまいこんであるのだ。だが、これは絶対、秘としておいてくれたまえ。いよいよやるためには事前に周密な工作がいる。へたをするとすぐたたき潰されてしまうからな」

四月に入ると憲兵司令部は皇道派色のあったと見られた旭川憲兵隊長森本五郎少佐や、平壌憲兵分隊長だった目黒茂臣君の上京を求め、一応の事情調査をした。思想調査というのであろうが、そこでどんな調査が行なわれたかはわたしは知らない。しかし、目黒君はわたしたちと一緒の転科で一年間学習を共にした間柄であったし、また彼はわたしの前任東京憲兵隊警務課附として、相当期間皇道派青年将校の視察に任じ、軍の思想情勢にはもっとも詳しい人であった。しかしこれがために皇道派色ありとされ、事実、彼も皇道派青年将校には同情的なところがあった。

この目黒君がその調べをうけたあと、いよいよ平壌に帰任するとき、わたしのところにも立ち寄って、こういった。

「あなた方はひどいではないですか。この事件を皇道派が起こしたからとて、その皇道派といわれるものは、事件に関係があろうがなかろうが、その一切合財を壊滅するまでにたたきつけている。だが、それでいいのでしょうか。もともと、こうした運動は三月事件、十月事件に発している。これらの元兇をそのままにしておいて〝粛軍〟もなにもあるものですか。あまりにも一方的処置に偏してかえって国軍を分裂せしめるものです。憲兵は不偏不党、厳正中立というが、これがはたして正しいわれわれの姿なのですか」

わたしは全く同感だった。

「そのとおりだ。君の憤慨もよくわかる。しかしそうした批判はもう少し長い目で見てからにしてほしい。今はただ皇道派に弾圧が下っているが、粛軍とはこれでよいとは思っていない。まあ、その批判はもうしばらく待ってもらいたい」

わたしがここで、その批判はもう少し待てといったのは、あとにつづくであろう粛清の鉾先を予期してのことであり、その予定されていた幕僚組の手入れ云々は、あえてくちをつぐんだのであった。はたして目黒君には、このわたしの言葉がよくわかってもらえたであろうか。

六月に入って事件捜査は一段落ついたが、隊長からはなんの沙汰もなかった。たしかそのころ、わたしには真崎大将の収監およびその予審を準備するため、東京軍法会議よりしばらく事務を援助してもらえないかとの要請があった。坂本隊長はわたしをよんで、十日ばかり援助にいくことの相談があった。このとき、わたしはかつての第二段捜査はどうするのかと聞いた。隊長はちょっといやな顔をしたが、

「あるところに工作して協力を求めてみたが、今更、事を荒だてるのはどうか、といって消極的なので――」

とくちをにごした。あるところとは憲兵司令部か、そうではあるまい。陸軍省の兵務課か軍事課か、さすがの彼も声は弱かった。わたしもがっかりした。

こうして、この千載一遇の粛軍の好機を逸してしまったことは、かえすがえすも残念なことである。このときこそ勢いづいている幕僚への鉄槌、まさに絶好のチャンスであったのに。

思えば、この場合、坂本隊長がひそかに準備していたという捜査資料、それが十月事件関係のものであったのか、あるいはその他の新資料であったのか、わたしは知らない。彼は、昨年八月偶然にも永田軍務局長室に同室して相沢中佐の一撃を左上膊部にうけ、傷いえて京都に移された新見英夫大佐のあとを襲って、その秋満州新京より着任して日なお浅い。しかし彼はかつて少佐のころ、東京憲兵隊の特高課長として令名のあった、いわゆる「情報通」であったので、おそらく、そこには相当有力なる資料を握っていたと思われる。

戒厳参謀長を調べる

戒厳司令部の幕僚といえば、その後わたしはこの幕僚長を取り調べたことがある。このと

き、憲兵は統帥権をおかすと難くせをつけられ、ひどくいやな思いをした。事の次第を書こう。

さて、事件処理が一段落つくと、この反乱鎮定に任じた高級指揮官以下に「辱職」容疑がないかという問題が起こった。この場合、辱職罪というのは、「部下反乱をなすに当り指揮官これを鎮定するに、尽くすべきを尽くさなかった」という軍刑法上の犯罪なのである。なるほどこの事件鎮定には四日間もかかった。しかも当初、軍隊指揮官の態度にも、はたして反乱鎮定の意思があったかどうか、疑問がないわけではなかった。たとえば二月二十六日午後、戦時警備令発令と同時に、東京警備司令官はこの反乱部隊をその指揮下に入れて、警備部隊とした。

また、二十七日戒厳令が施行されたが、依然として反乱軍は小藤隊長指揮の下に、戒厳司令官の指揮下でその警備についていたのである。それは当然に撤退せしめられ撤退を聞かなければ討伐さるべきであるのに、軍隊指揮官は、この犯罪部隊をその統率下に入れたのである。戒厳当局はこれを「統帥の妙」とうそぶいていたが、その真の狙いがなんであるかは別として、少なくとも警備（戒厳）司令官の行動が疑われる。

また、第一師団長以下の部隊長にしても、理由はいずれともあれ荏苒《じんぜん》、四日間もかからなければ、反乱を起こした部下たちを鎮定しえなかったというのでは、指揮官としては欠けるところがあり、とりようによっては、鎮定の意思がなかった、あるいは彼らをたすける行動ではなかったのかといった疑問も持たれていた。だから、戒厳司令官以下の指揮官の辱職容疑を捜査せよということも、あながち理由のないことではなかった。

さて、この辱職罪捜査の命令は陸軍省より憲兵隊に出され、主としてわたしがこれに当たることになった。目標となるのは、当時の戒厳司令官、第一、近衛両師団長、第一師団隷下の団隊長などということになるが、わたしはこの場合まず本家本元から事態を明らかにしようと思った。そのときは、当時の戒厳司令官香椎浩平中将は、もう引責待命となっており、岩越中将がこれに代わっていた。そこでわたしは、その参謀長にこれをただそうとした。参謀長につき事態を調べることが、もっとも早道だと思ったからだ。

ところが、当時は戒厳令下で、東京憲兵隊はその指揮下にあった。だからその参謀長を憲兵隊に呼び出すことも穏当ではない。わたしは、ある日、軍人会館の戒厳司令部に参謀長を訪ねた。来意を告げ、参謀長からいろいろと聴いた。問題の要点だった、反乱部隊を警備軍隊に編入したこと、大臣告示という文書の配布、それから討伐遅延の事情など詳しく聴取した。参謀長は金庫の中から機密作戦日誌を出して日を追うて、説明してくれた。

ものの三時間もかかったであろうか、わたしは帰る際になって、

「本日、参謀長にお聴きしましたことは、調書としたいと思います。でき上がりましたら持参しますから、よく読んでいただいて署名をしてもらいます。なんとしてもこれが問題の基本となるものですから」

といった。参謀長はしばらく考え込んでいたが、

「いいだろう」

とあっさり答えてくれた。この場合、わたしは参謀長をだましたわけではない。はじめからこれを調書として残すことは当然考えていたが、しかし参謀長自身を被疑者としているわ

けではないからだ。いわば、指揮官の辱職容疑についての参考人調書そのものだったわけである。

削除修正は困る

わたしは、翌日、その聴取書を持って参謀長室に現われた。

以下、そのときの状況である。

「閣下、これを見ていただきます」

「もう、できたかね」

彼はこの一通の調書をとり上げ読み始めた。

「君、この本職に対し左の陳述をなしたりという〝本職〟とは誰のことかね」

「本職とはこのわたしのことです」

「ほう、君のことかね」

ずっと、目を通している。

「君、問答があるね。その問いにはいかにも文語体で、〝貴官はこの際どうしたのか〟といった調子で書かれているのに、その答えは、ぼくのいっていることだろう、〝それは何なにであります〟と礼儀正しく答えたように書かれているね。これはどういうわけかね」

さきほどから苦笑しつつ参謀長の問いに答えていたわたしも、これには困った。わざと被疑者扱いにしたわけではないのだが、語調はまさにそれだ。

「別に意味はないと思いますが、一つの慣用です」

苦しい答弁で逃げた。参謀長はこれまでの長い在職間、憲兵などから調書をとられたことはなかったのであろう。なにかそこに階級的なものを感じとり、この一憲兵大尉が少将たる参謀長を見下していると感じての疑問なのであろう。

ひととおり目を通した参謀長は、

「大体いいね。だが、ここところとは書かれては困るなあ。消してくれないか」

「具合が悪いといわれるのなら消しましょう。ああ、この幕僚会議の内容〝この命令は参謀会議の上で司令官が決裁したものです。その会議では○○参謀が即刻討伐案を出したが、□□参謀と△△参謀とが――〟、この項を消せといわれるのですか」

「そうだ。ここは全部消してくれないかね」

「消せといわれるならば消しましょう」

わたしはペンをとって、五行ばかり消す棒線を引き、欄外に、以下五行削除と書いて捺印した。参謀長はじっとこれを見ている。

「これでいいでしょう。さあ、これでよければ署名捺印して下さい」

「それは困る。消えていないではないか」

「これでいいのです。これで法律上の効果はありません」

「でも、いつでも誰にでも判読できるではないか」

「それはそうです。しかしいくら読まれても、これによって法律上の効果はありません。いわば証拠とはならないのです」

「でも、ぼくとしては、こういったことを憲兵にしゃべったということを、人に知られるのが困るのだよ。作戦上の機密だからね」

「さあ、わたしはこれで参謀長には迷惑がかからないと思うのですがね」

わたしはそのままにしておきたかった。ここにこう書いてあれば、たといそれが消されていても、参謀長のいうとおり、事の内容はわかるからだ。

「どうだ、君、一つたのむからもう一度書き直してくれないか。君のところで手がなかったら、ぼくのところで書記に書かせるから」

わたしは、そう、このことにこだわることもないと思った。

「よろしい。今日は閣下のいうことを聞きましょう。明日、これを削除して清書したものを持って来ますから、間違いなく署名捺印して下さい」

「たいへん、無理をいってすまないが、そうしてくれたまえ」

憲兵は統帥権を侵している

さらに翌日、またわたしは戒厳司令部を訪ねた。例の調書を持って参謀長に会った。だが様子がおかしい。参謀長の態度ががらりと変わっている。参謀長はこういった。

「憲兵は統帥権を侵している。第一、戒厳令下で、戒厳司令官の指揮下にある憲兵が、その戒厳参謀長を取り調べるということがおかしい。だが、問題は、憲兵がわれわれの純統帥たる作戦事項について調べていることなのだ。それは明らかに、軍司法が軍統帥を侵犯しているることで、この書類にはぼく一存では署名できない」

たいへんな変わりようである。おそらく、いま憲兵に調べられていると、幕僚たちに打ち明けたのであろう。そして誰に知恵をつけられたものか、手にしている「メモ」には、天皇、その下に統帥、行政、司法などと書かれている。とんでもない言いがかりをつけてきたものである。ここで頑張らなくては、あとがうるさいぞと、わたしは固く心にきめた。

「参謀長、参謀長はこのわたしを一憲兵大尉とみている。それはたしかだが、今のわたしの立場は調書にもあるように、陸軍司法警察官というのです。戒厳司令官は憲兵隊を指揮していますが、こうした個々の司法事件については指揮権はありません。わたしの陸軍司法警察官としての指揮は、東京軍法会議の検察官か、また、全般の捜査を指揮する長官たる陸軍大臣だけで、それ以外からはなんの指揮もうけないものです。だから、憲兵が閣下を調べることには、いささかの違法もありません」

これはわかったらしい。

「次に閣下は、憲兵が作戦事項を聴取した、それは、軍司法が軍統帥を侵したのだといわれました。たしかにわたしの取り調べは軍の作戦事項に触れています。だが、われわれはこれを作戦事項として作戦上からの是非を批判したり問題としたりしようとしているのではありません。その作戦事項をわれわれは一つの法律的事実としてうけとっているのです。指揮官が反乱鎮定の責めを尽くしたかどうかということを法律的に判定するのが辱職罪です。だからどうしても、その指揮官の作戦、統帥なるもの、ここでいえば鎮定作戦なるものに触れなければ、この罪状ははっきりしません。だから当然に、参謀長のいわれる作戦事項に触れますが、しかしそれは、あくまでも法律的事実として法律上の判定資料とするだけのことです。どこにも司法権は統帥権を侵していないのです。閣下のいわれるようなれば、辱職罪そのものは、捜査も審判もできなくて、軍刑法は空文におわってしまうでしょう」

わたしは、あまりの無知な言いがかりに、すっかり腹を立てていた。かなり強い語調で参謀長に向かっていた。参謀長はわかったのか、わからなかったのか、これには抗弁しなかった。

「でも、この調書に署名するについては、参謀長の一存でやったとあっては自分の立場が困る。自分は参謀長という司令官の補佐役だ。戒厳司令官が憲兵の参謀長訊問に同意されるなら署名しよう」

と方向を転じてきた。

「ご趣旨はわかりました。わたしは戒厳司令官とその参謀長とは一体というつもりで、参謀長を調べ、その参謀長に異存がなければそれでいいと思っていました。でも参謀長が司令官の同意を得てくれといわれるのでしたら、そのようにしましょう。さっそく、わたしの方は憲兵隊長から戒厳司令官に〝参謀長の取り調べ方〟を照会することにします」

わたしはこの旨、隊長に報告した。隊長も同意だった。その照会は副官の手によってすぐ発送された。

ちょうど、そのあとだった。戒厳司令部に在勤していた北田利憲兵大尉がわたしのところにきた。

「大谷さん、戒厳司令部では喧々囂《ごう》々ですよ、憲兵が統帥権を侵害したというので。なんでも昨夜から大さわぎをしている。陸軍省もこの憲兵の態度はよくないと、戒厳司令部の態度に同調しているようです。なんとか手を打たれる必要があるでしょう」

「ご忠告はありがとう。だが、もうすんだよ。いままで参謀長のところでねばってきたが、理屈では負けないよ。参謀長も納得してくれたらしいから、大事にはなるまい」

こんな問答をしているとき、また憲兵司令部の警務部長の城倉中佐が、わたしの室に入ってきた。彼はわたしの憲兵練習所当時の実務教官だった。

「憲兵が戒厳参謀長を取り調べ、調書をとることはよくないことです。陸軍省からもいってきています。取り調べることはいいが、まず調査ということにして、君が調査報告書をつくっておけばいいではないですか。なにもそう無理をしなくても」

「部長、ご心配をかけましたが、もう、すみました。わたしのところでは、なにも統帥権など侵したことはありません。指揮下の下級部隊に調べられた腹いせで、参謀たちがさわいでいるのでしょう。もはや問題とはならないでしょう」

とうとう、わたしは押しきってしまった。

二日ほどたつと、岩越戒厳司令官より、御申し越しの件は了承するとの回答があった。わたしは四度参謀長を訪ねて、このもみにもんだその「聴取書」をうけとった。そこには彼の署名捺印があった。

わたしも在職間自らいろいろと取り調べに当たり、調書をとってきたが、こんな一片の調書をとるのに、かほどまで不愉快な思いをしたことは、あとにもさきにもなかった。上級司令部の威力をもって憲兵捜査をおさえようとしたものか、わが身へ及ぶかもしれない脛に傷もつ幕僚たちの憲兵への反発か、そこでは「統帥権」という錦の御旗をかかげての反撃であった。そのときの参謀長とは、のちの鈴木終戦内閣の国務大臣安井藤治中将である。

軍事警察の執行には、軍統帥との間に時どきトラブルがあった。かの統帥権は外に威大な力を発揮しただけではなかった。こうした部内でも軍政と統帥の対立、統帥と司法との対立が、うるさく紛淆したこともしばしばであった。

暗黒裁判に思う

――つぶさに世情を体感して

暗黒裁判のかげに

賢崇寺に集まる人びと

二・二六事件は昭和史上最大の悲劇であった。その第一次判決があったのが七月五日、そして十二日には十五名という大量処刑が行なわれたのであるから、そのころ、軍は殺すために裁判をしたのだといわれていたことも、ある点においては軍の企図をついているともいえよう。わたしは事件鎮定後五ヵ月にわたってその捜査にしたがったので、これに参加した青年将校たちの多くには、なんらかのかたちで面識があった。

この年の八月一日の陸軍異動で赤坂憲兵分隊長を拝命したわたしは、着任まもなく、この十二日に麻布の賢崇寺で遺族たちの手によって刑死者一ヵ月目の法要がいとなまれることを知った。彼らの遺骨は栗原安秀の父、勇老大佐の手で、すでにここに安置されていたのである。わたしはこの法要を前にして、分隊特高班長に聞いた。

「刑死者の遺族に在京憲兵はどう対処しているのか」

「本部の方針は、一切関知しないことになっています」

わたしは、これは妙なことを聞くものだと思った。刑死者の遺族は軍人ではない。だから軍事警察の対象にならないというのか。だが、彼らは世間の目におびえている。いつの間にか逆賊にされてしまって刑死した彼らの遺族たちは、逆賊の血を引くものとして、苦しい世渡りをしていることだろう。それなのに、なぜ憲兵はこれに温かい手をさしのべてやらないのか。遺族は反乱者ではない。反乱に出た青年将校たちは、すでに刑死したことによってその罪をつぐなったのではないか。

わたしはこの本部の方針なるものに憤りをおぼえた。さっそく本部に電話して坂本隊長を呼んだ。そしていった。

「軍は彼らを反乱の名において処刑した。だが、遺族たちは反乱者ではない。遺族たちに愛の手をさしのべることは断じて反乱者を賞恤することにはならない。彼らは杖とも柱とも思い、その生活の支えにしていた夫や息子を喪って、いま途方にくれている。しかも世間の目は冷たい。こうした遺族たちは誰が面倒をみてやるのだろう。それは軍以外にないのではないか。しかし当面陸軍が正々堂々と彼らに接することは、今日の段階では、あるいは遠慮されることであろう。そこでは、われわれ憲兵こそ、彼らを庇護しうる立場にあるものと思う。にもかかわらず、本部はこれら遺族に対しては、かかわりをもたないと指示されたという。とんでもない間違いだと思う」

はげしいわたしの意見具申に隊長は同意したのかしないのか、ただ、君の考えどおり運んでくれと答えた。これは十二日の法要を前にひかえた十一日のことであった。

さて、麻布の賢崇寺は佐賀藩主鍋島家の菩提寺、栗原大佐も佐賀の出、しかも彼はすでに僧籍にあった。どうしたきっかけでここに刑死者のお骨が安置されることになったのかわからなかったが、ともかくも十五の遺骨はねんごろにこのお寺に引きとられていた。

そこで明日の法要とはどんなことだろう。いずれは遺族たちのささやかな慰霊が行なわれるものと考えた。わたしは明日の法要に、お参りをかねて一人の特務を視察させることにした。そしてこの特務には直接こう命令した。

「法要のほど合いを見て栗原大佐に会い、分隊長がぜひお会いしたいので、都合を見て分隊までご足労を願いたい、と伝えよ。そして大佐が承諾したら自動車で迎えるよう」

あくる日午後三時ごろだった。栗原大佐が見えられた。手には数珠、上衣にはケサをかけ、日頃の心痛のためか弱々しい体であった。あるいは、わたしの「呼び出し」を感じてなにか心に不安をもっていたのかもしれない。

わたしは初対面の挨拶をしたのち、

「このたびのことはご心痛で同情に堪えません。わたしはこれまで捜査一点張りに進んできたので、まだ東京の空気はのみ込めませんが、彼らを知ることは人一倍多いものと信じています。この世情の中でいろいろと困難なことでしょうが、しっかりと遺族の方々は手を握りあって、この悲劇に堪えて下さい。

本日はお忙しいところをきていただきましたが、別にこれといった問題があったわけではありません。ただあなた方のご近状を知り、なにかとご相談にものってあげる機会もあればと思ったからです」

「ご同情まことにありがとうございます。遺族たちもさまざまで、これをまとめていくこともたいへんなことです。それに逆賊だというので世間からは冷たい目で見られ、同情の一片だに示してくれる人もありません。それにみな生活に困っています。幼児をかかえてこれからどうして起ち直るかが一番の問題です。でもお互いに手を携えてこの困難に打ち克っていくだけの決心をしているのが、なによりの強味だと思っています」

「あれから一ヵ月ずいぶん苦労されたと思いますが、どんなことで一番心を遣っておられますか」

「一番不愉快なのは、遺族たちがなにかたくらんでいないかとの猜疑心で見られることです。その最もはなはだしいのが警視庁で、わたしたちお互いの連絡のために、わたしが会報のようなものを出すのでさえ警戒的で、その原稿を見せろ、印刷物を事前に提出せよなどと、うるさい限りです。どうかこういったことはやめてもらいたいし、なによりもわたしたち遺族のほんとうの心を知ってもらいたいと念じています」

「よくわかりました。これからもしそうしたことがあったら、どんなことでも、わたしのところまでいってきて下さい。できるだけのお世話はさせてもらいます」

ものの二、三十分もすぎたであろうか、彼はなにかソワソワと落ちつかぬ様子を示した。早くかえりたいのかと直感した。

「お急ぎですか」

「実はこれから〝斎《とき》〟がありますから、もうお寺に引きかえさねばなりませんので」

「そうでしたか。それは失礼しました。行事の次第を知りませんので申しわけのないことでした。さっそくおかえり下さい。でもこれからは遠慮なくなんでも申し付けて下さい。また、遺族の状況なども時どきお知らせ願いたいものと思います」

「わたしも心残りですが、これで失礼させていただきます。遺族のことなど具体的にいろいろ申し上げておいた方がよいと思いますので、その機会を与えて下さい」

「それは願ったりかなったりです。わたしの方からお宅にでもお伺いすることにしましょう。さっそく明夜七時ごろお伺いすることにいたします」

「では、お待ちしています」

彼は入ってきたときとは打って変わって、元気な足どりでかえっていった。わたしは栗原大佐に会ってよかったと思った。

遺族たちの苦悩

翌日暮夜、わたしは私服で栗原宅を訪ねた。目黒の偕行社住宅の崖下にあった。座敷に通されると、床の間に栗原中尉の軍服姿の遺影がかざられ香が流れていた。わたしはまずうやうやしく礼拝した。栗原老夫人も同座された。そこでこもごも語られたことを要約すると次のようだった。

1、遺族たちは、もうあの判決から処刑のときのショックは薄らいでいるが、当面の悩みは生活の問題である。どうして、これからの生活を支えていくかが、遺族たちに一貫した苦悩である。まずこれを解決することに腐心している。

2、遺族たちは今度の処刑をはなはだしい軍の仕打ちだと体にうけとめているが、それでも天子様のご助命をひそかに期待する向きもあった。ところが逆賊の烙印を押されこうした恩典も実現しなかった。そこで自分たちの父が、子供が信じていたように、天子様は国賊たる重臣たちに支配されておられると信じ、天子様に不満を投げつけるものもある。これは国民思想上大きな問題だと思う。

3、遺族たちは今のところお互いに慰め合い助け合っている。これが彼らのたった一つの心の支えである。しかし現実は家族近親からも冷たい目で見られ、針の山にすわっているような、その日その日を送っている。そこで栗原氏はこれらの人びとの中心になって、彼らを善導しつつ、そのまとめ役を買っているわけだが、これもなかなかむずかしい。

こんなことが話の要点だった。ただ一つ具体的な事例として香田清貞夫人の近状を聞かされ、わたしもすっかり涙ぐんでしまった。

この栗原家の近くに香田富美子未亡人の実家があり、父は陸軍の准尉で軍を退いてからは、どこかの区役所に勤めておられた。だからその生活とても余裕があるわけではない。夫人に二児をつれてかえられてはその生活もたいへんである。そこでは日常の食事には事欠かぬというだけで、一銭の小遣いももらえた義理ではない。主人があんな最期をとげたのは女房たるこの身が至らなかったのと非難はされるし、逆賊の家というので近所からもきびしい。たった一つの慰めは、かつての主人たちの同志の奥さんたちに会って、互いに心の痛手を語り合うことだ。ここではなにもかも打ち明けて互いに心の温まる思いをする。だから、ひまをみては同志の家々を訪ねたい。だがお小遣いがないのでそれも思うにまかせぬ。

そのころ香田夫人は眼をわずらっていた。そして青山付近の眼医者に治療をうけていた。医者に通う日には電車賃と治療費が渡される。これを使っては、なつかしい相沢さんのところにも伺えない。夫人は二日に一度は通院にみせかけて家を出るが、医院には行かないでその日の交通費、治療費合わせて一円なにがしかを懐に入れる。こうしたへそくりをあえてして相沢宅やその他の同志夫人宅の訪問の費用に当てる。このひそかなる訪問こそが今の彼女のたった一つの生き甲斐だというのである。

わたしは栗原老夫人の涙まじりに話される、この香田夫人の近状を聞いてもらい泣きした。せめて、少しでも香料にとさしあげようと、ひそかにポケットをさぐったが、どうあわててきたものか財布はない。やむなくこれを断念したが、聞いているのが実につらかった。

わたしは、香田君については事件以来知ることが多かった。特別の因縁といおうか、獄中で偶然にもしばしば相会うことがあった。彼は歩兵第一旅団副官の現職中反乱に参加したが、その前職が歩一の中隊長だったのである。わたしは事件前には一面識もなかったが、彼と初めて会ったのは、この裁判が進行して、すでに検察官の全員死刑の求刑があったのちのことであった。

香田との因縁

わたしはそのころ真崎大将に関する容疑資料の収集に走りまわっていた。香田大尉がこの年一月真崎大将邸を訪れたことがあるので、その内容を調書にするため、代々木軍刑務所に彼を訪問したのであった。取り調べがすんでからわたしは彼といろいろ話し合った。そして最後にこういった。

「すでに検察官の求刑があったそうだが、どんな判決が出るものか、死刑ときめてしまうのも軽率だが、今日の情勢では〝重い〟と考えていなければなるまい。こうした場合、お互いがみにくい態度であっては、青年将校のために惜しいと思うので、よく考えておいてもらいたい。ことに君はまだ若いが、野中亡き今日では同志の年長者ということになっている。若い者には立派なお手本を示してもらいたいものだ」

今日考えればわたしとしてずいぶん残酷なことをいったものだと思う。死ということは人生最大の悲劇、くちにこそ出さないが誰でも強い生の欲求はある。助かりたいと思わぬものはあるまい。にもかかわらず、わたしは立派に死ねといっているのだ。わたしは敗戦のあと戦犯に問われ巣鴨プリズンに入った。そしてはじめて未決囚人としての心をもった。「巣鴨」では、教誨師だった東大教授花山信勝氏は、死刑囚たちから憎悪をもって迎えられていたと聞いた。花山氏は死刑囚の房を訪ねては、

「あなたの嘆願はダメだと思います。もう覚悟をきめて遺書を書いて下さい」

といったという。犯罪を信じない戦犯たちが死刑囚として断罪されることは堪えがたいことである。なんとかして再審を要求し新しい資料によってわが身の潔白を明らかにしようとする彼らに、もう死刑を覚悟して下さいでは、彼らが憎悪するのも当然であろう。わたしもまた、過去において同じあやまちをおかしていたのだった。

だが、香田は少しも不快の色を表には現わさなかった。そして落ちついた口調で、こういった。

「ご好意ありがとうございます。わたしも生死の問題ではずっと悩みつづけました。かつては日蓮宗に帰依しましたし、禅にも凝りました。ほんとうに生死の解脱を得ようと苦労しました。だがそのいずれもダメでした。ところが、ここに入ってからはどうしたものか、死というものに全く苦痛を感じなくなっています。だから立派に死んでいけると思います。この点決してご心配下さいませんように」

わたしは、言葉もなかった。「なお自重するように」との挨拶を残して別れたが、香田は忘れがたい人になっていた。

それから二週間もたったであろう。わたしは安藤大尉について調べたいことがあって刑務所にいった。ここ代々木刑務所は構内の前庭に事務所があって、この事務所をすぎると高い赤煉瓦塀にぶっつかる。そこに通路の門がある。これを開扉して中庭に入ると、一帯に収容各棟があった。この高い赤煉瓦塀に沿って狭い道路が通じている。わたしは刑吏の案内でこの赤煉瓦沿いの道を歩いていた。前方から目かくしされた囚人が看手に付き添われて歩いてくる。ちょうどこの道の中程ですれ違った。すれ違った途端、この囚人は目かくしをはぎとり、

「大谷さん、先日は失礼しました」

と挨拶した。見ると香田だった。

「君か、だが今ごろどこにいくのかね」

「地獄にいくまで調べられていますよ」

吐き出すようにいった。

「そうか。ぼくが用がすんだら君の調べ室までいこう。そこでまた話そう」

「この上の方です」

こうして、わたしは、わたしの取り調べがおわってから香田のいる調べ室の方へいった。ここは、この事件のために特に急造されたバラック建ての取り調べ室であった。ドアをノックすると、わたしの知り合いの法務官が調べていた。

わたしが入室すると香田は元気にしゃべりつづけた。法務官をすっかり無視して。どんな話をしたか具体的には記憶はないが、死刑の判決が今にも下りそうになっている今ごろ、なにを調べるのだろうといった皮肉をわたしに向かって放っていた。次々にしゃべりつづけるので、当の法務官もとうとう辛抱しきれなくなったのだろう。わたしに向かって、

「夕方までに取り調べをおわりたいのですからご遠慮願えませんか」

という。

「そうだった。たいへんお邪魔しました。香田君もお元気でね」

立ち去るわたしを、じっと見つめていた香田の目はさびしそうであった。

七夕の日とおぼえているから七月七日のことである。この日もわたしは刑務所を訪ねた。もう判決も確定し処刑も間近くなったのであろう。家族の面会が許されて事務所の方はざわついていた。例によって赤煉瓦の高塀の中に入って下の方の調べ室に入った。一時間半ばかりで取り調べをおわり、わたしはもときた赤煉瓦の道を一人で歩いている。見ると前方から和服に袴をつけ目かくしされた一人の大男が看手につれられてやってくる。途中すれ違った

その刹那、この男は立ち止まった。目かくしをひきちぎるように左手にとった。香田である。しかもこの路上はすぐる二週間前、彼と立ち話ししたところである。奇しきつながりを感じた。目を真っ赤にしていささか興奮していた彼は、いきなりぐっとわたしの手を握りしめた。

「大谷さん、たいへんお世話になりました。いよいよ死ぬときがきました。潔く立派に死んでいきます。だが、たった一つの心残りは、今の幕僚共が軍を支配していることです。こんな連中にお国を任せておけばお国はきっと滅んでしまいます。どうかあなた方正義の士によって彼らを控制していただき、お国の栄えますことを心から祈っています。ではお大事にして下さい」

わたしは、深い感銘に打たれた。目を真っ赤にしているのは、今しがた最愛の妻や子供たちと永の別れをしてきたのであろう。わたしにはもはや言葉はなかった。ただ、かたく、かたく彼の手を握りしめただけだった。

七月十二日死刑執行の日、わたしは、代々木練兵場側の高い塀の外側にあって、じっと彼らの最期に耳を傾けていた。天皇陛下万歳の声がおわるやいなや、軽機の点射音のようなダッダダンのひびきに心をかきむしられた。午後、遺骸が出ると聞いてまた刑務所の不浄門のところに待っていた。そして出てきたのは柩に入っている香田の遺骸であった。心ゆくまで冥福を祈りながら、立ち去る霊柩車を送りつづけた。

わたしには香田とこうした因縁があった。その夫人のことを聞くにつけ人事とも思えないものがあった。

遺族を助けよう

わたしは栗原家訪問の夜、遅くまで起きていた。この遺族たちにどうした手をさしのべるべきか、とひとり思案を重ねていたのだった。

遺族たちは陸軍から見捨てられている。彼らは、今ひとしく陸軍を怨んでいる。ある者は皇室にさえ不満の感情をたぎらせている。こうした感情の中で育てられる遺児たちはどうなるのであろう。恐ろしいことである。

事件を計画し実行した彼らは死によってその罪をつぐなっている。遺族たちにはなんの罪もない。しかるに当今の世情は彼らに冷たい。冷たい世間でお互いが寄り合って、かすかに呼吸しているというのが、今の彼らの実態である。

息子を失った老いたる親、夫や父をとられた妻や子は、生活の支柱を失って明日の生活に途方にくれている。だが、愛の手はどこからもさしのべられていない。

これが彼らの現状である。これでよいのであろうか。軍は彼らを逆賊扱いにしてしまった。逆賊とは天皇に弓を引いたというのだろうか。軍法は反乱罪であり反乱大逆としては取り扱っていない。だが、世間は賊徒としてうけとっている。軍が逆徒と化したと宣伝しているからである。逆徒とあっては日本国中誰一人愛の手をさしのべるものはあるまい。あえてこれを助けることは逆徒に味方することになるからである。だが、現実遺族は苦しんでいる。物心両面にわたって苦しめてはならない。なにを措いても軍として彼らを救援させることが先決だ。

さて、軍が彼らを救援するとならばどうすればよいのか。さしあたり生活の保護を与えてやらねばならぬ。これはかつての将校団にやらせるのがよいか、憲兵をしてやらせるのがよいか。しかしまた、ただ飯を食わすだけでは意味がない。どうしても生活自立を補導してやらなくてはならない。もちろん、こうしたことは遺族がバラバラであってはならない。誰かを中心にまとまっていなくてはいけない。幸い栗原氏が今のところ遺族をまとめている。これを通じて相互扶助による再起を推進してやることだ。これがために、軍が今ここに十万円ぐらいの機密費を出せばよいのだ。そして憲兵の手で内面的な指導を加えていく、憲兵で具合が悪ければ、歩一、歩三の将校団から責任者を出した委員会といったものでもよい。

こんなことを考えたわたしは、翌朝、隊本部に出向いて坂本隊長にこの意見を具申した。坂本大佐も事件を処理した人だけに、わたしの話を聞き入れてくれた。そしてさっそく憲兵司令官を説いた。中島司令官も同意して、これを憲兵司令部の意見として陸軍省に持ち込んだ。だが、陸軍次官梅津中将は慎重だった。事件のあと始末はまだおわっていないし、軍法会議は依然進行しているといった状況ではあったが、なによりも軍が恐れたことは、そんなことをしてはお上に対して畏れ多い、ということだった。この事件に対する天皇のきびしいご態度を知っているだけに、彼らを救援することに躊躇するのだった。

なるほど、軍当局のこの態度にも一応の理由はある。しかし、軍が正面をきってやるわけではなく、その名目はともかくとして機密費を出してくれればよいのだ、と頑張ってみたが、軍の態度はかたかった。

わたしは陸軍に見切りをつけたわけではなかったが、今しばらく時をかせがなくてはこの話も進まないと思った。この話を聞いたわたしの知人のある一人は、軍がそのようであればわれわれの手でなんとか資金集めをしようともいってくれたが、これはそれらの人々に迷惑のかかるのを恐れて止めてもらった。

年の瀬も迫った十二月中旬のある日、栗原氏がわたしを訪ねてこられたので、このことは、これまで一切のいきさつを話して了解をしてもらったが、

「軍にそこまで踏み切ってもらえば、金だけのことでなく、すべてが有利に進展すると思っていたのですが、まことに残念です。まだまだ時期が早かったのでしょう」

とあきらめきれぬ表情でため息をついていた。わたしはちょうど手許にあった、もらったばかりのこの年末のボーナスをそのまま、

「これはわたしの微意です。遺族たちの餅代のはしくれにでも入れて下されば仕合わせです」

とさしあげた。たった二百円ばかりではあったが、それでもわたしの心持ちとてこれをうけとってもらったのは嬉しいことだった。

それから以後、栗原氏からは時々遺族の状況を直聞し、また「仏心会報」とかも送ってもらって、ずっと遺族たちの事情はわかっていた。十三年になってわたしは九段の本部に移ったが、そのころは栗原氏に代わって石丸志都磨氏がよく見えるようになった。石丸氏は在郷の陸軍少将、佐賀の出身で退職後は満州宮廷の侍従武官長をつとめ、満州国軍の中将でもあった。石丸氏の念願は逆賊の汚名を取り除くこと、彼らのために墓域を定め、ここに石碑を建てることにあったようで、かなり政治的にも動いていたが、逆賊の汚名を取り除くことは、なかなかにかたい壁だった。墓地の入手、石碑の手配などは着々進んでいるような話で、そ

の出資者は、有馬頼寧伯と聞いた。

戦争たけなわとなって、わたしと石丸少将との連絡もとだえてしまった。戦後、湯河原襲撃の河野寿大尉の令兄司氏が、仏心会を再建し年々歳々の法要、事件資料の収集保存、ことに、刑場跡の慰霊碑の建立など、大きな業績をなし遂げられたことは、あまりにも有名である。また、逆賊の汚名は戦後二十一年の大赦によって取り除かれた。

真崎の無罪を祈る心

心境の変化

わたしは、この十一年八月、東京の赤坂分隊に転じたのだが、これまで長期にわたって事件捜査に没頭しており、いわゆる社会の動きにはたいへん疎かった。ほとんど事件後の動きには無関心といってよかった。そこで赤坂に着任してからは心気一転東京情勢の認識につとめた。とくに職務柄、陸軍を中心として諸情勢の観察については一層力を入れて丹念にかれこれ調べていた。そしてそこで知ったことはなによりも軍の不評であった。まさに、軍は四面楚歌の中にあったといえる。この国歴史始まって以来かつてなかった一大不祥事件、しかもそこでの四日間の戦慄は、国民いな東京市民にとっては、軍への著しい不信であった。そのうえこの事件処理の過酷さ、さらにはその後の中央部のはげしい政治への圧力などは、心ある市民のひんしゅくするところであった。だが、こうしたことは、実はわたしの夢想だにしないところであった。

これをわたしの場合についてみよう。わたしはこの事件は満州事変前後から軍にくすぶり出した悪ガスの爆発であり、われわれはこの機にここに噴出したガスはもとより、その悪ガスの臭いまでも清浄化しなくてはならない。これがためにわれわれはその職務柄、ただ徹底した思想捜査以外にないと信じていた。こうした信念で脇目もふらずに日夜働き通した、このわたしに酬いられたものはなんだったか。

「大谷という奴は片倉などと通謀して徹底した皇道派弾圧に狂奔している。彼こそ統制派のもっとも悪質な手先なのだ」

片倉とは、事件の朝、陸相官邸で反乱将校の首謀磯部浅一から撃たれた片倉である。わたしへの悪罵はともかくとして、現に粛軍に徹底する軍に向けられた、極端なる一部の悪評は、

「粛軍とは冷血なる殺人行為である」

という。たしかに国民は「粛軍」そのものには拍手を送っても、あまりにも過酷な重罰には漸く批判的となっていた。軍は「冷たい」というのである。わたしは考えた。

「粛軍」それはあくまでも世評に超然として一途これに邁進することを要する。だが、その粛軍とは軍をあるべき姿に還元することであって、必要以上に事態を惑乱せしむべきではない。冷厳といわれる粛清の中にもなにか一脈の温かさを感じさせるものがなくてはならない。軍は粛軍の美名にかくれて必要以上の弾圧に出るべきではない。当面、軍はここに反省を要するのではないか。ことに、部内において根こそぎの粛清、これがために犠牲をうけた軍人にとっては不当の弾圧として、その軍に対する反情怨恨は決して消え去るものではない。坊間、仇討ちの「いたちごっこ」といわれるように、仇が仇を生むことが必然にたどるべき人間の情感であるとすれば、今日の粛清は必ずしも究極の粛清とはならないであろう。要する

に、粛軍の目的達成以上にむやみと多くの犠牲者を出すことは、この際慎まなくてはならない。

わたしはこんな思考に落ちついた。心境の変化である。事件処理の渦中から出て世の中を正視しての開眼であったともいえよう。これがわたしの赤坂分隊長就任以後の基本態度であった。

わたしは九月に入ったある日、東京軍法会議の首席検察官匂坂春平氏の求めに応じて軍法会議を訪ねた。そこには沢田次席検察官もいたが、裁判官だった藤室良輔大佐が同席していた。藤室大佐は陸軍の俊才として名があり、そのころの軍法会議判士連の中堅であった。彼はわたしに向かってこんな話をした。

「ぼくらはこの裁判にしたがって、すでに若い人たちを死刑にしたり、あるいは重罪を加えてきた。しかしこの事件の責任は決して彼ら若者たちだけが償うべきものではない。彼らをこのようにあらしめた上長の責任まで追及しなければならない。ことに、若い小物たちを犠牲にしておいて、その背後にあったと思われる大物を放置しておくことは、ぼくら判士たちの忍びえないところである。したがって、今後はいわゆる『大物』の責任追及にのり出したいと思うのだが」

と一気に語り、わたしの所見を求めた。それはこのわたしに捜査協力を求める前提だったろう。わたしはこう答えた。

「あなたたち、今日なお一途に裁判に没頭しておられる方の気持ちには、わたしにも理解ができ、また同感である。実はわたしもつい最近まではあなたたちと全く所見を一にしていたでしょう。だが、このごろは少々考えが変わってきた。あなたたちがこれまでの裁判を反省して、その罪ほろぼしのために、いわゆる『大物』にも責任を追及して、これに大きな犠牲を負担せしめねばならぬとする行き方には、わたしは同意しかねる。裁判は粛軍の完成にある。故意に今更問題を大きく取り扱ったり、必要の度を超えて犠牲を大きくしても決して粛軍の完成とはならないであろう」

そしてその説明として、わたしの見た軍を中心とした一般情勢、とくに各層、各界の対軍態度なるものを明らかにした。

さて、この藤室大佐のわたしへの協力要請は、具体的には当面、前戒厳司令官香椎中将の検挙にあったようで、すでに匂坂検察官もこれに同調し、その検挙へのわたしの協力を求めるのが、その心底であった。だが、今更香椎中将を召喚して、なにをえぐり出そうとするのか。たしかに彼には反乱幇助の疑いはあった。その故にわたしは、かつて待命後謹慎中の彼を自宅で調べたことがある。彼らに同情的であっても、それは戒厳司令官の当然の職権行為で、利敵意思がなかったといえばそれまでである。これをたたきあげて今更なにを求めようとするのか、いや、それは利敵行為だといっても、その反証をあげることはたいへんむずかしい。

今日において香椎中将を検挙してこれを辱職罪や反乱幇助で事件とすることは無理である。得るものは本人の軍に対する反感と憎悪、そして世間には軍の暴虐を思わせるだけだ。わたしはこうして、その協力を求められたがこれを断わった。

その後わたしの得た情報では、匂坂検察官は香椎中将を軍法会議に呼んで取り調べを進めたが、結局は事情聴取におわったようであった。ずいぶん、両者の間には激論がたたかわされたとも聞いた。ともかくも、わたしの心境の変化は、こうした捜査への協力を拒否したのであった。

真崎公判始まる

さて、真崎甚三郎大将が「利敵」容疑で軍法会議に召喚されたのは、昭和十一年六月のことであった。このときわたしは東京軍法会議の庁舎にいて、彼が白い帽子の看手に監護されて代々木軍刑務所に収監されるのを見ていた。軍法会議の求めに応じて僅か十日ばかり、この検察部に席を持っていたときのことである。それからわたしは真崎検挙の主人公として真崎その人の動静には無関心ではなかった。彼は予審においても、不利なところはことごとく否認して法務官を手こずらせているとも聞いた。十二年の初め、真崎は刑務所で絶食を始めた。老体に危険だというので陸軍病院に入院せしめた。今日記録を見ると、獄中、彼は死を決したのではないかと思われる節がある（『二・二六事件秘録』（三）獄中資料、真崎甚三郎行状報告書）。

さて、真崎公判は翌十二年春ごろより準備されていた。公判準備としてすでに退役の磯村年大将、松木直亮大将が勅命によりとくに現役に列せられ、この公判の判士長判士を予定されていた。関与法務官は小川関次郎勅任法務官、検察官は匂坂勅任法務官といったメンバーであった。それにこれら判士たちの補佐官として、事件の第一次公判以来判士をつとめていた間野俊夫大尉が、その事務に当たっていた。

この判士たちは第一師団司令部の構内にあった「軍馬補充部」の庁舎を使用していた。わたしは時折りここを訪ねて両大将にお目にかかることはあったが、努めて事件内容について語ることを避けていた。ただ、小川法務官からはわたしの捜査書類について「事の出所」などを質問されたことはあったが、わたしから進んで事件内容を話すことはなかった。とにかく公判準備といっても、老体、しかも不慣れな裁判官とあっては相当の日時を要し、これらの裁判官が一応の事件認識を得られるまでに、かつての捜査官だったわたしから、かれこれ語ることを極力避けてきたのであった。

しかし裁判は第一師団法廷で行なわれることになっていた。当然にそれはわたしたちの憲兵隊で警戒を担当することになる。いきおい、わたしもしばしば裁判長に会う機会もあった。ことに磯村大将はわたしの警察管内である原宿に住んでおられたので、着任のころすでにご挨拶に上がっていた。

真崎公判の開始は、もちろん公表されることはなかったが、とにかく二・二六の最終・最高の裁判だというので、心ある人びとの視聴をあつめていたのは事実である。いよいよ裁判が開始されるという直前、わたしは磯村大将の要請で「最近の治安情勢」について約一時間ばかり説明したことがある。このときは磯村大将のほかに松木大将も小川法務官も列席せられ、真剣にいろいろと質問された。わたしがここでなにをしゃべったかはもはや具体的には記憶しないが、「公判の次第によっては刺激する方面が多いこと、また、二・二六事件の裁判全体につき国民のうけとめ方は不評不信であること」の二つの点は、はっきり申し上げておいた。しかし、いよいよこの公判にのぞむに当たって裁判官たちも相当の覚悟をもって、これにのぞまれる意気込みをうかがいえて、少なからず感銘をうけた。

　そして七月の初め、いよいよ真崎公判は第一師団法廷で開廷された。この法廷はかつて相沢公判で視聴をあつめた、その同じ法廷。法廷のある日は、わたしは必ずここに赴いて、第一師団司令部、とくに公判廷周辺に所要の憲兵を配置して警戒に当たらせた。しかしその公判は「公開禁止」であった。わたしは憲兵将校であり、法廷をもつ地元の憲兵分隊長であるので、傍聴しようと思えば裁判長は特別傍聴を許してくれると思ったが、どうしても傍聴する気にはならなかった。被告としての真崎大将を見るに忍びなかったからだ。ただ、この公判中わたしは、しばしば配置憲兵の状態を視察するために法廷の周辺を歩くことがあったが、そこでは時にカン高い大声が廷外にひびき、思わず立ちどまることもあった。おそらく、興奮する真崎が何事か陳弁これ努めているのだろうと思われた。

　裁判は回を重ねていく。その初め、この裁判の成り行きにつき考えることもなかったわたしが、回の重なるにつれて真崎判決のあり方について深刻に考えるようになった。何人からも示唆されることなく、独り思いに悩むようになった。

真崎の無罪を祈る心

　八月のある日、わたしは真崎公判に思いあぐんでついに一個の結論を得た。それはこの公判の成り行きや、有罪判決の出た場合、これが陸軍および一般社会に及ぼすであろう影響など、かれこれ考えた末であった。それは、

「真崎公判は彼を無罪とすべきである」

というのである。なぜこんな結論に到達したのか、個条書に書いてみよう。

1、真崎公判は二・二六事件裁判の最終のものであり、また最高の大物を裁くものである。いいかえれば、軍はこれによって、これまで叫びつづけていた粛軍を完了することになる。だが、今日陸軍に対する客観情勢は「非」である。軍は依然として四面楚歌の中に独善の限りをつくしている。しかしそれは断じて軍のあるべき姿ではない。

2、ひるがえって事件処理そのものを考えてみる。その外見は極めて峻厳であった。峻厳もよい、しかし事件処理全般を眺めたときその内奥にはなにがしかの温かい血が流れていなければならぬ。その初めまさに冷厳で血の一滴もないかと思われても、そこにかすかなひとすじの温かい血が脈うって、その温かい血は時の流れと共にその勢いをまし、さていよいよこれで事件処理がおわったというときには、さきのひとすじの温かい血は漸く太く流れて人の目につくものでなくてはならない。これがわれわれ日本人としての日本軍隊の事件処理のあり方でなくてはならぬ。真崎公判は事件処理としては最終のもの、ここには必然に温かい血が濃く波うっていなければならない。しかもそれは真の粛軍の完成であり、その仕上げであるはずである。

3、真崎公判はこのような態度で裁かれねばならない。この場合真崎を有罪とするとしよう、粛軍ははたして完成するだろうか、断じて否である。なんとなれば粛軍とは軍よりこの種一切の禍根を絶つことであるが、真崎の有罪では必然に新たなる禍根を生ずる。現に「真崎が有罪となるようでは、われわれはそのままに引き退るわけにはいかない。あくまで新たな態勢のもと軍と戦う用意がある」との情報もある。この反発は必然に新たなる禍根の胎動となる可能性は大きい。

4、真崎の法律上の有罪無罪のポイントは一つしかない。彼がその朝、軍は昭和維新に進めと進言したことにある。この進言が皇道派の巨頭として青年将校の身代わりとしての言か、それはまた単に一軍事参議官としての言かにかかっている。もし真崎ならざる他の軍事参議官がこの言を吐いても問題とはならないであろう。真崎を皇道派の巨頭としてとらえるから問題となるのだ。この場合、彼を無罪とするには、彼がいうように、皇道派の巨頭としての無自覚を認めてやればよい。法律的にもさして困難ではない。

5、だが一面、裁判は神聖にして不可侵でなければ真の公正は保たれない。外部の力に屈するものであってはならない。しかし、裁判官と雖も軍人としてまた社会人として生活し、たえず外部的諸条件の影響下にある。また、判決とは法律の適用である。法律は死物である。これに生命を与えるのが判決である。だからその法律の適用は社会情勢に密着してこそ適正を期しうるのだ。社会情勢とはこの場合、軍内外の情勢だ。古来の名判決とはすべて法律と社会状態との矛盾を現状において解決したものだといえる。わたしはここに名判決としての真崎無罪を期待した。

要するにわたしは真崎公判をして真の粛軍完成を期せしめるために彼を無罪にすべしというのであった。同時にこれこそ事件処理として有終の美をなすものと確信した。今日からみればいくたの論議を呼ぶものであろうが、当時、わたしは真剣にこのように考えた。だが、そのころさきの藤室大佐のごときは真崎有罪論の急先鋒であった。彼の言い条は、「真崎大将が反乱の指導者であったという証拠はない。しかし多くの首謀青年将校たちは真崎大将を訪問し、革新運動に関して精神的に鼓吹されていることは明白である。軍は本来精神団結の機構である。たとい暗示にもせよ、精神上の感化は軍人の行動を律する根源である。運動資金を与えたか否かをもって証拠の有無を論ずるがごときは末である。

軍事参議官が反乱の関係において罰せられるならば、軍は国民の間に信を失いその権威を問われるであろう。しかしそれは一時の恥、一時の損であり、やがて回生の礎となるであろう。この軍自体の精神的罪科を不問に付して部外の小革命家を極刑に処するがごとき不公平は、決して国民の信をつなぐ所以でないのみならず、今日の弊は明日の弊を倍し、軍紀の粛正は永久に不能となるであろう」

たしかに、これも一つの卓見であろう。だが、わたしは軍の威信とかいうもののために真崎の処罰を躊躇するのではない。そんな威信は遠くになくなっている。問題は軍の将来にある。軍が真に粛軍を完成するために、その禍根をのこす真崎有罪判決は考えものだというのである。

さて、こう考えてくると、わたしは立ってもいてもおれない焦燥を感じた。わたしの意見が正しければなんとかして上司を動かし、あるいは裁判の方向に決定を与える方策をとらねばならない。しかしこの場合、わたしは潜行運動を慎み堂々とその所信を上司に開陳しこれを動かそうとした。これがためまず隊長馬場亀格少将を訪ねた。そして熱心に真崎無罪の切要を説いた。だが、馬場少将は、

「おおよそ、裁判は神聖であり、その内容にいたずらに容喙すべきでない」

と極めて常識的であった。だが、わたしはかような方法論よりもわたしの実質論に同意か

不同意かを迫った。

「そのことは納得できるが、なお熟考してみよう。二、三日後に返事しよう」
二、三日たって隊長はわざわざわたしの分隊を訪ねられ、
「君のいう趣旨はよく理解できるが、隊長として上司や関係者を動かすには適任ではないし、またその自信もない」

と体よく断わられてしまった。ここでわたしの切願も一頓挫をきたしたが、なお初志をすてず、前隊長坂本俊馬氏を訪ねて意見をのべ、これに協力を請うた。坂本大佐はすでに在郷であったが、わたしの所説に全然同感せられ、さっそく自分で工作しようといってくれた。このとき彼は、

「君は真崎事件の担当者だからこの際動かない方がよい。わたしが陸軍省や裁判関係者の方は説得してみよう」

との忠告をうけた。だが、そのころの日々はわたしにとっては暗い憂鬱の毎日であった。わたしは、とうとう一夜、原宿にあった磯村大将の自宅を訪ねた。だがそこでは判決を前にしての状勢を説明するにとどまり、どうしても真崎を無罪にすべきだとはいえなかった。北支の一角蘆溝橋に日中の衝突が起こった。不拡大から拡大へと事態は進展しつつあった。そして九月二十五日、真崎判決は下された。

その日の朝八時ごろわたしは第一師団司令部に赴いてこの日の警備状況を見て歩いた。所要の指示を与えてかえったが、どうしても落ちつけない。またしても司令部構内に入って法廷の前を歩いた。裁判長の判決理由の朗読だろう、その音声は戸外にひびいてくるが内容は

わからない。わたしはただ真崎の無罪を祈りつづけながら帰隊した。

十時すぎ、一憲兵が息せききってかえり、真崎の無罪を伝えた。わたしの緊張は一時にとけた。そしていいえぬ喜びに独りひたっていた。

「よかった、よかった。これで軍は救われた。もはやそこにはいまわしい派閥も消え、青年将校運動も再現することはあるまい」

その夕刻、新聞は真崎の無罪釈放を報じていた。むさぼるように、その判決理由を読みふけった。奇妙な理由書であった。理由書を通読するとまさに有罪と思わせるのに、その最後の一句でどんでん返しの無罪、たしか利敵の意思を認定する証拠が不十分、とあったようにおぼえている。おそらくあらかじめ有罪として作成されてあった理由書を一夜にして無罪とするために更改されたものであろう。

だが、わたしはそうしたことにこだわらず、この判決を名判決と思いありがたかった。なお、わたしは憲兵を使ってこの無罪判決の反響を各界にわたって内査せしめたが、だいたいにおいて「軍のためによかった」とする批評が多かったと記憶している。

真崎家の訪問

真崎大将は釈放された。わたしは真崎を検挙した当人である。この際彼の自宅に赴いてお祝いの言葉をのべるのも、あるいは儀礼かと思ったが、わたしは真崎そのものを祝福する気にはなれなかったので、あえて訪問することもなかった。その後、あるところで大将の実弟勝次海軍少将に会ったとき、

「兄がたいへんお世話になって——」

とお礼の言葉をのべられ、困ったことがある。なにもわたしは真崎その人を助けるために無罪を願ったわけではないからだ。

それからわたしはその翌年三月に隊本部の特高課長を拝命した。赤坂を去るにあたり、あちこちに挨拶回りをしたが、このときフト頭に浮かんだことは、この時期に一応真崎邸にも挨拶に伺うのが儀礼ではないかと。

そこでわたしは世田谷一丁目の真崎邸に出向いた。この真崎邸は二年前取り調べのため両三度伺ったことがある。「招かれざる客」としてうけた不快な感情は、今この門の前に立ってよみがえる。ともかくベルを押したが、ただ玄関で名刺を通じて失礼するつもりだった。だが、女中さんに「ちょっとお待ち下さい」といわれると、そのまま玄関に立っていた。しばらくすると「お上がり下さい」とのこと、一瞬どうしようかとためらったが、ええ、ままよ、大将に会っていこう、と決心した。まさに敵地にのり込む心境だった。

応接間に通されしばらく待っていると、真崎大将は廊下を伝って入ってきた。肩章をとった古軍服を着ていた。そしていきなり、ひしとわたしの手を握った。

「大谷君、君にはとうから会いたかった。たいへん世話になったなあ。君の心情はようわかっていた」

と叫ぶようにいった。

この真崎の態度は予想外だった。わたしは彼が無罪になったので、わたしたちの捜査の不当をきびしく非難するものとひそかに考えていたのだ。だが彼は「わたしに会いたかった」

といい、親愛の情をこめてわたしの手を握ったのである。わたしも胸がつまった。僅かに、

「その節は仕事のうえとはいえ、礼を失し申しわけもありませんでした」

とかつての非礼を詫びた。すると彼は、

「君、もうそんなことはいうまい。君の立場はようわかっておる」

そして老夫人を呼び、

「大谷君にはたいへんお世話になった。お前からもよくお礼をいってくれ」

夫人はいとも丁重に謝意を表され、わたしとしてははなはだ面はゆい次第だったが、わたしはやっぱりここにきてよかったと思った。

このときわたしは生意気にもこんなことをいった。

「失礼ですがわたしの見るところ、閣下は人に誤解を与える癖があるように思います。今後はあるいは閣下を惑星扱いにして、いろんな人間が担ぎ出しにくることもあろうかと思いますが、むやみとそうした人間は相手にされませんよう。必要とあらば、わたしにご相談願えれば能う限りのことはいたします。ぜひご自重を願いたい」

彼は、今後は自重して静かに老後を送るつもりだと、その心境を披瀝した。

わたしのこの訪問をきっかけに、以後、わたしと真崎大将との交際が始まった。

さて、真崎は悲劇の将軍だったのか。彼は陸士九期、その同期には本庄繁、松井石根、荒木貞夫、阿部信行、林仙之らの大将がいる。その一年前の八期には林銑十郎、渡辺錠太郎らの大将がいた。

それが二・二六で渡辺は銃撃を浴びて死んだが、本庄、荒木、阿部、林らは真崎と共に軍

職を去った。だが彼だけは無罪とはなったが、反乱利敵の容疑で一年三ヵ月にわたる牢獄生活の苦しみを味わっている。それだけではない。盟友荒木は近衛内閣に参議、文相、平沼内閣の参議、また、林と阿部は内閣を組織するなど、はなやかに政治舞台に活躍し、本庄は傷兵院総裁として社会福祉事業に身をおいたのに、彼一人、全く世に出ることはなかった。なにがそうさせたのだろうか。

彼は宮中側近勢力からはひどく嫌われていた。その圧力はたえず彼の身辺に加わって彼の再起を妨げたともいわれる。それもたしかな事実である。だが、そうしたことの根因はどうも彼の性癖に由来するものではなかったかとわたしは思う。

昭和十年七月、彼が教育総監を逐われたころ、わたしは千葉市寒川に住んでいた彼の同期の某将軍に会って、真崎評を聞いた。

「あいつは決して悪い奴じゃない。昔から向こう意気の強い男だったが、いつもブツブツ不平をいう悪い癖がある。これが奴の欠点だよ。まあ、求めなくてよい敵をつくるし、なかなか本性を現わさないので、かえって人の誤解や疑惑を招くことが多かった」

ともかくも彼は悲劇の将軍だった。この大戦末期近衛公の一派は、現陸軍を粛清して皇道派の将帥をもって軍の指導権を確立しようと、夢のような「たくらみ」をもっていたが、そのとき擬せられていた首相兼陸相が真崎であった。はたして真崎がこうした「たくらみ」に加担していたかどうか知らないが、しかし彼はこのような勇断を要するに値する「実力者」であったことも事実であろう。そして、ここに彼の不遇の「たね」があったようにも思われる。

反軍のひととき
――国民の目は正しい

国民の軍を見る目

満州事変以来あれだけ軍の支持を表明していた国民大衆も、二・二六事件によってすっかり陸軍の中央部はもとより軍隊そのものにも強い不信を示していた。

「軍隊はなにをするかわからない。外に戦うべき軍人軍隊が、この国の政府要人や天皇の側近を、その武器を使って無残にも殺害する、まさに彼らは殺人部隊である。どこが皇軍なのか」

といった声は、公然とくちにする市民は少なかったが、ひそかにあちこちでささやかれていた。しかもこうした軍不信は少なくとも十二年七月蘆溝橋に銃声が聞こえるまではつづいていた。

わたしが赤坂区表町四丁目、ちょうど赤坂郵便局の隣にあった憲兵隊に着任してまもなくのことである。ある日の午後、渋谷から青山をへて数台の軍用自動貨車が疾駆してきた。そ

こには武装した兵隊が乗っていた。すると、青山六丁目の交番からの電話、
「武装した兵隊が車で赤坂方向に向かった。どこかを襲撃するのではないか」
つづいて、青山一丁目の交番からも、ほとんど同じ知らせだ。憲兵隊への警告なのである。車に武装兵が乗って走るのを、すぐ反乱軍扱いにするこの電話、市民の軍隊を見る目には、生々しいあの戦慄がよみがえり、反乱軍とうつるのだろう。だが、それは世田谷にあった自動車学校の車で、なにかの演習のための行軍であった。

わたしの管内に近衛歩兵第三連隊があった。ここからは中橋中尉以下六十名が反乱に参加し、近くの高橋是清邸を襲撃した。この連隊は事件直後連隊長も代わり、そのころは森岡皐大佐統率のもとに鋭意その汚名挽回に精進していた。ここの歩兵砲隊がある日、首相官邸下の空地で射撃の訓練をしていた。もちろん諸操作の演習で実弾など携行していない。

付近の交番から憲兵隊への電話、
「兵隊が歩兵砲をもって首相官邸への射撃の準備をしているらしい。憲兵隊は急いでとり押さえてもらいたい」

全くバカ気たような話だが、事実わたしの経験したことなのである。それほどに市民は軍隊の行動に神経をとがらせていたのだ。対軍不信というよりも、市民は兵隊を見れば「人殺し」をあえてする暴徒のたぐいと感じとっていたのだ。

さて、事件後の寺内軍政の政治進出、というよりも広田内閣の圧殺は心ある人々をひんしゅくせしめていた。軍はあんなことをしていていいのか、庶政一新も悪くはないが、それよりも軍の自粛戒慎こそ先決ではないのか、と。そのころわたしは早稲田の森伝氏と親交をも

っていた。森は憂国の士で大隈信常侯、勝田主計、小寺謙吉などと、常に会合をもち時事を論じていた。わたしも時々その末席を汚すことがあったが、ここでは、いつも生々しい政・財界情報をもっていた。だが、それらの情報は反軍一色であった。勝田氏は大正のころ寺内正毅内閣の蔵相だった老政客、その正毅の御曹子寿一陸相には好意的であったが、その寺内軍政の行き方にはホトホト愛想をつかしていた。

「こんなムチャをしていいのか」

と嘆声まじりに、軍の政治驀進を酷評していた。

たしかに、満州事変以来の軍の横車に、心ある国民は反感と嫌悪をもち、しかも二・二六でつよく暴力への恐怖感におののいた。まさに軍と国民の断絶であった。陸軍は孤立していた。無責任にして大言壮語する勇ましい一部右翼の「軍のお提灯もち」はいたし、また、時局に便乗して軍に接近をはかる、いわゆる「親軍派」と称する政治家の一派もすでに芽を出してはいたが、しかし、そうした政党政治家もふくめて、そのころ軍の提唱する「議会制度改革」という「政党政治」を否定する改革案には、政党は騒然となっていた。十一年秋以降のことである。

その年の暮れのある夜、わたしは赤坂のとある料亭にいた。二、三の友人とささやかな忘年の宴をもっていたのだ。夜も更けて十時もすぎただろうか、一人の女中さんがあわただしく入ってきた。

「いま、表からかえったのですが、大勢の兵隊さんが剣付鉄砲で〝見付〟の方へ駆けていきました。また、どこかを襲撃するのではないでしょうか」

わたしを憲兵と知っての注進である。わたしは慄然とした。すでに事件がおわって十ヵ月もたっている。だが、国民のあのときの恐怖は消えていないのだ。そして時ならぬ夜半の軍隊を見れば、反乱軍と直感するこの恐ろしさ。そのむかし、寒夜にあの兵たちの高い靴音を聞けば、

「兵隊さんもご苦労だね、この寒いのに」

とその労苦に同情し感謝した市民だったのに。今に至ってもなお軍隊は、市民の猜疑と警視の中にありとは、まさに感慨無量なるものがあった。

かくてその年は暮れた。そして政治は第七十議会を迎えた。政党も軍にここまで追いつめられては窮鼠猫をかむの反撃に出た。ここから議会は荒れて広田内閣はたおれ、宇垣大将に大命が下ったが、軍はここでも猛威をふるって宇垣を葬った。正気の沙汰ではなかった。

組閣の大命宇垣に下る

十二年一月二十一日、第七十議会再開議会の劈頭、寺内陸相と浜田国松議員との「腹切り問答」に端を発した陸軍と政党との激突は、ついに二十三日夜に至って広田内閣の総辞職となった。二十四日午前十時四十五分、湯浅内大臣は、大命を奉じ東京駅を出発して興津に西園寺公を訪問した。この朝、新聞は、今日中に大命降下せんとの見出しで、候補にのぼるものとして近衛、宇垣、平沼の三人をあげ、それに加えて朝鮮総督の南次郎、前陸相の林銑十郎、海軍の末次信正大将などもとりあげていた。

元老西園寺公は年の初めから微恙を得て上京できないので、湯浅内大臣がご下問の使者に

立ったのである。内大臣は西園寺公の奉答を得て即日帰京し、夜の八時参内した。西園寺の選んだのは陸軍大将宇垣一成だった。西園寺元老の考慮は、軍部と政党との悪化した関係を緩和するために、国民の与望あり政治的手腕もすぐれた宇垣をして、実質的に強力な挙国一致内閣をつくり、軍を指導してこれを抑制しようとするにあった。だが陸軍の軍務局の一部ではすでに宇垣排撃の腹案をもっていた。軍務局で政務を担当する幕僚たちは、粛軍の実行と庶政一新の見地から宇垣、大角、南、荒木などの総理出現は好ましくないときめていたのだ。というのは、彼らは次期政権担当者として近衛、林、悪くても平沼というところを希望していたのだった。

さて、これまでいくたびか首相候補の噂にのぼりながらついぞ実現することのなかった宇垣内閣の成るの日がきたのである。政党方面では民政党がまずこれを歓迎して積極的支援を打ち出し、政友会も入閣いかんにかかわらず支援するの態度をきめた。ある新聞は、次のように書いた。

「西園寺が宇垣一成を奏薦したことは、国民として一応の安堵を感ぜしめた。組閣者が他の勢力に強いられるロボットであってはならぬことはもちろん、矯激なる時勢の緩和剤的存在に止まらず、矛盾衝突する各種勢力を調和するだけの役を果たしていたのでは、確固強力なる政治は行なえない。これは前三代の内閣によって国民が明らかに経験したところである。たとい、宇垣氏の組閣に対し軍の一部に反対があるとしても現役軍人の政治的行動が否定されている以上、大命拝受そのことに反対することはない筈だ」

明らかに宇垣の組閣を歓迎し、軍を制圧するのにこの内閣に期待したのであった。

宮中から伊豆長岡の松籟荘にお召しの電話がかかったのは、その夜八時四十分ごろだった。宇垣は前年朝鮮総督を辞しここに隠棲していたのである。彼はその夜のうちに参内することにきめ、九時すぎ長岡をたち沼津に出た。それから列車で横浜駅に着き、ここで礼装に着かえて自動車で京浜国道を疾駆した。

宇垣は車中ずっと黙想していた。自動車は鶴見、川崎をすぎ六郷橋を渡った。すると、そこに憲兵司令官中島今朝吾中将が立っていて、自動車に向かい手を挙げた。中島はかつて宇垣の幕僚だったこともあるので宇垣も知っていた。宇垣は中島の姿を見つけ車をとめて「なにか」と聞いた。

「寺内陸軍大臣からのご伝言です。自分が出る筈ですが差し支えがあるので、お前がいってご報告申し上げるようにということでお待ちしておりました。車中でお伝えいたしたい。車の脇に乗せていただけませんか――」

中島はそういって宇垣の車に乗り込んだ。

「閣下にこのたび組閣の大命が降下するそうですが、どうも軍部の若い者が非常にさわいで容易ならぬ情勢です。それで、今度は一応ご辞退願いたいという陸軍大臣のご伝言です」

中島はこれにつけ加えて陸軍部内における宇垣反対の情勢をかれこれと説明した。宇垣はこれまで、むっつりと聞いていたが、中島の言葉の切れたところで、反問した。

「伝言の趣旨はそれだけか」

「それだけです」

「それじゃわたしから一つだけ聞くが、わたしがもし組閣の大命を拝して出ることになれば、二・二六事件のように軍隊が動くか。いま話を聞いていると、爆弾がとぶとかピストルがどうかという話だったが、軍隊が動く恐れがあるのか」

「二・二六事件のような軍隊が動くことは絶対にありません」

「よし、それだけ聞いておけばよい。ほかになにか話があるか」

「もう、お伝えすることはありません」

中島は泉岳寺付近で車を降りた。宇垣の車はそのまま宮城に向かった。

二十五日午前一時参内した宇垣は組閣の大命を拝して宮中を退下し、四谷内藤町の自邸にかえった。中島司令官の伝えた寺内の伝言が気にかかった。しかし宮中で湯浅内大臣に会って聞いたところでは、

「自分がご下問の使者として元老を訪い、その奉答を得て帰京したとき、寺内陸相に、公爵は宇垣を選ばれた、これに対しては陸軍はどうかと訊ねたところ、寺内は、もう宇垣さんが出られても大丈夫でしょうと答えた」

というが、この食い違いはどうしたことだろう。宇垣は組閣の前途多難なるを感じながら自邸に一泊した。

だが、この場合、中島憲兵司令官の行動はなんとしたことか。往年、五・一五のとき、時の憲兵司令官秦真次中将は、お召しにより上京する西園寺公を国府津駅に迎え側近の抑止を排して強引に面接して、具《つぶ》さに軍内事情を説いたことはあったが、この場合、軍人の政局干渉を抑止すべき憲兵の棟梁として、この大臣の使者を買って出て、宇垣に組閣大命の拝辞を勧告したのである。おそらく梅津次官と協議し、梅津のすすめで一役買ったことと思われる

が、それにしてもこの憲兵司令官の行動は軽挙であり、ひんしゅくすべきものであった。まして、いまだきてもいない抗議電報がきているとか、部内の突出が予想されるなどといった「おどし」をかけるとは、まさに言語道断である。

痛憤に満つ組閣本部

宇垣は陸相の伝言なるものを無視して組閣に着手した。そしてその日の午後二時、麻布広尾町の組閣本部に入った。親戚にあたる三橋別邸を借りたのである。そこでは元警保局長松本学、元樺太庁長官県忍、元朝鮮総督府政務総監今井田清徳といった官僚政治家、それに安井英二、溝口直亮、川崎克、砂田重政といった議院に席をもつ政治家などが馳せつけ組閣の帷幄に参じた。一方、軍の政治干与を潔しとしない予後備役の林弥三吉、原口初太郎、上原平太郎らの陸軍中将、それに海軍の山路一善少将、いわば宇垣を支持する「将軍グループ」がここに出入りして宇垣を鞭撻した。

一方、陸軍省はその夜宇垣に大命降下の情報が伝わると、軍務局を中心とする幕僚たちは騒然となった。軍務課におこった反宇垣の旋風は、またたく間に軍務局の大勢をこれにまき込んでしまった。

陸軍大臣候補と思考せられる軍司令官、師団長級（註、宇垣系と見られる人びと）には電報または電話をもって、軍は粛軍と庶政一新の見地から宇垣大将の総理出現を拒絶することとなった旨通達して先手を打った。参謀本部もこの陸軍省の見解に同意し、西尾寿造参謀次長は深夜閑院宮邸に伺候し軍の決意を言上した。こうして陸軍は一夜にして反宇垣にかたまってしまった。国民新聞はこの三宅坂の緊張を、こう伝えていた。

——宇垣内閣絶対反対——眼に見えない大旆数十本数百本押し立てられているかのように緊張してしまった三宅坂の朝、陰惨な政局をそのままに暁から鉛色の濃霧が、もやもやたちこめて時々血の色を思わす不気味な太陽が、その間から顔を出す午前八時、全員登庁、宇垣反対のもの言わぬ声は、参謀本部、陸軍省の古ぼけた建物を押し包んで、まさに爆発一歩前という形。南隣りの陸相官邸には、とうとう各局長らがゴロ寝の一夜を明かした軍服も皺だらけ、誰を見ても寝不足の真っ赤に充血した眼で、

〝こうなったら持久戦だ、敵はまだ動かんぞ！　逸まるな！〟

興奮した疳高い声があちこちに飛ぶ。まるで戦場のようだ。

と描写していた。これほどでないまでも省部の空気は宇垣反対の一色だったことは事実であった。

さて、ここ組閣本部はわたしの警察管内にあった。組閣本部を中心とした情景は具さにこの眼でにらんでいた。もともと軍人政治家の組閣には、その警備のために制服、私服の憲兵を派遣する慣例だったので、ここには私服のほか数名よりなる警備班を配置しておいた。

宇垣はその日（二十五日）組閣本部を出て陸軍大臣、海軍大臣を訪問した。陸海軍への協力懇請である。だが、寺内陸相はおだやかに宇垣に大命拝辞を勧告した。その夜の夕刊には一斉に、「陸軍の態度緩和せず事態は悪化の一路」と報じていたが、どこから流されたものか、組閣本部は詔勅によって陸軍を抑圧するといった流説が陸軍に入り、幕僚たちを一層硬化させていた。

組閣本部は憂色にとざされていた。というよりも一種の痛憤の状がありありとみなぎっていた。警戒に当たっている憲兵でさえ、反宇垣の手先としてスパイ視せられていた。

二十六日午前、杉山教育総監が個人の資格で組閣本部を訪れ、宇垣に陸軍の情勢を伝えて拝辞をすすめた。また、宇垣系といわれていた建川美次予備中将も、午後組閣本部に入って、

「この場合、もはや陸軍大臣は絶対に得られないので、大命拝辞こそ賢明の策だ」

と、忠言した。夕方五時ごろ寺内陸相が陸軍の回答なるものを伝えに組閣本部にきた。

「陸軍では陸相候補者をきめ、これに交渉したがいずれも断わった。他の者に交渉しても無駄だろう」

陸軍では宇垣のもと、大臣になるものがないというのである。

二十七日、宇垣は組閣参謀長今井田清徳を陸軍省にやり、宇垣が直接三長官に会いたいというから配慮してもらいたい、と申し入れさせたが、これも断わられた。かくて組閣本部は最悪の事態を迎えた。が、おおよそ国民は広く軍のこの無謀を憎んだ。宇垣を激励する電報もひっきりなしに組閣本部に届いたが、一面、軍のお提灯をもつ一部の右翼もいた。宇垣に面会を強要して断わられる者もいたし、組閣本部付近をうろつく過激派もいた。わたしはこうした緊迫した状況に痛心した。下手をすればテロが起きる。ここで血を流さしてはいけない。わたしは二十八日午後、組閣本部の警備班長に帰隊を命じた。そしてこう厳命した。

「事態は緊迫している。宇垣大将が組閣を断念しない限り、いつどんな事態が起こるかもしれない。組閣本部は狙われるだろう。一層厳重な警戒に当たれ。未知の入門者にはきびしい捜検をせよ。また、万一の場合不覚のないよう相戒めて勤務せよ。本日以後、拳銃実包は装

塡して警戒に当たれ」

わたしは真実、宇垣の身辺はあぶないと思った。宇垣はこの日宮中に入り湯浅内大臣と会い、陸相を得るために天皇の優諚を請わんとしたが、湯浅はこれを聞かなかった。

そのころのことである。さきの中島憲兵司令官は反宇垣の先頭に立ち、彼の追い落としにかかっていた。組閣本部で将軍グループが宇垣をつよく支持し陸軍の切りくずしにかかっているると見たのか、東京憲兵に向かって原口、上原、林将軍らの逮捕を命令した。だが、東京憲兵は命令は承わったが実行しなかった。逮捕の理由がないし、なによりもこの政局に警察力を用いることを嫌った。憲兵の良識といってもよい。中島中将は東京憲兵を無能呼ばわりして怒ったというが、憲兵はあえてこれに甘んじ動かなかった。

二十九日、宇垣はついに投げ出した。そして十一時参内して大命を拝辞した。組閣本部は、この軍の横暴に極度に痛憤した。その現われの一つが「林弥三吉声明」であった。新聞はこれをとりあげて号外にした。号外をまくチリンチリンの鈴の音を、宮中より退下した宇垣は車中で知って驚いたというが、それは全く林将軍の一存に出でたものであった。

武門政治はわが国体に悖る。現役軍人は断じて政治に干与してはならぬ。片手に剣をとり片手に政権を弄することは、直ちに流血のクーデターの危険がある。軍は七百年武家政治の再現を戒められたる明治天皇のご勅諭を、今やまさに小心翼々、謹んで服膺すべきである。

といった軍部糾弾の「弥三吉声明」であった。

巨星ついに墜つ。大命を拝してから百八時間五十分、ねばりにねばった宇垣もついに万策尽きて投げ出した。かくして軍は宇垣を完全に葬り去った。世評はきびしかった。

——九人が是とし一人が非とする。しかもその非とする所以が甚だ分明を欠く。解きがたき謎を前にして国民は手を拱き首を垂れるのみ。（一月二十九日、読賣新聞）

——国論は今や全く定まったと見てよい。だが、国論は行なわれないのだ。誰がかくしたのか、人々は肝に銘じてこれを知る。（一月二十八日、東京日日新聞）

陸軍省、参謀本部に突入せよ

こうして、宇垣のあと林銑十郎大将に組閣の大命が下った。元老、重臣もこの狂暴なる軍に屈して、その希望する林内閣を成立せしめたのである。だが、このような国民の軍に対する反感反情は、そのままにおわるものではない。宇垣の投げ出しでさしあたり治安上の危険は去ったが、国民のうっぷんはなんらかのかたちで現われざるをえなかった。

林銑十郎大将は大命を拝して組閣本部を青山の日本青年館に近い横山邸においた。憲兵はこの組閣にも軍人首相とあって、若干の制、私服を出して視察警戒した。その組閣中のことであった。

留守第一師団司令部の高級副官加納中佐（のちの支那事変上海戦で戦死した加納部隊長）が憲兵隊を訪ねて、二通の郵便ハガキをわたしの前にさし出した。

「昨日こんなハガキが司令部と歩兵第三連隊の留守隊とに舞い込んだのですが、しかるべく処置していただきたい」

見ると、その一枚は第一師団司令部にあてた死亡通知、

参謀総長元帥陸軍大将閑院宮戴仁儀、一月二十五日急逝仕候につき此段御通知申上候
追而葬儀は二月二日青山斎場にて神式にて執行可仕候
一月二十九日
陸軍省
参謀本部

これは黒枠として周囲を黒く一線でかこってあった。もう一通は、
歩兵第三連隊将兵に告ぐ
憂国慨世の忠勇なる第三連隊将兵は速かに陸軍省参謀本部に突入しこれを占拠せよ。しかる上不良幕僚の一群を捕縛して重刑に処すべし。

これには署名はなかった。共に一見して同一人の筆跡、墨書、なかなかの達筆であった。誰が見てもこれは宇垣を倒したものへの反感をもつ人の所為と察せられたが、第二の歩三あてのものはまだいいとして、第一の閑院宮の死亡通知は、度がすぎる。宮さまがご健在であるのにその死亡通知を出す、この文書は不敬罪になる。わたしはこの投書者の捜査を命じた。だが、こうした投書の捜査は元来むずかしい。使った物が封筒、紙その他特種のものであれば、それから糸口はつかめるが、今度のそれは官製ハガキである。どこにもある、誰でも入手できるものでは、なかなかにその糸口はつかめない。捜査主任は、ただ軍のあの態度に反感をもつという漠然たる予察より始めねばならぬので苦労した。
捜査は始めから難航であった。どこから手をつけてよいかわからないのだ。そこで狙う目標は宇垣派およびその支持派ということになる。しかしその中のどういう人びとが、つよく組閣の成功を待ち望んだのか、さっぱりわからない。初めは、組閣本部に打電され、あるい

は投入された激励の文書をあさった。ここから類似文書を発見しようとしたが成功しなかった。一方、言動収集である。これは、投書にあるようなラジカルな言動をしたものがないかを求める。その情報収集班も活躍した。彼方をうろつき此方をさがしまわってかれこれ二週間もたってしまった。われわれの捜査能力ではついに迷宮入りかと思われたが、そのころ捜査主任はこんなことを提案した。

「宇垣大将には同郷の人びとがしっかり結ばれている。その中に銀座界隈にある帝国新報社がある。社長は池田という岡山県人で宇垣大将の側近の一人、この新聞にはずいぶん思いきった軍誹謗記事がある。そこで当分この新聞社を目標にして容疑者索出の内偵を始めたい」

どうして捜査主任がとくにこの新聞社に着目したのかその理由は明らかにしなかったが、あるいはどこかの協力者にヒントを与えられたのかとも思われた。わたしはこれを認めることにした。この新聞社の所在からすると、そのもよりの郵便局は京橋だった。この二通のハガキも共に京橋局の消印が打たれていたので「あるいは」との予感があった。

帝国新報社に対し内偵は始められた。あの宇垣流産前後における社員たちの言動を、ひそかに収集する一方、新聞社の紙屑あさりが始まった。バタ屋に変装した憲兵が紙屑あさりをする。社の小使や給仕に協力を求めて、編集部内にすててある紙屑を入手するのに苦心したようだ。

この作業が一週間もつづけられたとき、ある特務の上等兵が鬼の首でもとったように喜色をただよわせてかえってきた。そして班長の前にさし出した一枚の紙は、記事の原稿のような鉛筆の走り書きであった。

「筆跡がよく似ています。鉛筆書きだからよくはわからないが、どうも似たように思われます」

班長はなお紙屑あさりを続行させた。なか一日おいてまた出てきた。今度は墨書で便箋に二行ばかり書かれていた。どこかに出した手紙の書き損じらしい。これは筆跡がよく似ていた。素人のわたしが見ても、投書のそれと一致するように思えた。そこで一応紙屑拾いは中止された。

都内には多くの筆跡鑑定をしてくれる書家がいる。司法特務は時々お世話になるので、そういうところはよく知っている。そこで、この収集した紙片と投書との筆跡鑑定を求めた。その結果、届いた鑑定書の判決は、

「二枚のハガキの筆跡は同一人のもの、紙屑の二枚も同一人の筆になる。それらの筆跡はこの投書と同一人のもの」

とされた。こうなればもはや、この筆跡者は社の誰かということになり、それはすぐわかった。編集局の大木（仮名）という記者とわかった。

犯人は国民の声

すぐ大木記者は任意出頭というかたちで憲兵隊につれてこられた。憲兵は彼に履歴書の提出を命じた。その筆跡はまた鑑定家に送られた。これも合格である。そして彼は留置された。はじめは頑として否認しつづけていたが、結局、筆跡鑑定に屈して自白した。

ではなぜ帝国新報の平社員がこんなものを書いて出したのか、飲んで乱酔のあげくのいた

ずら書きか、そうではなかった。

「わたしは社から派遣されて組閣本部にいました。だいたいわたしのところの新聞は宇垣支持で、宇垣さんの直接の息がかかっているかどうかは知りませんが、論調は現陸軍には批判的で、この場合たいへん宇垣ビイキでした。そこで、刻々に伝わる情報は悲観的なものばかりです。しかも陸軍が著しい政治干与をあえてするだけでなく、天皇のご命令による宇垣大将の組閣を絶対拒否の態度に出ているのですから、明らかに大命を阻止するものであります。こんなことが許されるものではない。にもかかわらず寺内大将はその先頭をきって反対しているのです。これにブレーキをかけるものとてもいません。せめて閑院さんでもしっかりしていらっしゃって軍を抑えていただけないものかと考えましたが、参謀本部も陸軍省に同調してしまいました。

わたしは組閣本部で、宇垣さんや側近の人びとが憂色濃く、しかし腹の中では軍部へのはげしい怒りを抑えているのを感じました。わたしの心境もたしかに同様、この軍につよい憎悪で一杯でした。

これが陸軍か、ついさきの二・二六事件では反乱軍におびえていた彼らではなかったか。こんな奴らはもう一度たたき潰してやらねば日本の国は救われないと思いました。また、閑院さまにしてもことごとく軍のいうなりになっている。その軍は天皇の命令に弓を引いているのではないか、これを抑えない宮さまも宮さまだ。すでに宮さまは亡くなっているのだ。いや、こんな宮さまは死んでしまっているのも同然だ。

あの二十六日ごろから二十九日にかけてのわたしの心の内は、こうして軍へのにくしみでこりかたまっていました。二十九日午後三時ごろ、社にかえったわたしは、この軍に対する憤りがどうしても収まりませんでした。さらさらと、ほんとになんのためらいもなく二枚のハガキにあのような文字を認めました。誰に相談したのでもありません。わたしのあのときの気持ちをそのままに筆にしたのです。

それからブラリと外に出てこれを近くのポストに投げ入れ、さっぱりしました。あと、ゆきつけのバーで心ゆくまで飲みつづけました。このようにわたしの投書は誰の指図をうけたものでもなく、また、他人に相談して書いたものでもありません」

これが彼のいうこの投書の動機であった。一市民一国民の心の爆発が、こうした軍への抗議となって現われたのであった。

「では、あの内容はなにを意味するのか、もう一度はっきりいってみなさい」

「歩三に出したものは、歩三がクーデターの主力部隊でありましたから、もう一度クーデターをやり、いま、横暴を極める軍部を倒してしまえという意味であり、もう一つ師団司令部に出したものは、すでに軍には閑院宮という最高の指導者はいない、亡くなられたのも同然だ。だから死去しましたという死亡通知を、陸軍省、参謀本部の名で出したのです。あて名を第一師団司令部としたのは、これがかつてのクーデター師団だったからです」

ともかくも、わたしは彼を不敬罪容疑として東京地検に事件送致したが、そこには情状酌量然るべしとの意見をつけた。また自ら地検に足を運んで思想部長市原検事に会い、とくに適正な処置を望んでおいた。

思うに、この事件は単なる投書事件ではなかった。軍のあまりの暴挙に対する国民の義憤、反発であり、つよい軍への抗議であった。まさに、この犯人の抗議は一新聞記者のそれではなく「全国民の声」であったといいうる。だが、軍はこうした国民の声を無視しつづけた。林内閣は成立したが、それは軍の身代わりであった。

奇妙な警察務

——狂人二題

奇妙な依頼

赤坂分隊長だったわたしは十一年秋のある日、陸軍大学校の教官H中佐の訪問をうけた。このH中佐は満州事変勃発当時、石原作戦課長のもとで作戦参謀だった人で、顔見知りの間柄であった。H中佐は久闊を叙してから、いいにくそうにこんなことを話した。

「——実はわたしの同期生で、早く大尉ごろにやめた人だが、このごろ気が狂って松沢病院に入っている。Tというのだが、満州事変がおこってから関東軍の嘱託となって情報関係の仕事をしていたが、半歳ほど前に頭の具合いが悪いというので辞め、内地に引き揚げて専ら静養していたが、だんだん調子が狂ってしまった。しかし乱暴するのではなくいつもじっとふさぎ込んでいる。いろいろと臨床的にも検査してもらったが、はっきりその原因はつかめなかった。だが、この二ヵ月ほど前から、時々発作におそわれると、

〝憲兵がきた！　憲兵がきた！　俺は憲兵に狙われている。憲兵が俺をしばりにくる〟

と狂わしく叫んで狂騒状態になる。夫人の手におえないので松沢病院に入れたが、決して乱暴はしない。だから病院でも静かに一室に入れておくだけで、厳重な監視はしていないということだ。

ところで、夫人はどうして主人がこんなことを口走って恐怖状態になるのか、その原因なるものをつき止めようとするが、思いあたる節もないし、主人の持ち物などを調べても憲兵に狙われるような資料はなに一つない。だが、主人の頭の中には、なにかこびりついたものがあるに違いない。もともと主人は小心翼々型で気が小さい、独りで取り越し苦労する「たち」の人だったから、なにか潜在意識があってこれにとらわれると、一途に憲兵恐怖症におそわれてくるものと思われる。

こんなことで、夫人の申し出で、かつて関東軍の法務部長をしておられた大山陸軍省法務局長にたのんで説得してもらった。Tは大山局長を関東軍法務部長と思い込んでいたのだろう、法務部長がいうのなら俺を逮捕することはあるまい、と考えついたらしい。この局長の説得は功を奏したようでTもすっかり落ちついて、一週間ばかりは平常とすこしも変わらない態度だったそうだ。このままで進むならもう安心だと、夫人や親戚たちが喜んだのも束の間、またもや考え込むようになった。気鬱病というのか憂鬱症というのか、また、逆もどりだ。それがつい十日ほど前のことなのだ。

そこで君にお願いなのだが、ひとつ君に説得してもらえないものか、こんなことで君を煩わすのはまことに恐縮なのだが、実は夫人がぜひ、本当の憲兵さんに〝憲兵はお前を逮捕することはない〟とはっきり一言いってもらえば、それで主人も安心して、この不安からのがれるのではなかろうかと、たっていわれるので、あるいはこれもよい手かと思い、Tの回復には藁でもつかみたい気持ちの夫人の立場に同情して、あえてお願いに上がったわけだ」

この申し出にはわたしも驚いた。H中佐の長話を聞きながら、こんなことはわれわれの仕事ではない。この忙しいさなかに気狂いの世話まで引きうけることはあるまいと、心の中で反発していた。だが、これを自分の立場にかえて考えてみたらどうだろう。やはり同じように人にすがりつこうとするに違いない。なにもこれを引きうけても憲兵隊に傷をつけることではないし、隊員を使うことでもない。ただわたし一人ですむことなのだ。わたしは心よく引きうけた。

「それはありがたい。明日の朝にでもT夫人を伺わせるから、よく事情を聞いて説得してもらいたい」

H中佐は喜んでかえっていった。

狂人の説得

あくる朝夫人が見えた。まだ若い方だったが、長い間の主人の看護に悩まされてかどこか生気に欠けていた。

わたしは一応最近の状態を聞いてから夫人と一緒に車で世田谷の松沢病院に走った。病院では夫人が主治医に会ってから、わたしを病室に案内した。夫人はにこにこした態度をよそおって、

「あなた、今日は憲兵隊長さんがお出で下さったのですよ。さあ、なんでも隊長さんに伺っ

て、あなたの疑いを晴らして下さいよ」

と、かんで含めるように病人に話しかけた。

わたしの入室をちらっと見てとったTは、寝台上に起き上がり、胡散くさそうにわたしをなめるように見つめている。身体は軍人らしくガッチリしているが、眼はうつろでどこか抜けている。やはり病人だなあと思った。

寝台の横に椅子があり、わたしは夫人のすすめでそこにすわった。夫人はまたも、

「なんでも隊長さんに聞いて下さい。さあ、どんなことでもかまわないのですよ。あなたが心の中で心配していることを、すっかり打ちあけてこの方に相談して下さい。隊長さんはあなたのことを心配してきて下すったのですから」

だが、彼はあいかわらずだまってわたしを見すえていた。わたしはここで口を切った。

「お加減はいかがですか。わたしはあなたと同じように最近まで関東軍の憲兵隊にいたのですが、今は赤坂憲兵隊にいます。そしてあなたのご住所の原宿あたりは、わたしが管轄しているのです。この〝襟章〟を見たらわかるでしょう」

かすかにうなずいた。

「ところで、奥さんのお話だとあなたがなにか憲兵に追われていると、たいへん心配しておられるとのことですが、なにかの間違いではありませんか。憲兵隊はあなたをつかまえようとか、調べようとかの考えは全く持っていません。だからそんなことはあなたの思い違いですよ。そんなことで心配してくよくよしているなんて、全くバカ気た話です。わかりましたか」

Tはじっと耳を傾けていたが、今度は大きくうなずいた。話が通っていると見たので、わたしはさらに語をついだ。

「憲兵隊には管轄というのがあるのをご存知ですか。東京以外の各地からいろいろな犯罪人の手配がまわってきます。たとえば満州で不正を働いて東京に逃げかえってきても、その逮捕は必ずこの管轄の憲兵隊でするものです。だからあなたが満州でなにか問題があったとしたら、とっくにその手配がこのわたしのところにきているはずです。それが全然きていないのですから、あなたのご心配は全く無意味ですよ。この場合もし憲兵があなたを逮捕するとなると、わたし以外には逮捕する権限がないのです。そのわたしがあなたを逮捕しないといっているのですから、これ以上の保証はありますまい」

Tは身を入れて聞いているようだ。眼にもいくらか力が加わってきたように感じられた。だが、この管轄の話はわたしの創作だった。憲兵たるわたしと被逮捕を恐れる彼とを結びつけたわたしのコジツケであった。だが、この説得には手応えがあった。

Tは口を開いた。

「それはほんとうか」

Tはうなるようにいった。

「もちろん、わたしはわざわざウソをいいにきたのではない」

「それではわたしを絶対に逮捕しないと保証してくれますか」

「いともお易いことです。憲兵はあなたをつかまえることはありません。あなたはなにも悪いことをしていないのですから」

「それでは私に一札書いてくれますか、絶対に逮捕することはないと」

「書きましょう、お望みとあらばすぐここで書いてあげてもよろしい」

突然、夫人が口を切った。

「そうれごらんなさい。憲兵さんはあなたを絶対つかまえないと断言していらっしゃるではありませんか。これであなたも安心したでしょう。よかったですね」

彼は初めてほっとしたように見えた。わたしはしおどきだと思ったので、すっと立ち上がって、

「ではどうかお大事に。その証明書のことですが、ぜひ必要だったら、あらためていってきて下さい。わたしの所の公文書にし、わたしの職印を押してさしあげますから」

「まことにお手数をかけました。今日だいぶ反応がありましたから、よい結果がでることと思います」

嬉しそうに見送りに出た夫人に、こう挨拶されながら、車中の人となったわたしは、帰途、

「狂人と憲兵か。あまりかんばしくない話だが、それでもこれで人ひとり助かると思えば、わたしの心の虫も文句をいうことはあるまい」

とつぶやいていた。

それから二、三日のあと夫人から電話で、

「あれからずっと落ちついてきました。このぶんですと、あるいは早く退院という運びになるかと存じます」

と知らせてきた。わたしの僅かな演出で苦しんでいる人をしばらくでも救うことができた

のは嬉しいことだった。

皇太后さまのご愛顧をうけている

もう一つの話、これもわたしが赤坂に着任してまもないときのことだった。麻布連隊区司令部の高級部員から電話で、

「ぜひ、あなたに会いたいという人がいるので紹介しておいた。会ってよく話を聞いてやってほしい」

といってきた。どんな人とも、どんな用件とも聞かなかった。そのころは二・二六の後、なお世の中は物騒な空気にあった。ことにわたしが事件関係者の検挙にきびしかったというので、一部の方面ではつよい反感をもっているとも聞いていたので、いつどんな人間がとび込んでくるかわからない。現に二・二六最後の牙城となった幸楽の一人の女中さんが、憲兵はけしからんとて、わたしのところにどなり込んできたこともある。内心では用心していた。

この電話があってから二、三日のあとに、一人の老紳士がわたしを訪ねてきた。老紳士といっても五十歳前後の品のよい学者タイプの人だった。

「わたしは連隊区の若松中佐からご紹介をいただいた今村（仮名）です。本日はちょっとご相談かたがたお願いがあって参りました」

一見、気品のある荘重な態度を示していたが、どことなく暗いかげが感じとられた。しかし暴力を秘めているような人ではなかった。わたしは初対面であったが、ごく気軽に、

「ご用向きはなんでも遠慮なくおっしゃって下さい」

といって彼の出方を待った。話の筋はこうだった。

「――わたしは現在、世田谷にあるK大学につとめており心理学方面の研究をつづけていますが、わたしを妬むあるグループがありまして、これに悩まされ通しなのです。わたしの住まいは目白付近にありますが、ここにもこの反対グループが攻め寄せてきて、わたしの研究を妨害しつづけます。ぜひ、わたしの研究を進めたいとあせればあせるほど、彼らは妨害の度をはげしくしてくるので、ホトホト弱っています。

こんなことで、ぜひ一つ憲兵隊のお力添えを得まして、こうした反対グループを追っ払っていただきたいと思い、お願いに上がったわけです」

「それはお困りですね。なにしろ憲兵隊といったところは人員も少なく、毎日精一杯の仕事をしているところですから、一個人の保護となると、なかなか手が回りかねます。こうしたことは、むしろ警察にお願いされた方がよかろうと思います。なんならわたしから紹介してあげてもよろしいが」

「いや、警察はダメなんです。警察の無力は今度の事件ですっかり暴露しました。なにしろ反乱軍に本庁を占領される始末ですから。それに比べて憲兵隊の働きはすばらしいものでした。ですから力強い憲兵隊のお力にすがらなければ、とても警察ではものになりません」

ここで彼は話をかえた。そして妙な話をしだした。

「わたしは一介の学究です。実は今度皇太子殿下の傅育官に内定していたのですが、わたしの反対グループが湯浅宮内大臣に工作して、すっかりわたしを落としてしまったのです。わたしは皇太后さまのご愛顧をうけており、宮中にはしっかりした力をもっているつもりでしたが、反対グループがわたしを中傷したのです。皇太后さまとわたしがなにか特別な関係にあるような、ひどい中傷をしたものですから、わたしの地位はダメになってしまいました」

これを聞いた途端、わたしはハッとした。そしてもう一度この紳士をじっと見つめた。このような不敬な言動をしゃあしゃあとわたしの前でしゃべるこの紳士を見直したわけだ。これまでのところ、すなおに聞いていれば、よくある仲間争い研究争いといったことに落ちついて、そんなこともあろうかと思われたのだったが、このような不敬言動をなんのためらいもなく語るこの老紳士は、正常な神経の持ち主とは考えられない。どこか狂っている。

そこでわたしから話題を転じた。

「あなたは、居宅で研究を妨害されるといわれるが、どんなことが身辺に起こっているのですか。一つ具体的に話してみて下さい」

「それはいくらでもあります。わたしの書斎は二階にあるのですが、だんだん夜も更けて研究に正身が入ろうとすると、きまって表の方で犬をけしかけるのです。そしていつまでも犬を吠えつづけさせて、うるさくて仕方がないのです。それでわたしが窓を開けると、さっとやめさせますが、窓を閉めて座につくと、また始めるのです。

時には二、三人の人がわたしの家の前の道路で高々と立ち話を始めるのです。それが、あいつの研究は、研究といっているが、あちこちの学説をつぎ合わせているのだ。いつかはバケの皮がはげるだろう、などと話し合うのです。こんな調子でいじめられない夜とてはないのです」

わたしはなんだかわかったような気がした。全く錯覚におちいっている。幻覚におびえるというのか、自分で自分を苦しめている気の毒な人だと思った。これも気狂いといえば気狂い、日常の行ないにはいささかの狂いもないが、研究となるとこのような妄想の虜になってしまっている。

「では憲兵隊にあなたはなにをしてくれといわれるのですか。具体的にいって下さい」

「まことに申しにくいのですが、わたしを保護するために二、三人の特務員をつけて守っていただきたいのですが。とにかく憲兵隊の特務員はすぐれた人たちですから」

わたしはちょっと考える風をよそおった。そして、

「それは無理ですね。たしかに憲兵隊の特務といえばすぐれた素質と能力をもっています。だからこうした人びとがあなたについていれば、それはもう大丈夫なのですが、とてもそれだけの人員をさし向けるわけにはいきません。はなはだ残念ですが」

だが、彼は屈しなかった。なおも、

「ぜひお願いします。どうかわたしの苦境を救っていただきたい」

と懇願した。もうこのときになっては、わたしの肚の中は一個のあわれな病人に対する気持ちであった。わたしの口先三寸でこの学究の心の悪魔をとり除いてあげれば、それでよいのではないかと考えていた。

虚構の身辺保護

こうしてわたしは、

「よくわかりました。一肌ぬぎましょう。しかし、しょっ中憲兵をつけておくこともできま

せんので、当分の間、夜間だけ一人の優秀な特務をさし向けましょう。この特務はあなたの研究を妨害するグループを立ちどころに抑圧することでしょう。すでに警察賞も数回もらっているベテランで、階級は軍曹で名前は林健太郎といいますから、よくおぼえておいて下さい」

彼は喜んで「これでわたしも救われます」といいながら辞去した。だが、わたしは彼の住居も聞かなかったし、こうした憲兵も実在ではなく全く言葉の上の創作だった。初めからわたしは彼のために兵を派遣する意思はなかった。ただ、彼の心理に、ある種の安堵を与えたかったにすぎない。したがって、また、この教授の行状につき家人に警告することもなかった。

ところがどうしたことだろう。それから三日目、彼は喜面満面、再びわたしの前に現われた。

「たいへんお世話をかけました。林憲兵軍曹がきてくれましてからは、わたしの妨害者はかげをひそめてしまいました。お陰で研究に没頭することができます。ところで、林さんという方は立派な方ですね。頭もよいし特務的な仕事にはもってこいの人です。聞けば柔道も剣道も三段の腕前だそうで、こんな立派な人に守っていただくなんて、もったいないくらいです」

わたしは内心啞然とした。わたしの判断に誤りはなく効果てきめんなのだが、それにしてもこの妄想はどうしたことか。やはり彼はあわれなる精神破綻者だった。わたしの示唆で一人の憲兵の実在を信じて、この二、三日すっかり元気をとり戻してしまったのだ。

わたしはこれでよいと思っていた。しばらく彼の訪問もなかったので、そのことの記憶はもう去りかけていた。ところが、十一月の初めごろだった。しょんぼりした姿で三度わたしの前に現われた彼は、一目してその症状の進行を思わせるものがあった。

「隊長さん、また敵が盛り返してきました。今度はわたしの住居ではなく学校の方です。反対グループは学生たちまで味方に引き入れたらしく、学生がわたしの講義を妨害するようになりました。

実は今朝学校にいくので三軒茶屋までできますと、あそこの交番で敵が見張っていて、大声で〝折り敷け！〟と号令するではありませんか。とうとう警察まで味方に引き入れて、わたしを威圧しようとしているのです。それから学校で講義していますと、隣の室に大勢の学生を引き込んで、ガヤガヤとさわがせてわたしの講義を妨害させるのです。学生の中にはわたしの講義の一くだりを捉えて、〝インチキだ〟〝もうやめろ〟などと叫ぶものもいました。こうまでわたしを妨害するようでは、学校の方にまで手配していただかなくてはなりません。どうぞよろしくお願いします」

だいぶやつれている教授は今日は全く志気阻喪し、見ていても気の毒なくらいだった。そこで、わたしは、

「それは困りましたな。ところで、もうあれから相当な時がたちましたが、あなたの研究はだいぶ進みましたか」

「お陰様で研究の方はよほど進みました。あと三割ぐらいで完了というところですが、これからが、わたしとしては研究の難関に入ってきたわけです」

「そうでしょう。最近の敵側の圧迫もあなたの研究の進度にかかっているわけです。もう完成間近まで進まれたので、一層敵の攻撃がはげしくなってきたのです。あなたはこれに負けてはなりませんぞ。もう一息の頑張りです。わたしの方で学校の方にはそれとなく注意してあげますから、そんな妨害にはあまり気にしないで、一途に研究に精進して下さい」

わたしはこういって激励してかえした。しかし別にK大学にこうした教授がおられるものか、その学校での態度はどういったものか、あえて調査もしなかった。憲兵がのり出してはかえってこの教授のために不利になると思ったからだ。日常の行ないも、その講義も尋常であればそれでよいのではないか。憲兵から気が少し変なのではないかなどと、口ばしを入れるものではあるまい。

年は明けて、多くの賀状と共に一通の達筆な親書が官舎に届けられた。ちょっと名前が思い出せないのでどなたからかと、いぶかしげに開披したら、それはこの教授からだった。研究も順調に運んでいるが今後ともよろしくとあった。

三月の末、教授はきわめて朗らかな笑顔で憲兵隊に現われた。

「いろいろお世話になりましたが、やっと研究を完成することができました。そして悪魔も退散いたしました。長い間、陰になり日向になりお守り下さった憲兵隊のご好意は、終生忘却いたしません。これは拙いわたしの研究の成果ですが、おひまのときにでもご高覧下さい」

彼は一冊の著書をさし出した。変態心理に関するもので、中には三つぐらいの研究論文がのっていた。門外漢のわたしには理解しにくいものであったが、ともかくもこの老教授の心の中の悪魔との戦いの戦果だった、一本の書を敬意をこめてわたしの書架に収めた。

約半年にわたる精神異常者との交わり、これもわたしの憲兵生活における忘れがたい思い出である。

万歳に沸く兵営街
——応召兵の二つの窃盗事犯

支那事変の勃発は国内をすっかりかえてしまった。昭和十二年七月七日、北支蘆溝橋に日支両軍の衝突が起こった。政府の現地解決、不拡大方針も近衛首相の優柔不断か軍の無統制か、ともかくも戦火は北支を蔽い、さらに中支上海に飛び火してついに日支全面戦争と転移してしまった。だが、国民はこの戦争を支持した。国を挙げてその赤誠を披瀝した。これは事実である。九月三日には第七十二臨時議会が開かれたが、僅か四日間の審議で二十億二千万円の軍事費と十一件にのぼる戦時立法を議了してしまった。国民を代表する議会はこの国民の赤誠に即応して、真に軍国議会の実を示していた。

戦争に反対する社会主義政党の社会大衆党でさえ、この国民の声を無視することができなかった。片山哲氏はこの議会で、

「政府の従来唱えていた不拡大方針も、今日一擲せざるを得なくなったのは、わが国の一貫した日支提携、東洋永遠の平和の見地から見て遺憾ではあるが、事ここに至った以上所期の目的達成のために、もっとも適切なる手段を検討して、真の挙国一致、即ち全国民の熱情を

傾倒するところの国民協力による外に解決の途はない。この意味で新しい挙国一致に参加し、国難突破のために微力を致したい」

と演説した。国民の熱狂的な戦争支持には新しい挙国一致に参加せざるを得なかったのである。この軍国風景はおそろしいまでに全国津々浦々にまで及んでいた。戦争へ戦争へ、国民は狂気のように戦争熱に酔っていた。

そのころ、東京の一角にこんな流説がとんだ。――ある応召兵が応召を忌避したので立ちどころに憲兵に射殺されてしまった、と。

所と日時は異なったが、同じような流説が東京のあちこちに流された。事実は全く無根なので、憲兵はこの流言の根をつきとめようと懸命にこれを追ったが、その流説の出所はついにつきとめることはできなかった。しかしこの流説はまもなく北は東北から南は九州にまで及んだ。流言の足の早いのに驚いたわけだが、こうした流言が短期間に全国的に流れるということは、この戦争熱に一層の拍車をかけたものだった。そこには、銃殺したという憲兵非難はなく、応召を拒否する非国民は殺されても当然だとする空気が、国民の中にみなぎっていたからである。

さて、赤坂、麻布の兵営街は八月ごろから動員につぐ動員で、ほとんど毎日といってよい。応召兵を歓送する旗の波と人の群れは、青山一丁目から師団司令部前、そして乃木神社から六本木と、歩一、歩三の兵営を中心として万歳万歳のときの声が響きわたっていた。わたしも軍人であった。こうした軍国の情景を見るにつけては胸の高鳴りをおぼえ、内地ことに東京などにグズグズしているのがもどかしいぐらいだった。今から語ろうとする二つの窃盗事犯はこうした環境に起こり、かつ、こうしたわたしの心境で処理されたものである。

紙幣を抜きとった慶応ボーイ

なくなった五枚の百円紙幣

残暑のきびしい九月中旬のことだった。歩三の留守隊から連絡があって、現在この部隊で動員中の野戦病院で盗難事件が起こったので憲兵の捜査をたのみたい、といってきた。とりあえず司法班長を差し向けた。事件というのはこういうのだ。

三日前、部隊で編成中の野戦病院の経理室で山本（仮名）という見習士官が、上衣の内かくしに入れておいたシーツから、五枚の百円紙幣がなくなっていた。山本はいつもその上衣を裏返しにして椅子にかけておいたが、兵に煙草を買いにやろうとしてその紛失に気付いたというのである。

すでに部隊では部隊内での犯行とにらんで、将校たちがあれこれと調べてみたが、いつまでたってもわからない。困惑のあげく憲兵隊に持ち込んだものであった。だから憲兵がのり出してみてもすっかり犯跡はあらされてしまっている。簡単な犯罪なのだが、てっとり早く事は進まない。司法班長は一応現場を検分して、この犯人はこの室の中におるものと見込みをつけ、夜を徹してしらみ潰しに一人一人を調べあげた。

翌朝十時ごろ、司法班長はうすよごれた顔、はれぼったい眼、疲労を見せながら分隊にかえってきた。

「分隊長殿、やっとわかりました。西田（仮名）見習士官という、被害者山本の同僚の所業でありました。分隊に同行しようと思いましたが、多くの兵隊たちのいる前から拘引することも気の毒に思って、部隊長にそれとなく警視することをたのんで、とりあえず報告にかえってきました」

「それはよかった。でもどうしてその西田が抜きとったというのかね」

司法班長はくわしく捜査経過を説明したが、わずらわしい内容は省いておこう。わたしもこの犯人は西田という見習士官に間違いないと思った。

西田には応召前、親たちにもかくしていた借金があり、出征するまでになんとかきれいにしておきたいとあせっていた。もともと、山本と西田は共に慶応義塾大学の経済学部の同窓で、入隊前からの知り合いだった。共によい家庭に育ち、いまだ独身、社会に出てからは職業を異にしているので、このたびの応召による邂逅は、幹部候補生以来のことだった。

山本はいつも千円以上の紙幣をふところにしていた。ずいぶん派手に振舞っていたので、彼が大金をもっていることは経理室の連中はみな知っていた。ところが彼はいつも無雑作に上衣を脱いで一日中椅子にかけっぱなしである。西田は山本と机をならべて執務していたので、ちょっとの隙があれば二、三枚ぐらい引き抜くのはわけはない。

西田は友達の気易さも手伝ってか、お昼のあと一時、室の中ががらっぽになったとき、隣の山本のシーツから五枚の百円紙幣を抜きとってしまったのだ。そしてその夜のうちにこの金で借金の返済をすましていた。

さて、わたしは考え込んだ。

西田を窃盗事件として軍法会議に送ることはわけもないことだが、僅か五百円で懲役何ヵ月となってはあまりにもかわいそうである。彼は春秋に富んでいる。それだけではない。この軍国風潮の中で征途にのぼろうとしている。万歳万歳で送られた数日前の感激はなお身にこびりついているだろう。さらにまたこれを知った家族たちはどんなに嘆くことか、肩身の狭い思いで世間に顔向けもできないだろう。なんとかして、つつがなく戦友と共に戦野に発たしてやりたいものだ。でも、盗んだという既成事実はどうにもならない。

わたしは熟考のあと、さっそく、動員担当の歩三留守隊長を訪ねた。

「捜査の結果、一見習士官の犯行とほぼ見当がついた。だが、微罪ではあるし、あの歓呼の声に送られて数日もたたぬ間に刑務所送りにすることは、いささかしのびない気がする。わたしは彼を部隊と共に出陣させてやりたいと思うが、貴見を伺いたい」

「貴見に全く同感です。ぜひそのように取り計らってもらいたい」

さらにわたしは隊内で編成中の野戦病院長を訪ね、一応捜査の経過を説明してから、こういった。

「僅かの罪で、この若者の一生を台なしにしたくない。今は、ただ戦場でご奉公させてやりたい。だが、罪は罪、このままではそうもなりかねる。もし貴官が今後彼について一切の責任をもち、指導厳戒を加えていくことを保証していただくならば、わたしは、彼を不問に付したいと思う」

予備の二等軍医正（軍医中佐）の野戦病院長はしばらく考えていたが、

「わたしにとって事は重大と思うので、しばらく考えさしてほしい。明日ご返事に伺いたい」

と即答を避けた。翌朝、病院長は来隊した。

「分隊長のご厚情をありがたく感謝します。よく考えてみれば、これまで相知ることのなかった者が、上官となり下官となるのもなにかの因縁と思う。たとい罪を犯した者でも、近く編成完結のうえは、わたしの部下ということになる。わたしは彼の面倒をよくみてやりたいと思う。再びこうした過ちをおかさないよう最善の指導を加えたいと思うので、よろしく願いたい」

わたしはこの病院長の誠意を信じ、この事件を不問に付することにした。しかしすでにこの事件は部隊内に知れわたっている。あるいは、この西田見習士官が犯人だとの風説が流れているかもしれない。いまさら犯人はわからなかったとはいえない。

わたしの演技

わたしは一策を考えついた。さっそく、さきの司法班長を呼び、急いで金五百円、しかも百円札五枚の調達を命じた。すでにわかっていたが、西田の実兄は蒲田付近で相当な機械工場を経営していた。わたしは、この実兄に事情を話して五百円を弟のために立て替えることを求めさせたのである。そしてそれはそのとおり夕方ごろには分隊に届けられた。わたしはそれをわたしの机の引出しの中にしまい込んだ。

翌日はこの部隊の軍装検査が午前十時から行なわれることになっていた。わたしは午前八時に山本および西田の両見習士官に分隊に出頭するよう命じた。これからがわたしの演技である。

まず山本見習士官を自室に入れた。山本は長身で、生まれと育ちのよさを反映してか品のよい若者だった。

山本は入ってくるなり不動の姿勢で、わたしの前に立った。

「山本見習士官であります」

この言葉がおわるかおわらぬ一瞬、わたしは、

「馬鹿者！　貴様ほど馬鹿はいないぞ！」

と一喝した。彼は唐突の罵声で面くらったらしい。つづいてわたしは、

「お前のようなあわて者は見たことがない。お前の軽はずみで、今、一人の戦友が罪人にされようとしている。お金がなくなったら、同僚や周囲の人びとに、そっと聞くものだ。なくなったからとて〝どろぼう、どろぼう〟と大騒ぎするから、事を面倒にするのだ」

彼は上官たるわたしの前だから神妙に聞いてはいるが、おそらくなんのことかわからないのだろう。あいかわらずきょとんと立っている。

「お前はなにも盗まれてはいないのだ」

わたしは机の引出しから昨夕入れておいた五枚の百円紙幣をとり出し、机の上においた。

「お前のとられたというのはこれだよ。よく改めてみよ」

手渡す紙幣を彼は受け取ったので、わたしはこう説明してやった。

「お前は大金のあることを見せびらかしている。それもよくない。そのうえ、大金の入ったシーツをいつも上衣に入れ、その上衣は脱ぎすてている。とってくれといわんばかりじゃないか。お前の隣にいる西田はこれを見兼ねて、お前に意見するつもりで、すっと五枚だけ抜

いた。金を盗んだのではない。あとでお前に事がわかれば警告するために、あえて抜きとったのだ。お前は経理官だろう。金を取り扱う者は金を大切にすべきだが、お前はそれをしない。私金だからとて無雑作であってはならない。その取り扱いの乱雑は公金に及ぶものだ。

西田は全く善意だった。ところがお前がさわぎ立てた、どろぼうがいるとな。西田はどろぼうにされては困ると思ってこの金をかくした。そして彼は容疑者とされた。だが、憲兵が調べてみればなんのことはない。どこにも犯人はいないのだ。わかったか――」

「わかりました。わたしが軽率でありました」と一言の抗弁もしなかった。上官たるわたしの気合いのすさまじさにその機会を失ったのかもしれない。

「しばらく待て」といいおいてベルを押した。顔を見せた憲兵に、命じた。

「西田を呼べ！」

西田はおそるおそる入ってきた。

「お前も馬鹿者だ！　憲兵隊が取り調べなければお前はどろぼう犯人になるところだぞ。なぜ、早く事の仔細を上官に申し上げなかったのだ。さわぎを大きくした張本人はお前だ！」

「申しわけありません」というかと思ったが、さすがに良心の呵責に堪えないのだろう、西田はだまってうつむいてしまった。

わたしはこの二人をならべておいて改めてこういった。

「憲兵隊の介入で、もう事はすんだ。聞けば今日は軍装検査があるという。すれば近々には出陣ということになろう。お互いにすべてを水に流して助け合い、いずれに立ち向かうかしれないが、あの温厚な部隊長を助けて、国家のために、一身を投げ出して働いてくれ。これが最後におくる俺の言葉だ。よいか」

二人は緊張にふるえていた。わたしの言葉がおわると二人は自ずと向かい合った。

「俺が悪かった」

「イや俺が悪かった。許してくれ」

二人は泣いて抱き合っていた。上官たるわたしのいるのも忘れたかのように。

「しっかりやろう。第一線で立派に働こう。信じてくれ。いやお互いが信じていこう」

見ているわたしも眼がしらが熱くなった。

「もうよい。身体に気をつけていけ」

彼らはやっと離れてわたしの前に直立した。

「山本見習士官かえります」

「西田見習士官かえります」

彼らは眼を真っ赤に興奮のままに立ち去った。若者の出ていくのを見送って、わたしもまた劇的な緊張から解放された。

「ああ、今日はよい日だ。彼らは必ず立派に働いてくれるだろう。二人とも今日の感激はいつまでも忘れないであろう」

その日、わたしの身体にはある快気がみなぎっていた。

女と兵隊

家宝の紛失

支那事変で柳川兵団の杭州湾敵前上陸の話を聞くと、わたしはいつもこの事を思い出す。事はある窃盗事件にからみ、その窃盗事件の裏にいたある女のことである。柳川兵団の杭州湾上陸は昭和十二年の十一月初めであったが、この窃盗事件を終結したのもちょうどそのころであったから、いつもわたしは杭州湾上陸とこの事件を、奇妙なつながりをつけて追憶するのである。

さて、第一師団は二・二六事件直後北満に移駐して留守部隊であった。留守部隊といっても多くの「動員」を担当していた。支那事変が始まって次々に戦時部隊の動員が下令された。動員につぐ動員で、兵舎は一杯で応召兵を収容しきれないので、平素から兵隊たちの民家宿泊が計画準備されていた。そのころ動員の連続で、ここ青山、赤坂、麻布界隈の民家は、この応召兵たちで埋まっていた。兵隊たちには動員間と戦地に出発するまでの待命期間、ここが仮の兵営だったわけである。

麻布のお屋敷町、たしか市兵衛町あたりとおぼえているが、ここに三好子爵家のお宅があった。兵の宿泊割り当てに貧富の差はなかった。この三好邸にも二十五人の応召兵たちを宿泊せしめていた。動員による編成がおわり兵隊たちが品川駅を出発するまでの十数日お世話をしたわけである。

この部隊が品川を出発した二、三日後、たしか十月初めごろのことであった。突然、わたしは三好子爵の来訪をうけた。もちろん初対面である。子爵はそのころ三笠宮家の別当をつとめていた。

「突然伺ってまことに恐縮ですが、いささかお願いがあって参上しました。実は拙宅の家宝として大切にしていた品物が紛失しましたので、憲兵隊にご協力をお願いしたいと思いまして」

五十がらみの小柄で品のよい子爵は、わたしに事の仔細を次のように話したが、その顔には憂色ただよい困惑の状がありありと窺えた。

「拙宅もこのたびは大勢の兵隊さんをお預かりしましたので、粗忽のないようにとかなり気をつかいました。専属の女中を三人ばかり雇ってお世話させることにしていました。皆さんがお泊まりになって四、五日もたってから、わたしは兵隊さんに喜んでいただこうと思い、わが家に家宝として大事にくらの中にしまっていました〝〇〇天秤〟なるものをお見せしました。この〇〇天秤といいますのは、三尺ばかりの天秤棒なのですが、この棒の全表面には金銀の昔ながらの通貨が百数十もはめ込んだものでした。大判小判から何分金といった小さい方形のものまで。だからこの天秤棒はずっしり重いものでした（註、ここに〇〇天秤とは、たとえば又一天秤とか人の名をつけたものだったが、筆者がその名を失念したので〇〇天秤と伏せ字にした）。

兵隊たちはたいへん珍しがって喜んでくれました。ほかの者にも見せてやりたいといわれるので、ではしばらく床の間にでもかざっておきましょうと、しまい込まないで床の間に置くことにしました。ところが二、三日前兵隊さんは、いよいよ出陣式をおえて征途にのぼられました。部屋も空きましたので、あとかたづけをしたのですが、このときその家宝の天秤棒がなくなっているのを発見しました。さあ大変です。家の者から女中たちまでしらみ潰しに調べてみましたが、それがいつから見えなくなったものか、それさえ皆目見当がつかないのです。まさか出征される兵隊さんに要るものではないし、また、こんな大勢宿泊しておられるところに、外からどろぼうが入ったものとも思えません。

とにかく、家のものを片っぱしから調べてみたのですが、そのような疑いのあるものはおりません。どうしても、あのお泊めした兵隊たちの中にでも、フトした出来心をおこされた方がいたのではなかろうかと思い、たいへん遅れましたが、本日やっと腰を上げてお願いに上がったわけです」

子爵の来意を聞きおわったわたしも、犯人はおそらくそこに宿泊した兵隊か、あるいは臨時に雇い入れたというお手伝いさんか、いずれにしても兵隊はいちばんあやしいと思った。

そこでわたしは子爵に聞いた。

「臨時の女中さんたちは、まだお宅におりましょうか」

「あとかたづけなどでまだ働いております」

「ところで、いまお話の家宝とはどうした由緒のあるものですか」

「徳川の末期、京都にある富豪がいましたが、その若い日、天秤棒一本を担いで粒々辛苦の末、一代で産をなしたわけで、その汗の結晶をこの一本の天秤棒に託して、これに金銀貨を掘り込み、ちりばめて家宝としたものと聞いています。これをわたしの先代が譲りうけて、またわが家の家宝としたもので、その金銀貨は潰しにしても時価一万円はすると思います」

「よくわかりました。どうもとんだご迷惑のことでした。一応、誰でも兵隊に疑惑をかけるでしょう。しかしすでに兵隊たちが出発したとなると、この捜査はかなりむずかしいものとなります。でもさっそくやってみましょう。いずれ捜査官をお宅に向けますから、もう一度くわしくありのままを申し述べるよう、よく家の人びとには徹底しておいて下さい。また臨時のお手伝いさんもしばらくそのままにして下さい」
「ときに警察にはお知らせになりましたか」
「いや、軍のことだと思い、鳥居坂警察の方には、まだなにも申しておりません」

犯人は応召兵

こうしてこの捜査は始められた。捜査主任は大島一曹長、彼はさっそく三好邸にのり込んで実況を見分した。また鳥居坂警察署を通じて警視庁全管下の警察にも外部的な協力をたのんだ。しかし捜査は難航だった。

大島はまず部隊について三好家宿泊者二十五名の身元を洗おうとしたが、留守部隊にはこれといった資料は残っていなかった。留守隊は動員を担任するが、部隊が編成をおわればそうしたものは、すべて新編成部隊に移してしまうからだ。こうして二日たった。どうした動機によるものかおぼえていないが、ここに宿泊していた二十五人のうちの一人が、病気のため残留していることがわかった。この一人の兵をたよりに、それから宿泊者二十四人の動静をたどっていくわけだが、僅か十数日の共同生活では、いちいち名前をおぼえているわけでもなく、これもまた思うように捗りそうにない。曹長は、部隊にいったり三好邸にいったり、ほとんど憲兵隊にもかえらずに、僅か三人ばかりの助手（司法特務）を働かせながら、真に昼夜不断の努力をつづけていた。

ところが、捜査四日目になって三好家の女中から、

「皆さんが外に出られたのに、たった一人の兵隊さんだけは身体が悪いとかで、お家に引きこもっていました。足の方には繃帯をしていたのをおぼえています。ちょうど、この日はシトシト雨が降っていましたが、たしか午前十時ごろと思います。この兵隊さんが玄関に出てきて、ちょっと外出するから傘をかしてもらいたいというので、大きい番傘をさしてあげました。別にその様子に変わったところは感じとりませんでしたが、いま考えてみると、妙な素振りだったようにも思えます。なんだか玄関ではソワソワして急ぐように出ていかれました。かえられたのは十二時すぎで、すぐお食事を差し上げましたのでこの時刻は間違いありません」

こんな証言が出た。こおどりした大島は、この女中からなお、根ほり葉ほりその兵隊について聞き出した。これで一人の容疑者らしいものが浮かんできたわけだ。

この一人の兵隊、それは小川（仮名）という二十九歳ぐらいの未教育補充兵、板橋の方に原籍があり、両親も健在でそこに住んでいた。だんだんさぐっていくと、小川はほとんどわが家に寄りつかないで、ある年上の女と同棲していた。応召したのもその女の家から出ていった。中学は出ているが、そのころ柔道にこりその腕前は二段ぐらいとか。また、麻布三連隊の動員部隊では陸上輸卒隊とかで、駄馬の取り扱いの教育をうけたが、そのとき彼は馬にけられてしばらく「練兵休」で休んでいた。ちょうど、女中の証言によるシトシト雨の降った日というのは、軍装検査の日で全員出場したが、彼だけは練兵休のために宿舎で静養していたこともはっきりしてきた。

こうなってくると、ますますその小川があやしくなってくる。だが、まだ本人だというキメ手はなにもない。盗んだという証拠はなに一つないのだ。本人がいればこんなところで取り調べを始めてもよいわけだが、彼は今ごろは輸送船の上だろうから、呼び出しも不可能だ。

大島曹長はすでにこの小川の女をつきとめることに苦心していた。小川の実家ではその女のことも知っているらしいが口が固かった。そこで大島は、その小川の入隊前の友人関係を洗ってみた。やはり柔道家くずれの二、三人がいた。その一人から小川の女は千駄ヶ谷付近に住む女琵琶師だということがわかった。

千駄ヶ谷といえば、麻布から僅かな距離である。あの宝物を持ち出して処分してかえってくることを想定すると、だいたい二時間はかかろう。十中八、九まで間違いないと判断した大島は、事の次第を具さにわたしに報告した。そしてその女琵琶師を一応憲兵隊に呼び出して取り調べることの認可を求めた。女琵琶師、それは青柳A女（青柳は実名）という、女中一人をおいた女世帯だった。そのころでは別に弟子をとっているとも見えなかった。

わたしは任意留置をしてはならぬという条件をつけて、彼女の取り調べを承認した。翌朝早く憲兵はこの千駄ヶ谷の青柳宅を訪い、彼女に同行を求めた。また、彼女の同意を得て家宅捜索もしたが、目ざす宝物はどこをさがしても出てこなかった。青柳家は二階屋で下三間、上二間、こぢんまりした市民の住宅だが、女一人の世帯としては、この家でどうした生計をたてているのか、いささか考えさせられるものがあった。あるいは、亡夫の遺産でもあったものか。

彼女の父は私の恩人

さて、憲兵隊での彼女は頑強だった。彼女はすでに齢四十を越していた。小川との関係は認めたが二年以上も同棲しており、小川より十歳以上も年をくっているので、ここでは、女の方からはげしい愛をよせているものと思われた。取り調べは大島曹長自ら当たっていたが、彼女は知らぬ存ぜぬの一点張りで、応召中は二度ばかり彼女が小川を訪ねたことは自供したが、彼がわが家にきたことは全然なかったという。

わたしは司法事件を指揮するのに、いつも調書を見ることにしていた。この場合も大島のつくった調書を提出せしめて読んだ。最初の一枚をひろげたわたしは、アッと目をみはった。彼女の本籍は福井県敦賀市富貴町とある。敦賀はわたしの熟地である。そのうえ、

「わたしは青柳姓を名乗っていますが、実は、この富貴町にある大黒屋旅館の主人浅田源次郎を父とするものであります」

と書いてある。わたしは驚くと共に疑った。

「源さんには子供がないはずだ！」

わたしの経歴、わたしは軍に出仕して敦賀歩兵連隊に育っている。士官候補生としてここに入隊して憲兵に転科するまで、ひとときの満州駐屯をのぞいて十年に亙ってここに住んでいた。だから敦賀はわたしの第二の故郷である。そのうえ、この大黒屋主人は、いわゆる「兵隊爺さん」で北国では名が通っている。陸軍大臣からもいくたびか軍事功労者として表彰されており、わたしたちそのころの若い将校は、ずっとお世話になった大恩人なのである。この大恩人の娘だというのだから驚いた。しかも源さん——わたしたちはこう愛称していた——には子供はない。老妻と二人で女中を使って旅館を経営しており、もう歳も八十に近か

ろうと思った。先年その七十七のお祝いには、われわれ敦賀で育った将校たちが醵金して、この老爺のために金時計を贈って喜寿を祝ってあげたことも思い出された。だからわたしはこれは贋者だろうと疑った。それにしてもどうして源さんの子供などというのだろうか。

わたしは調書を読むのをやめて、大島曹長を呼んだ。

「オイ大島、この青柳という女はどんな女かね」

「かなり生活につかれたような婆さんです」

「福井県の敦賀の生まれで、浅田源次郎の娘だというのはおかしいと思うのだが」

「どうしてですか」

「実は、ぼくはこの浅田源次郎さんはよく知っているのだよ。あそこには子供なんかいやしない。さびしい老人夫婦の暮らしだよ。ぼくは十年近くも敦賀にいてこの源さんには、たいへんお世話になっているのだから間違いはないのだ」

「それならばおかしいですね。ここに呼んでみましょうか」

青柳は曹長につれられて分隊長室に入ってきた。色の浅黒い、たしかに生活やつれした四十女だ。さしあたりあの兵隊はこの女の若いつばめといったところかと思った。

「君は敦賀生まれというが、浅田さんには子供がなかったはずだが」

「そのとおりです。けれどわたしの父は浅田源次郎に間違いはありません」

「ではどうして浅田といわないのだ。青柳とはどうしたことなのだ」

「青柳はわたしの母の姓です。父がまだ若かったころ、わたしの母と恋仲になって、そのあいだに生まれたのがわたしです。そのころ父は今の母と結婚しましたので、わたしの母の籍に入れたのです」

「それでは君は源さんに会ったことがあるのか」

「父とは、もう二、三年も会っていませんが、敦賀に戻れば、いつでも父に会います。二、三年前、わたしの身が固まらないので父はもう縁を切るといって、若干の手切金をくれました。だから、それからは父のそばには寄りつかないようにしているのです」

これで彼女の素姓はわかった。インチキではないらしい。源さんのかくし子であったわけである。

こうしたことから、わたしはこの女にある種の親近感をおぼえた。そして、

「君、この事件には君は直接の関係はないのではないか。だから、あったことはすべて素直にはっきりいった方がよいよ。それを妙にかくし立てをすると共犯だと疑われることになりかねない。そんなことになったら敦賀のお父さんにもすむまい」

これだけいうと、わたしは彼女を引き下げた。それからの曹長の取り調べも順調に運んだ。彼女はまもなくありのままを自供した。

家宝は彼女への餞別に

彼女の供述——
彼が入隊してからは、わたしにとってはさびしい毎日でした。これもお国へのご奉公とあきらめていましたが、戦争ということになると、もう生きてはかえってくれないだろう。彼とは妙な縁で結ばれたが、年も違うのでいずれはこうした悲嘆は味わわなければならぬと考

えていました。しかし、それが現実となった今はさびしい。亡夫の弟子の一人とこうして結ばれはしたが、これも亡き夫の引き合わせと、大事なものを扱うように守ってきました。彼が入隊してからは二度面会に参りました。一度は彼の大好物だった虎屋の羊羹を持っていって、たいそう喜んでもらいました。しかし面会所といっても町の空地に天幕が張ってあるだけ、それに兵隊さんたちも往来しているので、しんみりした話もできませんでした。あとあとのことを相談しても、彼は、

「オレは絶対にかえってくるから心配せずに二、三年辛抱すればよい」

というだけで頼りになりません。

こんなときのある日、彼は傘をさしてかえってきました。兵隊さんが傘をさしてはおかしいではないかというと、彼は、ちょっといやな顔をしましたが、「にわか兵隊だよ」といいながらトントン二階へ上がってしまいました。階下には近ごろきてくれたお手伝いさんがいる。このよし子さんは身体は弱いがこまめによく働いてくれる。福島の出だというけれどもあまりお国なまりも出さないので助かっている。色白のよい子でちょっと男ずきのすることが心配のたねでもある。

折角かえってきたので、よし子さんに手伝ってもらって一杯つけてやろうと、その支度にずっと台所にいました。二階の方では時々堅い音が聞こえるので、なにをしているか気がかりでしたが、どうせあと二、三日で出征というので、あとかたづけでもしているのだろうと思っていました。

この一時間もたってから、彼はノソリノソリとゆっくり階段を下りてきました。下で一緒に

と簡単なものを出しましたが、彼はつね日ごろに似合わずムッツリとして箸を手にしません。浴衣に着かえてくつろいだらといっても、彼はもうすぐかえらなくてはならん、といって落ちつきがありませんでした。

そのうち彼は、「ちょっと」といってわたしに二階へ上がることを求めました。わたしは彼のあとについて六畳の間に入りました。彼は座をあらためて、

「実は姉さんのあとあとのことを心配していたが、ぼくの今の力ではどうにもならない。これはあるところから手に入れたものだが、すぐ使ってもらっては困る。姉さんがぼくの留守中、ほんとに困ったことができたら、これを処分して使って下さい。これがぼくのたった一つの餞別です」

わたしはなんのことかわからなかったのですが、自然に涙が出てきて、彼の心の美しさというより、こんなにまでわたしを思っていてくれたかと思うと、一層、彼がいとしくなってしまい、わたしはいつのまにか彼に抱きついていました。

しばらくたってから、わたしは彼が餞別だという、古いハンカチで包んだものを手に取ってみました。ドッシリした重さのもので、ものの七、八百目もあるかと思いました。かたく結んだ結び目を解こうとしますと、彼はやにわに私の手を押さえ、

「いまあけてはいけない！」

ときびしくいいました。

「とにかくいただいておくわ」

といって押入れの中にしまい込みました。彼は、

「もうこれで会えないだろう。元気に暮らしてくれ。決して心配するでないよ」

と念を押しおし、あの重たい軍靴を引きずるようにして出ていきました。

その夜、わたしはさびしさのあまり、彼の「におい」でもかごうかと思い、押入れの中から、あのハンカチ包みを持ち出しました。そしてその結び目を丁寧に解いてみました。ガチャガチャと金属音をたてて中がくずれました。金銀で一杯ではありませんか。びっくりしてしまいました。あの人はどうしてこんなものを手に入れたのだろうか。いまお世話になっているお邸は、華族さまでたいへんなお金持ちだといっていたのを思うと、もしや、そこから盗み出してきたのではなかろうか。とんだものを持ち込んできてくれたものだ。

すっかり考え込んだわたしは、おそるおそる、またもとどおり包んで押入れの中にしまいましたが、いずれは騒ぎが起こってわたしにも疑いがかかってくるかもしれない。そうなったらどうしよう。落ちつけないまま、寝つかれない夜は明けました。その朝、お手伝いさんが買物に出かけた隙をみて、わたしは押入れの中に入り、その中の天井板を一枚はずしました。そして、その中に風呂敷包みにした、例のハンカチ包みを、そっと、祈るようにかくしました。

囚人か靖国の神か

彼女の自供によって憲兵は再び家宅捜索をした。白いハンカチの包みは、彼女のいうように押入れの天井裏から出てきたし、また、前回の失敗にこりて、あたりを隈なくさがし回った結果、家の向こう側に置いてあった屑入箱の底から三つばかりにヘシ折った棒ぎれが出てきた。この兵がかえり道に捨てたものと思われた。

こうして犯人は疑いもなく小川二等兵だとわかった。わたしは三好子爵を呼んで事の経過を説明して、この潰された盗品、両手に一杯もある金銀貨をおかえしした。もちろん仮還付のかたちで（ずっとあとになって子爵家では、もとどおり復元したと聞いた）。

さて、犯人はわかったが、この処置はどうしたものか。小川はすでに征途にあるが、その行先は動員を担当した留守部隊でもはっきりわからない。だから、いまさらにこれを呼び戻すわけにもいかない。いきおい事件を第一線の派遣憲兵に移牒しその処置をまかせればよいわけだが、すでに書いたようにわたしは戦争に酔っていた。国民の歓呼に送られて出征した兵隊が、いまさら窃盗といういまわしい罪名で内地に送還され刑務所暮らしをすることは、限りなくはずかしいことだと思った。また、この兵にしても、口では必ずかえってくると愛人を安心させているが、心のうちでは、すでに生還を期していないのではなかろうか。生還を期していないからこそ、悪事を働いても、この愛人のためになにものかをのこそうとしたのではあるまいか。いや、もっとつきつめていえば、このような悪事に出たのはよくよくのことであろう。いま、征途につこうとして、ただ愛する彼女になにか生活の資を与えておいてやりたい、この念慮で一杯であったのであろう。だとすると彼はもはや、生きてかえることを考えていなかったのではなかろうか。また、この場合小川一等兵の実家の人たちにしても、彼が名誉の凱旋をしてくれればこのうえない喜びであるが、万一、戦死しても靖国の神に祀られる身でありながら、もっともいまわしい窃盗犯人として内地に護送されるとなると、これは戦死以上のかなしみ、かつまたはなはだ肩身の狭い思いをするだろう。

さて、どうしたものかと思いわずらった末、わたしは一案を得て留守隊に出向いた。留守隊長はすでに憲兵の通報でこの事件が一応かたづいたことを知っていた。そして軍としてもまことに申しわけないので、三好邸には自らお詫びに上がったともいっていた。わたしは隊長に話してみた。

「この処置は事件をわたしのところから第一線憲兵に移送すれば事は足りるのだが、いま、このような軍国風潮の中で彼を杓子定規に犯罪人とすることもどんなものかと考えさせられる。輪卒隊というからには後方戦線にあるということになろうが、それでも戦場には波瀾はある。そこでこの兵には事件の発覚を知らさないでおいて、部隊長のはからいで、彼を戦線のむずかしいところに押し出して、決死の働きをさせるのを待つ。彼が名誉の戦死をすれば事はそれでよい。殊勲の武功をたて、なお生存しておれば、たとい事件処理となっても彼に有利な条件を与えるであろう。まあ、しばらく事件保留としその間、彼に決死的な働き場所を与える、こんな処置をしてやったらと思うのだが。問題は第一線でこんな取り扱いをしてくれるかどうか。どんなものだろう」

留守隊長は膝を打って、

「それはたしかに一案だ。幸いその部隊長はわたしがよく知っているから、くわしくこちらの考えを書き送ろう」

と同意してくれた。わたしは一件書類の第一線憲兵への移送は一ヵ月後にするように命じておいた。すでに杭州湾上陸は発表されてはいたが、戦線の移動中では配属憲兵としても処理のしようもないと思われたのと、この間の時間的余裕を得ようとしたためだった。

彼女の慟哭

さて、青柳はそれからはしばしば憲兵隊に出入りするようになった。琵琶師というので隊での会食のあったときなど、彼女を呼んで一席吟じさせ僅かながらでも謝礼を差し上げることにしていた。わたしのところにもよく話しにきた。彼女が「源さん」の娘と知っては、なにかと気をつけてあげたことも事実である。生活に困っているといえば、わたしが源さんにたのんで僅かでも送金してもらってやったこともあった。しかし、わたしは彼女がなにによって日日の生活を支えているのか、そういった家庭事情には一切触れることはなかった。

この年も暮れて十三年を迎えた。わたしは思い出したように、かつてのこの事件の処置を関係者に聞いてみた。すでに十二月初め、柳川兵団配属憲兵長あて一件書類は送ったということだった。

二月の末ごろ、わたしは久し振りに青柳の訪問をうけた。いささか元気のない足どりで、わたしの室に入ってきた彼女は、すすめる椅子にかけようともしなかった。

「いろいろと、あのときはお世話になりましたが、小川はとうとう戦死しました。昨日実家の方に戦死の公報が入ったそうで、ゆうべおそく使いの者が知らせてくれました。生前の小川に代わって厚く御礼申し上げます」

彼女は改ってこう挨拶した。

「そうか、とうとう戦死したか」

と瞬間、わたしも暗然となったが、

「でも、戦場では見事な働きをしたのだろう。これで彼も晴れて靖国の神さまとなった。なにか戦死の状況について、詳しい話はなかったかね」

「そんな話はなにもありませんでした。それよりも、わたしはこれからどうして暮らしていこうかと、昨夜からそればかりを考えつづけています。わたしは彼だけはどんなことをしても、きっとかえってきてくれるものと信じていましたので。ああ、かえってきてほしかった――」

彼女の声はうるんで涙にくれてしまった。

「さあ、泣くよりも彼のためにその冥福を祈ってやれ。彼はもう靖国の神さまなのだ」

わたしは、彼女を慰めるつもりで、

「だが考えてみたまえ。彼は生きていれば監獄ゆきだ。それに好意をうけた宿舎主の宝物を盗んだとあっては、動機のいかんを問わず情状は重い。縄目のはじをうけて内地へ送還されるよりも、立派に護国の神と仰がれる方がどれだけ日本軍人として本望なことか。今だからいうが、実はあの事件の処理には、わたしも頭を痛めたのだ。すぐ電報でもって逮捕の手配をするか、または現地に書類を送って、そこの軍法会議で処置してもらうか、といろいろ考えをめぐらしたのだが、わたしとしては彼を犯罪人とするのにしのびなかったのだ。そこで事件送致はわざわざ少々おくらせ、そのかわり留守部隊長から彼の部隊長にまで、小川二等兵がかくかくの犯罪をおかしていること、その小川には絶対にこの事件を知らさないで、激戦の第一線で華々しい死に場所を与えてほしい旨を連絡したはずだ。

その結果であったかどうかわからないが、彼が立派に戦死したというのなら、彼はきっと、あのことが発覚したとは露知らず、君のために、あの財宝が役立つことを信じ、きっと安心して死んでいっただろう」

見る見るうちに、彼女はきびしい顔になって、キッとわたしをにらむように、

「隊長さん、それはあんまりです。わたしはあの人に生きていてもらいたかった。たとえ監獄にぶち込まれようと、かたわになろうと、生きていてほしかった。靖国の神さまはものをゆうてくれません。あなたは情け知らずのことをしてくれました」

爆発したようにむせび泣く彼女は、身体をくずして床の上にすわり込んでしまった。

わたしは一瞬、わが心に強い鞭をうけたようにハッとした。そうだったか、俺は間違っていたか、これが本当なのであろう。これが肉身の愛情か。いつわりのない素朴な男女の愛情、いや肉身の愛情は、およそ、国家とか民族とかにはかかわりのないものなのだ。

わたしは、まだまだ市民の中に人間として生きていないことを悟って愕然とした。

国外に追放された男
――浅原健三を中心として

竜田丸船上の人

昭和十四年の六月初めのある日、わたしはつよい太陽の光を浴びながら上海の呉淞埠頭に立っていた。一万トン級の威容を誇る竜田丸は、あの大海原を思わせるような揚子江の全域をおおって、静かに接岸のための転回を始めた。揚子江はすっかり竜田丸でかくされてしまった。

船が桟橋に横付けになると、わたしは苦力たちの喧騒の中をさっさと船室に入った。そして一等のキャビンの、とある扉をノックした。その名札には岡藤と書かれていた。中から出てきたのは、一人の中年の日本人とそれに付き添うわたしの部下小林頼之憲兵少尉であった。

「元気ですね。航海はどうでした」
「お陰様で平穏でした。だが昨日あたりから少々腹をこわしまして」
「そう、それはいけませんな。今日はどんな具合ですか」

「もう下痢もとまっていますから大丈夫だと思います」

「お疲れでしょう。宿はフランス租界の方にとってありますから今日はゆっくり休養して下さい。例の件は了解をとりつけてあります。あとで詳しくお話しします」

「なにかとお手数をかけております」

この会話の主、中年の日本人とは岡藤吉雄と偽名した浅原健三氏であった。つい昨年の暮れ、東京憲兵隊に逮捕されたと噂されていた浅原氏は、旅装も軽く上海に着いたのである。浅原事件といわれた浅原健三氏を中心とした満州国協和会東京事務所一味の検挙は、その一切が新聞記事掲載を差し止められて、その真相は公表されることなく闇から闇に流されてしまった。したがって、今日になってもいろいろと疑惑を投げている。ある人は東条の板垣、石原弾劾の陰謀だといい、ある人はそのすべてが憲兵のデッチ上げだと、まことしやかに伝えている。

陸軍次官になって東京にのり出した東条は、さっそく、おてのものの憲兵を使って浅原事件をでっち上げて石原さんを馘にしようとかかった。彼は東京憲兵隊長の加藤泊治郎を使って浅原健三を監禁した。浅原氏は無産党出身で代議士をしたこともあり、八幡製鉄所の争議を指導し『熔鉱炉の火は消えたり』の著者であった。片倉中佐とは特によく、片倉がやった宇垣内閣流産には彼も動いていた。参謀次長の多田駿とも親交があった。製鉄に関して特殊の知識のあった彼は、当時国防計画に専念していた石原さんともよかった。この浅原氏が石原、多田に接近して軍の赤化を企てているというのが理由だった。石原さんは〝東条は俺をしばって調べた方が早いだろう〟と憲兵隊できびしい調べを受けている浅原氏を気の毒がっていた。東条は浅原事件で失敗したが、陸軍大臣になるととうとう石原さんを馘にした。

これは、田村真作という人が書いている、「石原莞爾の悲劇」の中の一節である（文藝春秋昭和二十五年七月号）。

石原系といっても、かの東亜連盟の流れをくむ人びとや、満州建国に働いた軍人たちの多くは、このようにこの事件をいまでも東条の石原弾圧のための陰謀だとみていることは確かなことである。だが、この事件は陰謀でもデッチ上げでもない。広くいえば浅原健三をめぐる陸軍部内の粛清事件、狭くいえば浅原健三およびその一味の思想事件であったのである。そのことの詳細はすでに明らかにしていることであるから、再びこれが内容に触れることはすまい（註、旧著『憲兵秘録』）。

とにかく、この事件はずいぶん長くかかったものである。十二月中旬に検挙して、その浅原が憲兵隊から解放されたのは五月初め。なぜ、浅原はこんなに長い間留置場生活を余儀なくさせられたのか。この事件で憲兵隊に検挙された人は十名近くに及んだが、それらの一応の取り調べがおわったのが三月の初めであった。このとき、わたしに「迷い」が起こったのだ。というのは、このまま地方検事局に事件を送ってしまえばそれでよかったのだが、どうみても浅原と石原少将とは共犯関係の容疑が濃い。いきおい石原を検挙するとなると軍法会議の手に移る。すると、早まって浅原を検事局に送ってしまっておくと、あとあとの裁判には不手際となる。むしろこれは浅原と関係のある現役軍人をも捜査し、浅原も軍人と一緒に軍法会議に送った方が始末がよい。

こう考えてくると、石原少将らへと捜査を進めねばならぬが、それがためには実務的には一応軍首脳部の態度をはっきりしておいてもらわねば、憲兵隊としては困る。こんなことから陸軍省に中間報告をしたのだ。これがそもそものつまずきのもととなった。俄然、中央部、いや陸軍省当局にとって大問題となったのだ。初めこの検挙を激励してくれた兵務局も消極的となったし、軍務局もよい顔をしない。

なぜだったのだろう。この事件に関係している将校といえば、石原少将を始め「満州組」といわれた将校たちであるが、その満州組の総帥は現陸相板垣中将であった。この板垣陸相とは、石原少将のごときは満州事変以来のかたい同志、浅原健三にしても板垣とは同志とはいえないまでも、陸相としては浅原が満州国に尽くした数々の努力には義理がある。だから板垣陸相としてはこの事件にかれこれ指図はしないが、内心煮えくりかえるような激怒を包んでいる。兵務局長が口頭報告しても、にがりきって一言もいわない。田中憲兵司令官が報告にいっても不機嫌そのものだった。いきおい、この事件は陸軍省でしゃべることはタブーとなった。

また、こんなことも考えられた。石原を検挙して容疑があればこれを軍法会議に送る。だが石原は将官だから、陸軍大臣を長官とする高等軍法会議に送ることになる。この場合、板垣陸相はその起訴にサインするだろうか。サインすることはおそらく彼の辞任につながる。だが、いま陸相は平沼内閣で枢軸強化の問題に命がけでとり組んでいる。幕僚のつき上げで孤軍奮闘している大臣はこうした部内問題で辞められても困る。

こうしたことが、この事件が省内で停頓してしまった理由である。

さらにまた板垣陸相にしても、この事件の報告を聞いても信じられなかったのかもしれない。なぜなら、浅原によれば政権奪取五ヵ年計画をもくろみ、最終年には板垣の総理を実現しようと、石原とはかったというのであったからだ。とにかく板垣の同志関係の人びとが、彼が陸相のときに憲兵に狙われるとなると、そこに政治的な陰謀、彼の追い落としがはかられていると、とるのも無理はない。それに、東条と加藤憲兵隊長との密着は満州以来のこと、その東条が航空総監として在京し、この東京に糸を引く加藤大佐が東京憲兵をおさえている限り、東条—加藤の陰謀ともうつったのであろう。田中隆吉兵務課長がこの事件を大臣に報告したところ、

「そんじょそこらの奴っぱらが陰謀におどっている。航空総監であろうと憲兵隊長であろうと、すぐ馘にしてやる」

と激怒したというから、よほどこの事件は板垣にとっては腹の虫のおさまらぬものだったに違いない。

なるほど、一面からみれば、陸軍大臣の隷属下にある東京憲兵が、その陸相板垣に匕首をつきつけたようなものでもあったともとれよう。

事件はデッチ上げか

しかし、この事件は、板垣、多田、石原などの、いわゆる満州組の諸将軍を陸軍より追放するために、東京憲兵が東条の指図に動いたものではない。いささか横道にそれるが、このことを明らかにしておきたい。

さて、この事件はもともとわたしが中央部幕僚と民間人との政治的な接触を遮断するために、昭和十三年三月特高課長就任以来、半年以上にわたって行なわしめた偵諜の成果の一つなのである。わたしはこれまで中央部の一部の幕僚が、民間人を使っていろいろな小謀略をしばしば行なっている事実を知っている。これが陸軍に暗いかげを投げ、しかも軍の対外不信につながっていた。だからこうした不純の接触をある時期にたち切ろうとしていたのである。

東京隊長馬場亀格少将が憲兵学校長に転じ、その後任に加藤泊治郎大佐が満州より着任したのはこの年十一月の初めだった。このときはまだその偵諜の結論は出ていなかった。なおしきりと、浅原を尾行偵諜していた。だからわたしは新隊長にはこのことについてなに一つ報告することはなかった。

しばらくすると、石原関東軍参謀副長が突如、新京より東京にかえってきた。そこで、これを問題にしたのは、たしかにわたしだった。わたしは石原の不軍紀行為に腹をたてた。中・少尉クラスの下級将校が自分の意見がいれられぬといって勝手にその職をすて帰国するのは離隊であり逃亡で、直ちに軍法会議ものだ。それが陸軍少将、しかも板垣陸相や多田参謀次長との同志だとあって、この不軍紀行為が許されるとは軍を私するもの、断じて許さるべきではない。

わたしは石原少将の行動をつぶさに内偵せしめた。たしか淀橋の柏木付近にあった親戚の家に行李を解いていた石原は、その側近たちが病気静養と放送し、彼にも一時的にも入院をすすめるが、彼は俺は病人じゃないと、彼一流の放言をあえてしていた。わたしはこの内査にもとづいて、石原の行状を中心に一つの報告書を書き、厳重な処置を要すると結論した。新任の加藤隊長も同意し、彼は自ら東条次官を訪ねた。

「次官はかねがね軍紀については、もっとも厳正に指導されると聞いている。石原少将のあの態度をそのまま放置していいものか」

東条はにがりきって、

「わかった。かえれ！」

と吐き出すようにいったと聞いた。

この石原の処置をめぐって板垣を中心にし東条次官と多田次長とが争った。多田は石原問題を穏便に収めようとする。板垣はその中にあってなかなか決断しかねた。とうとう、東条は一夜陸相官邸に板垣を訪い、談、払暁に及んだという。これは当時の秘書官真田穣一郎少佐から聞いた。このとき東条は、辞表をふところにしての板垣への諫言であったという。こうして板垣は、喧嘩両成敗、東条を航空総監に多田を在満軍司令官に、そして石原を舞鶴要塞司令官へ左遷した。十二月初めのことである。

この石原内査を通じ、ここには大きく浅原健三の存在を確認した。わたしがいよいよ浅原一味の検挙にふみきったのは、たしか十二月十日前後の日曜日、この日わたしは麴町の宝亭に昼食の席を設けて、これまで浅原一味の内偵に努力した係長、主任数人をねぎらった。そのあとサロンで一人一人から意見を聞いた。その結果わたしは、いよいよ浅原を検挙することに決意した。そしてその夜わたしは官舎に加藤隊長を訪ね、初めてこれまでの捜査経過をつぶさに報告し、この検挙の決裁を得た。加藤は一言「これを検挙せばどんな反響を生むだろうか」と聞いただけだった。わたしがわざわざ日曜日の夜、隊長を官舎に訪ねたのは、その翌日から彼は一週間ばかり隊下の初度巡視（着任行事）のため旅行の日程があったからだ。その翌朝九時すぎ加藤隊長は官舎よりの出発にあたって、わたしを呼んだ。

「今朝田中司令官にはわたしから報告しておいた。司令官も同意だ。時期は一切君の判断でやってほしい」

そうこうしているうちに、石原少将の舞鶴赴任は十二月十六日との情報を得た。浅原は石原の腰巾着のように石原と同行するとみて、その前日十二月十五日この検挙を発動した。したがって、加藤隊長がわれわれのこの捜査を知ったのは検挙直前であり、また、このときは東条は航空総監であり陸軍次官ではなかった。加藤が東条との特殊なつながりから、その後において浅原事件の捜査について彼に報告したかどうかは知らない。しかし、翌年二月ごろ、このわたしに東条を知る某将校から、

「東条さんがこの事件の成り行きを知りたがっているので、その概要でも話してもらえないか」

との要請があった。こういうところをみると、加藤は東条にこの事件を内通していなかったものと思われる。

わたしは、この要請でそのころのある夜、世田谷の下北沢にあった東条邸に伺って二時間ばかり事件の概要と将来の見通しを話しておいた。このときはくつろいだ話で、メモ好きな東条もメモすることはなかった。おそらく茶の間話として聞いたであろう。わたしが東条に会ったのはこのときが二度目だった。彼が次官在任中、中国における和平工作に奔走してい

た一実業家を現地軍が忌避したことがあり、現地軍からの照会で、その実業人から事情を聴取したことがあったが、この報告を東条次官が聞きたいというので、馬場隊長と共に次官室で彼に報告したことがあったが、これが東条に会った初めである。

こんな部内事情を暴露すれば、この事件が東条の指図に動いたものでなく、憲兵の軍事警察としての仕事であったことがわかってもらえるかと思う。

なお、浅原検挙を聞いて、よくやった、といって喜んでくれた人がいた。それが真崎大将であった。真崎は往年林陸相と対立し林によって教育総監を追われた人。この真崎は林の背後に赤がいるといっていた。その赤とは無産党代議士だった浅原健三であったのだ。だからこうした思想上疑惑をもたれる人と軍人の接触は、軍を不純ならしめるといった見地から、この検挙に拍手してくれたのである。こうした立場にたてば、この事件も軍の思想上の粛清といえるかもしれない。少なくとも一介の民間策動家が大手を振って、参謀本部や陸軍省に出入りし、しかも軍が内面指導している満州協和会東京事務所の実権者として、軍務局満州班員たちとつながりをもつことは、軍として看過さるべきことではなかったのである。

事件の始末

事は停頓して進まなかった。その処理は四月の末まで目鼻がつかなかった。田中憲兵司令官も陸軍省を動かすに努力されたが、なかなかむずかしかった。とうとう四月の半ばごろ朝鮮憲兵隊の巡視に長期の旅行に出られた。この間、なんらかの進展を期待して。

憲兵業務管掌の事務当局だった陸軍省防衛課長渡辺中佐から、わたしに忌憚のない意見をいってくれ、といってきたのは四月のおわりころであった。わたしは、もうこの事件にはすっかり匙を投げていた。しかしなんとか早く結末をつけなくてはならない。

そこで、この事件の処理には三つの案がある。一つは石原、浅原を共犯とし、これを高等軍法会議に送って、あくまでも事犯の審判を求める。その二つは浅原だけは地検に移すが、石原以下の現役将校は行政処分とする。第三案は、この事件一切を捨てる。しかし現役将校だけは憲兵の資料によって行政処分する。第二案は中間案で拙案、わたしは依然第一案を主唱するが、第三案必ずしも不同意ではない、と伝えておいた。

数日後、これについて話し合いたいからきてくれと防衛課から連絡があった。渡辺防衛課長、岩畔軍事課長そしてわたしの三人で話し合った。このとき岩畔軍事課長は、

「浅原およびその一派の全員を釈放すること。ただし浅原だけは、国内におくことは適当でないので国外に追放すること。さらにこれに関係した将校には厳重な行政処分を加えること」

こんな提案をした。だいたいわたしの第三案に近いものだが、ただ違うところは浅原を国外に追放せよというにある。わたしは考えた。今日の事態では、なにも浅原を犯罪人とすることが目的ではない、軍の自粛こそ先決で、この事件が動機で、そうした自粛が行なわれればそれでよいではないかと。そこで、

「軍が必ず現役将校を行政処分に付し、かつ、一般に警告を与えることを確約するならば、これに同意しよう。ただ、浅原の国外追放、これは穏当ではない。本人がいやだといえばそれまでで、それを強制する法的根拠はどこにもない。軍としては、しばらく国内に居住する

ことは遠慮してもらえまいかと、希望しうるにすぎない」

「それでは、浅原には、しばらく国外旅行をしてもらうことにして、これに同意するだろうか」

「むずかしいね。しかしわたしの指導で多分いうことを聞くと思うが、それでも当たってみなくてはわからない。それにしても渡航費はどうするのか。軍から出してやらねば彼も今は貧乏しているし、とても個人負担で旅行を強制することは気の毒なことだ」

「それは問題ではない。なんとか途はあると思う」

　こうして浅原事件は急転直下、解決の方向に向かった。わたしはまず外務省にアメリカ局の第二課長を訪ねた。渡航免状を出すところである。

「わたしの友人でドイツへゆきたいというのがいるのですが、このごろのドイツゆきはどんなものでしょう」

「さあ、今のドイツは物価高で在留日本人はみな困っているようですよ。日本の相当な人でも今は書生なみの生活をしているといいますから」

「安直で半年か一年遊んでくるところはありませんか」

「そうですね、タイあたりはどうでしょう。あそこは、いま入国は簡単ですし、それに生活費が低廉ですよ」

　わたしは役所にかえって浅原を呼び出した。久しぶりに留置場から出され、わたしとしゃべる浅原はうれしそうだった。

「久しく会わないのでどうしているかと思って、ちょっと呼び出したが、別に用はないのだよ」

「もう長いこと取り調べもなし、一日一回の運動だけでは退屈で仕方がありません」

「そうだろう、なんとか早く結末をつけたいと思っている。いずれにしても、もうしばらく我慢していてくれたまえ」

「ときに課長、わたしはどういうことになりましょうか」

「さあ、もう君も自覚しているだろうが、近いうちに検事がくるかもしれないね。検事がきても君がここでしゃべったことを、そのとおり復習すればよいのだ。ときに君はいつかドイツにゆきたいと思っていると、いったね」

「新興ドイツ、ことにナチの運動の実際を見たいと思ったことがあります」

「君のような社会運動家がナチに関心をもつのはどういう点かね」

「やっぱり国民組織といったものを研究したいと思います」

「まあ、君という人間には、いろいろと夢があっていいね。ぼくなんぞもそれにあやかりたいよ」

じっと、わたしを見つめていた彼は、

「課長、今度のことではほんとに考えさせられました。監獄に入れられる、それも自業自得で仕方がないことですが、わたしは日本という狭いところより、もっと広いのびのびした世界に住みたいと思いますね。これが当今のわたしの偽らない反省です」

「まあ、今夜はよい夢でも見なさい」

その翌日、浅原はわたしあてに一通の嘆願書を出してきた。

「この度の事件の責任については罪万死に当たることとて心から恐懼している。したがって〝事件送致〟となっても男らしくその罪の裁きをうける覚悟でいる。しかし万一にもこれを許されることがあれば、わたしはしばらく外国にあって、しずかに反省の機会を持ちたいと思う。わたしの贖罪の誠意を信じていただき、なにぶんにも寛大な処置を賜わりたい」

こうして彼は自発的に海外渡航の意思を示した。彼はドイツゆきを希望していたが、わたしはタイゆきをすすめた。まだ南方問題は世上のものとなっていなかったが、わたしは南方問題研究の必要を説いて、とにかく安直なタイゆきを納得させた。

浅原、上海に落ちつく

五月の初め、浅原はいよいよ憲兵隊から解放されることになった。だが、この事件はすでに政財界にも軍の不祥事件としてささやかれている。できる限り彼の外国出発までは、世の耳目に触れさせたくはない。しかし、彼の長い間の拘禁生活ではそのまま海外渡航は無理である。しばらくどこか東京近郊の適地に静養する必要がある。新聞記者の目をのがれた静養地とは、さてどこがよかろうか。わたしは那須をえらんだ。さっそく特務が地理実査に出かけた。そして那須高原の温泉ときめた。福岡の家族にも電報した。

ある日の払暁、浅原をのせた自動車は憲兵隊の通用門を出て一路上野駅についた。二人の私服が付き添って西那須駅に下車、自動車を傭って那須高原へ、報道関係者の目をかすめて入宿した。まもなく浅原夫人も上京したので、那須へ案内させた。

さて、この間、渡航地はタイとしてもその旅券はどこでとるか。彼はすでに岡藤吉雄との偽名をきめ、またその印鑑までつくっていた。旅券は外務省でとるにはわけはないが、それではすぐばれる恐れがある。とにかく、内地では面倒だ。とうとうわたしは出発地を上海にえらんだ。ここなら軍の占領地だ。領事館も軍の言い分を聞いてくれるだろう。むずかしければ、軍の秘密工作員を送り出すことにすればよい。

浅原たちが山に着いてから四、五日のあと、わたしも那須に赴いて浅原と最後の打ち合わせをした。那須の温泉町からさらに上ること十八丁、むかしは駕籠で上り下りしたと聞いたが、わたしは徒歩で上って四十分もかかって、すっかり汗をかいた。だが、見晴らしはすばらしかった。雲峰閣といったこの温泉旅館はたしかに雲の中にあった。硫黄泉の黄色の湯の華が岩壁に茸のようにむらがり生えている。つつじはまだ咲いていない。裏山に登れば「わらび」をとりながら、噴煙を仰ぐことができた。

――わたしはこれから単身上海に飛ぶ。現地憲兵隊と打ち合わせて旅券下付の交渉がおわったら、すぐ電報を打つ。これにより速やかに神戸から乗船すること――

こうしてわたしは上海に飛んだ。かつて東京隊にいた森安少佐に事情を打ち明け協力をたのんだ。案外に、「そんなことは問題ではない」というので安心した。金谷憲兵隊長とも会って助力を請うた。すでに憲兵司令官よりも、わたしへの協力依頼電が入っており、万事都合よく運んだ。さっそく那須に「すぐ立て」の電報が打たれた。

こうしてわたしは、上海の埠頭に浅原を迎えたのであった。

上海に滞在すること一週間、偽名の旅券を持った浅原はシンガポールへと旅立った。別れにあたっての彼の言葉、

東条の執念

「ずいぶんお世話になりました。これからはあなたのお指図によって行動していきます。まずシンガポールに上陸して、マライを縦断してタイに入ります。次々に電報で連絡します。だいたい六ヵ月ぐらいと予定しております」

だいたい六ヵ月、わたしはそれでよいと思っていた。だが、この場合、軍は彼のためにビタ一文も出さなかった。この旅費は薬種商をしている実弟の協力を仰いだとか聞いた。

ところが、浅原はタイの南部でデング熱にかかった。長い拘置生活で身体が弱っていたのだろう。すぐ、シンガポールまで引きかえし静養していたが、病状が思わしくないので、わたしに連絡のうえ、上海に引き揚げた。そしてそれから浅原の上海生活が始まった。

人間の運命とは予測しがたいものである。浅原は政治ずきであった。しばらくたてば、また政治にのり出そうと、いっときの雌伏のつもりでいたのに、この上海定着がすっかり彼をひとかどの実業家にしてしまった。

上海に着いたという電報をうけとったわたしは、すぐ上海憲兵隊に連絡して、彼のための生活上の援助を与えてほしい旨依頼した。そこには東京をよく知る森安少佐も野口少佐もいた。初め浅原はブラブラしてこれらの憲兵将校たちと遊んでいたらしいが、しかしいつまでも遊んでいては生活に困る。上海憲兵隊の口利きで軍の払い下げ物資を取り扱うことになったが、これが当たっていくらかの財をなした。爾来、商売の味をおぼえた彼は、中国の豪商とも交わり、この大戦末期には、日産の鮎川に資本を融通するほどの資産を積んだと聞いた。

東京では平沼内閣から阿部、米内と政権が移っていったが、軍は米内内閣を強引に倒し、近衛は再び内閣を組織した。昭和十五年七月のことである。

石原少将は舞鶴要塞司令官をかこっていたが、平沼内閣退陣の十四年八月、第十六師団長に親補されよみがえった。板垣は石原を舞鶴に左遷したが、それは本意ではない。なんとかして師団長にと考えていた。十四年三月の陸軍異動で石原を師団長に内奏した。陸軍異動は発令前大臣より内奏される。この異動内奏に、天皇は板垣陸相に対し、

「石原の処分はすんでいるのか」

とのご下問があった。大臣は恐懼して引き下がったが石原の師団長転出は流れた。だが、平沼の総辞職に伴い板垣の陸相辞任となったが、この板垣退任のとき石原は第十六師団長となった。板垣の同志石原への「はなむけ」であったであろうが、この人事は不評であった。しかし、石原は京都師団長としては精強なる軍隊の練成、とくに対ソ戦訓練に打ち込み、団下の部隊長たちは、すっかり彼の統率に信頼していた。

さて、近衛第二次内閣に陸相として迎えられたのが東条英機である。この八月、憲兵部内でも平林盛人司令官が師団長に転出し、いままで総務部長だった豊島房太郎中将が憲兵司令官となった。

十月初めのある日、司令部の四方第二課長が来室した。

「浅原が上海にいるが、それがどうして東条大臣の耳に入ったのか、あるいは誰か浅原のことを中傷したのか、大臣は〝浅原を一刻もわが占領地におくことはならん。すぐ追っぱらってしまえ〟と厳命したそうだ。いくら大臣でもこれはちょっとひどすぎると思うが、どんな

ものだろう」

聞いたわたしはびっくりした。なんというひどいことを公言する大臣だろう。占領地もいかん、内地もいかんというのなら、大臣は彼をどこにやれば満足するのだろう。いったい、大臣にそんなことをいう権限があるのだろうか。

「ぼくは絶対反対だ。彼に新しい不埒なことがあったというのなら、考え直さなければならないかもしれないが、今日までのところぼくはずっと彼と連絡をとっているが、彼がかつての仲間の軍人と交際しているということも聞かないし、ぼくとの関係に関する限り彼はその約束を確実に実行していると信じている」

「ぼくも、これは大臣のたいへんな行き過ぎと思う。それでは憲兵隊は〝絶対反対〟ということで進もう」

四方課長はのちに東条政権に犬馬の労をいたし、東条憲兵として政治の恐怖時代を演じた東京隊長であるが、このころではまだ東条色も薄かったといっていいであろう。

ところが、その翌日の昼、豊島憲兵司令官がわたしの部屋に入ってきた。

「大谷君、君には気の毒だが上海へいってもらえないだろうか」

「ゆけといわれればゆきますが、どんな用事なのですか」

「これは君だけしかつとまらない仕事なのだ。他の人をやっても意味がないので、どうしても君にいってもらいたいのだ」

「それで、なにしにゆくのですか」

「昨日第二課長から聞かれたと思うが、東条さんが浅原を占領地から追い出せといわれる。

だがそれは無茶な話だとわたしも思う。兵務局でも大臣に翻意を促しているが、どうしても聞く様子がない。そこで浅原のことを一番よく知っている君に、直接上海にいってもらって彼の現況を見てもらい、その報告をもって、さらに大臣に翻意を促すべく意見具申をしようということにきまったのだ」

「わかりました。ではさっそくゆくことにしましょう」

「そうときまれば出張命令の方は陸軍省から出してもらうから、明日にでも出発してもらいたい」

わたしは上海に着くとすぐ新亜ホテルに宿をとった。近くにあった上海憲兵隊本部に三浦少将を訪ねて敬意を表した。当時、上海憲兵隊は、ちょうどマリン事件の善後措置で苦労していた。わたしの用務は何人にも語ることがなかったので、人びとは奇異の眼で見ていたようだ。余談だが、わたしが帰京した翌日、参謀本部の中川庶務課長から、

「君、上海へいってきたね」

「よく知っているね」

「中支派遣軍から抗議電報が入っているよ。中央は東京憲兵隊特高課長を上海に密派して何事か調査せしめたようだが、中支派遣軍に連絡することなく、かような調査を実行されることは遺憾なり、とね」

「笑わせるなよ。脛に傷もつ奴の疑心暗鬼だよ」

こんなナンセンスもあったほど、現地ではわたしがなんのために上海に遊んでいるのかわからなかったのだ。

わたしはホテルに落ちつくと、すぐわたしの旧部下で上海憲兵隊にいる下士官を使って浅原に連絡した。浅原はとんできた。久しぶりに、彼の上海出発以来の南方旅行から上海に落ちついた、詳しい思い出話を聞いた。そして、今の生活もやっと安定し、金儲けもなかなか面白いものだと語っていた。

上海に滞在すること三日、わたしは彼の寓居も訪ねた。折よく福岡から夫人もきていた。こうしてわたしは昼は彼と共に市街を見物し、夜はキャバレーやダンスホールまで遊び歩いた。わたしはこうして二人で遊んでいるうちに、彼の旧知との関係をつぶさに聞き知った。浅原も、なんのために、わたしが上海まできて遊んでいるかを察知しなかったであろう。

こうして東京にかえったわたしは、たった一枚の報告書を書いた。

「現地において詳しく調査した結果、彼は、一切の政治的策動を慎み、軍人との間にも、旧交を温めていると認められるべきものはない。ただ、石原と今田新太郎中佐には、たいへんご迷惑をかけたとのお詫状を送ったというが、その他の人びととの交際はまだ回復していない。今後、軍人との旧交回復には、ある程度の注意を要するものありと認められるが、一面、彼は実業方面に興味をもってこれに専念しているので、将来、政治方面の転向を志しているとは判断しがたい」

ざっと、こんな要旨の報告だった。だが、この報告が東条の決心変更に役立ったかどうかは知らない。まもなく豊島中将に代わって再び憲兵司令官となった田中静壱中将は、この東条のわがままを抑えられたのであろう。浅原は依然として上海に住み金儲けに専念していた。

だが、東条の浅原への関心と圧迫は、石原につながっていた。いや、その本能寺は石原にあった。

京都における石原

たしかに東条は石原を狙っていた。石原は偉才であったが直情径行その寸鉄人を刺す毒舌はするどい。石原は第十六師団長として、十四年夏以降、京都にいたが、京都は大陸と東京とを往復する者にとっては、足ぶみするのにちょうどよい地理的位置にある。東京から大陸にゆく人はまずここに立ち寄って、石原に東京の空気を伝える。また、新京や南京から東京への旅行者は、ここで現地の情勢を伝え、かつ中央の政治統制の非難を浴びせる。石原はこうした人たちにもなんの遠慮もなくズケズケと中央をこき下ろす、東条陸相の悪口をいう。だが、石原のこうした奇矯な言動は、尾鰭をつけて東条にはつつ抜けである。

そのころのことである。東条は人事局に命じて京都憲兵隊長の更迭をはかろうとした。京都憲兵隊は石原についてなに一つ情報を出さない、あんな無能な隊長は更迭させてしまえ、というのである。これを伝え聞いた兵務局はさすがに良識をもっていた。大臣に都合のよい情報がとれぬからとて更迭をはかるとは何事だ、と猛烈に反対した。これには大臣もまいって引っ込めた。だが、東条はとうとう十六年三月、石原を待命にした。

戦後刊行された『東久邇日記』によると、東久邇宮は当時（十六年二月）、阿南陸軍次官を呼んで、巷間伝えられる石原待命説をただし次官の善処を求めた。このとき阿南は次のように答えたという。少々長いがそのまま転記させてもらう。石原待命のいきさつが明らかにされているからである。

東条大臣と石原中将との間は、両中将が関東軍に勤務以来、感情上のもつれをきたし、最近は東亜連盟問題によってその関係はますます悪化しつつある。東条大臣は、東亜連盟を支那で唱道することには反対していない。また東亜連盟をもって日支間の思想上の連鎖とし、日支事変解決の一つの手段とすることには同意しているが、しかし東亜連盟の思想と日本内地における東亜連盟協会とはまったく別に考えている。

東条陸相のもとに来る諸情報によれば、東亜連盟協会は近衛内閣の倒閣運動をなし、その目的は東条打倒にある。——これらの諸運動はすべて東亜連盟協会を通じて石原が指導しているもので、いいかえれば石原は政治運動をしていると東条大臣は推断している。

――

昨年の十二月に東条は石原を予備役にしようとしたので阿南は陸軍次官として「この重大時局にあたってそんなことをするのは不可である。大臣はもっと気を大きくして石原のごとき有為の将軍を適当の地位に置いて使わなくてはいけない」と忠告したところ、大臣は阿南の忠告を入れて、石原を予備にすることを中止した。しかしその後も石原について の諸情報は、反石原のデマをまじえて大臣のもとに集まってくる。その後も阿南が東条大臣に、石原についていろいろ弁解するが、大臣は石原が政治運動をしている確固とした証拠をにぎっているといって、阿南の言に耳をかさない。大臣はいよいよ石原中将を予備にする堅い決心をしているようで、次官としては、今となっては大臣のこの決心をひるがえさす方法はなく、如何ともなりがたい。

この『東久邇日記』は二月三日のものであるが、石原の処置についての東条のかたい決意なるものが語られていて興味深いものがあるが、ともかくも石原はこの三月異動で東条によって軍より追放されたのである。

その翌四月、わたしは突如、京都憲兵隊長に転任となった。憲兵司令部のあかねクラブ（註、記者クラブ）の一人の記者がさっそくわたしを訪ねて、

「今度はたいへんな役を引きうけたものですね。とうとう東条はあなたを使って石原を監獄にぶち込む決心をしたそうじゃないですか」

全く恐ろしい臆説に驚いた。驚くというよりも、内心不快をおぼえた。すでに石原は軍を去っている。その石原にわたしがなにをしようというのか。ついさっき田中憲兵司令官に転任の申告をしたとき、

「石原ももう辞めたので京都にうるさいことはない。ゆっくり骨休みするがよい」

と聞いたばかりなのに、世間はうるさいものだと、つくづく思った。

着任してから、いろいろな機会に石原中将の噂話を聞いた。それらを総合していえることは、やはり石原はすぐれた将帥で、団下の部隊長たちはこぞって石原を信頼し、どうして、あのような立派な師団長が「馘」になったか、と聞くことしきりであった。だが、それは公式的な師団長の統率ぶりのこと、他面、彼には越軌の沙汰があった。彼の政治放言はますます光を放っていたし、それに東亜連盟運動には熱心で団下の全将校にまでこの思想を鼓吹し、その文献を有償配布しようとして参謀長に諌止されたとも聞いた。その側近たちはこの師団長の行き過ぎを部外に知られないようにと苦労しつづけた。いくら英才であれ偉才であれ、中央の権威を否定し現役軍人としての軌道から逸脱することを常態とするこの将軍は、遺憾

ながら軍の中に生存は許されない。わたしは石原の待命は必ずしも東条の石原憎悪の感情だけではなかったと思った。

また、東亜連盟は時代の高邁な思想であった。だが、さきの『東久邇日記』にもあったように東亜連盟協会、これがこの思想の実践団体であったが、ややもすると政治的に走る傾向があった。もともと、東亜連盟協会というのは、石原の思想に共鳴した東方会代議士木村武雄が、昭和十三年の末に、いわゆる近衛声明によって戦争目的が明らかにされると、これが具体化のため東亜連盟論に立脚して、事変処理と世界最終戦に備えて国家革新を断行するため、十四年十月に結成した思想団体であり、石原はその顧問の地位にあった。だが、それは思想団体ではあったが、強い政治色を帯び、しかも石原は、顧問というも事実上の指導者であった。おそらくここから東条は、石原の「政治活動」を疑わなかったのであろう。

さて、石原中将は退職後も京都にとどまり中川小十郎氏の立命館大学（理事長石原広一郎）に国防学の講義をしていた。わたしはその着任の挨拶に石原前師団長宅にも伺った。仁和寺の近くにささやかな居宅を構えていたと記憶するが、ここでわたしは思わぬ失態で、たいへん石原家の人びとに迷惑をかけた。

玄関で刺《し》を通ずると、「お上がり下さい」と女中さん。長靴を脱いで上がろうとすると、傍らに来客とおぼしい靴がならべてあり、その手持品らしい物もおかれていた。わたしは、

「先客だな、これで待たされては困る」と思った。そこで女中さんに、

「急ぎますので閣下にここまで出ていただきたい」

と申し入れた。和服の着流しで出てきた石原中将に就任の挨拶をし、すぐ引き揚げた。

ただ、これだけであるのに、一ヵ月後、隊長会議のため上京したわたしは、旧部下の一人から、

「隊長は石原さんのところに挨拶にいかれたそうですね」

「いったよ。それがどうかしたかね」

「いや、上がるといって上がらなかったそうですね」

「よく知っているね。そのとおりだよ」

「でも、奥さんがそれをたいへん気にやんでいらっしゃるそうですよ」

「どうしてだ」

「大谷隊長がきて石原をひっくくるといった風評はほんとうらしいと、たいへん心配しておられるとのことです」

「疑心暗鬼か。でも困ったことだね、そこまで疑われては。しかし皆さんに心配しないように伝えておいてくれ。大谷は絶対にそんなことはしないとね」

気にかけなかった粗忽のわたしの一挙動が、こんなに家族たちを悩ました、と思うと、世の流説もさることながら、警察に任ずる者の一挙一動も、いまさらに戒慎さるべきだとつくづく考えた次第である。

満州組の人びと

さて、人びとは東条と石原との対立というが、東条の嫌っていたのは、いわゆる満州組といわれた一群であった。満州建国に骨身をけずり満州国を愛し満州国の成長をわが児の成長

のように見つめていた一群である。本庄大将を筆頭に板垣、多田、石原、佐々木といった将軍たちから今田新太郎、片倉衷などの幕僚、それに甘粕、和田、浅原といった民間人まで。しかもこれらの人びとは満州に理想国家を熱願し、その日満一体化の理念からわが国内の改革にまで志をもつ、こうしたグループの実質的中心にあったのが石原である。

わたしたちはこれを満州グループといっていたが、こうした満州国につよい愛着を持つ人びとのつながりを声新しい派閥としてとらえていたわけではなかったが、そこでわたしたちが不都合な存在と見たのは、その中の一人浅原健三が満州国協和会東京事務所に巣くって、ここでの工作を通じて、いずれの日にか協和会類似の一国一党の独裁政党を組織し、その党首として板垣を迎え、日本を満州国と同じ政体とすることを企んでいたことにあった。これらの人びとが、すべてこうした企みを知ってこれに加わっていたというのではなかったが、少なくとも、これが準備的着手として「板垣かつぎ出し」には早くから動いていた。石原のごときは二・二六以後、しつこいまでに板垣陸相説を押し出している。

あの事件の直後、幕僚の中には、「人事の若返り説」を背景に当時、陸軍少将関東軍参謀長の板垣を陸相にとの声もつよく、秩父宮少佐のごときは、板垣を陸相に起用する内閣をつくれ、と原田男爵に語っておられる。この幕僚の空気を支配していたのは石原作戦課長であったし、これをつよく支持したのが今田新太郎少佐であった。石原の板垣起用の執念はつよく、さらに、あの広田内閣瓦解後の軍の暴挙、宇垣組閣阻止は一に石原の演出であり、林の大命拝受、そこに予定されていた陸相は板垣であった。

林はつよく陸相に板垣を望んだが、寺内陸相はこれを退け板垣陸相は実現しなかった。その後近衛第一次内閣における内閣改造により板垣陸相は実現したが、それは石原であり多田のつよい推挙によるものであった。だが、こうした石原の策動はもはや作戦課長の「矩《のり》」を越えるものであった。たとい、それが彼の国防政策遂行のための手段であったとしても。

こうして東条対石原の険悪なる関係は、そこに両者の感情上のもつれを超えて、東条には「軍紀をただす」という大義名分があった。

思うに、石原は稀に見る軍の偉才であった。その高邁なる戦争哲学は今日においても高く評価されている。その大器はついに東条によって軍より追放された。世は悲劇の将軍といい、彼の英才が用いられなかったことを憾《うら》む。だが、彼は現役の軍人であった。そこでは軍人としての規矩より逸脱すべきではない。軍という軍人社会においては「軍紀」が生命である。軍紀とは命令服従関係の厳正にある。彼はこの軍紀心に欠けた。人びとは彼の軍人ばなれした挙措言動に喝采を送ったが、しかし、そのことが軍の存立にいかに影響したかを知らない。

かの満州事変における関東軍の中央無視、その中央無視の不服従が、事変を成功させたともいえるが、この不服従は、まさに軍法会議ものだった。だが、彼はそのことの成功の故に一世の英雄とされた。さらに中央における作戦課長としての業績は新国防の骨幹づくりに見事な手腕を見せたが、他面、ここに下剋上の幕僚政治を築きあげた。日支事変勃発のとき、〝日支戦うべからず〟とする彼の信念とこれへの努力は、すぐれて賞賛に値するが、その彼の威令は下剋上の故に行なわれなかった。だが、その下剋上の種をまき、これを育てたのは彼自身ではなかったか。

さらに、彼は身を持すること謹厳、高僧のそれであったといわれるが、このためにか、人との間に妥協がない。圭角の多いのは彼の生まれつきだともいう人もあるが、ともかくも彼は信念の人にありがちな、人の言を容れるの雅量に欠き、求めて敵をつくったともいえよう。いわば、彼の非妥協性、非政治性が、その偉大なる経綸の実現を困難にしたものではなかろうか。わたしは石原その人はたしかにすぐれた先覚だったと思う。だが、軍人という枠の中に生きる人ではなかった。これが彼の悲劇につながっているように思えてならない。

さて、浅原は上海にあって実業に専念していた。しかし彼の所在はいつまでも同志たちにわからぬはずはない。十六年ごろになると旧同志、それに東亜連盟系の人びとも、ときに上海に彼を訪ねることがあった。

大東亜開戦の翌年一月、彼は久しぶりに故郷福岡の土をふんだ。その知らせはわたしにもあった。わたしはそのとき憲兵司令部附で、新任務（第二十五軍司令部附）の発令を待っていたので、喜んで彼の上京を促した。わたしは偕行社に宿泊していたので、その近く九段坂上の松葉旅館に彼の宿を準備し、三、四日の間旧交を温めることができた。それ以来、わたしも南方シンガポール、朝鮮、京城と転々して彼の消息を知ることはなかった。

十九年夏、わたしは横浜憲兵隊長となったが、その秋、東京で津野田少佐の東条暗殺未遂事件が発覚し、浅原はこれが連累者として上海より拘引されたと聞いて驚いた。その後、陸軍省兵務局に思想班長として在職していた陸軍教授西内雅氏が、わたしを横浜に訪ねて浅原の思想関係を聞きにきたことがあり、このとき一応この事件の全貌を知ったが、浅原がどうしてこの事件に連座したのかは理解できなかった。

ところが十一月末、わたしは東京に転じた。すでに事件は軍法会議に送られていたが、浅原に関する限り、津野田少佐の東条暗殺のたくらみにはなんの関係もないものだった。ここでこの事件を書くことはしないが、津野田が前任南京総軍参謀のころ、上海に浅原を訪ねて政府の対支政策や軍の占領政策などにつき意見を聞いた。この場合、浅原の政治感覚はするどく、そのころ中国要人とも交際をもっていたので、痛烈な政治批判をしたであろうが、それが直接、津野田の東条暗殺計画とつながるものではなかった。軍法会議は彼を不起訴とし、二十年一月初め釈放した。

だが、この事件はわたしにとっては心が痛かった。そこにまた石原、浅原などのつながりを確認せざるを得なかったからである。津野田少佐は北支山西における兵団参謀だった。そこに参謀長今田新太郎大佐がいた。彼は今田より東亜連盟思想の啓蒙をうけ、その信者になった。それから総軍参謀に転じたが、そのとき辻政信中佐に紹介された。

辻はそのころ総軍参謀として板垣総参謀長の下に、政府の対支新政策を推進する東亜連盟運動の闘士だった。また津野田は、今田から上海の浅原に会ってその教えをうけることをすすめられた。こうして彼は東亜連盟運動の同志となった。その彼が十九年六月、大本営参謀となって東京にかえり、東条政権の打倒を志すに至ったのであるが、その計画は山形に石原中将を訪ね彼の閲を請うているし、また民間同志として十河信二の協力を求め、牛島辰熊を実行の同志としている。

こうしてそこには、かつて石原、浅原を結ぶ同志が、またその名を連ねていた。そのむかし浅原をめぐる満州グループの弾圧は、その処置のあいまいさのために、再び東亜連盟の同志として生きつづけていたのだ。かつてわたしが試みた粛清は、そこではなんの意味をももたなかったことを知らされたのである。

浅原は一月末、出迎えにきた夫人と共に東京を立ち福岡にかえったが、再び上海に渡ることなく敗戦を迎えた。上海には二千万円にものぼる財貨を積んだと聞いたが、もはや、彼の生活は安定していた。

終戦後、わたしは彼を別府に訪ねた。ここに別荘をもっていたのだ。

「わたしは、世の中が変わったからとて、今更、政治に出ようとは思いません。ついこの間も松本君が訪ねてきて、〝あなたはどうするのか、あなたが政界に出るようだったら、わたしはしばらく遠慮しよう〟といっていたが、その意思のないことを伝えておいた」

といっていた。その松本君とは、のちの参議院議長の松本治一郎氏である。

とにかく、彼は軍に迫害された第一人者であり、その最大の犠牲者であった。その故に戦後、大道を闊歩し旧軍の非を糾弾しうる人であったが、彼はそれをあえてしなかった。ウソ、いつわってまで軍をきびしく非難する人びとの多かったなかで。なにか奥床しいものが感じられた。政治ずきの彼、その政治の裏にはいたであろうが、ついに政治の表舞台に出ることなく、静かに十年ほど前東京で病没した。

排英運動の高まり

――そのこれを動かすもの

まき起こされた排英旋風

平沼内閣は枢軸強化の問題に明け暮れたといわれる。独伊との同盟に関しその対象をソ連に限定しようとする政府に対し、陸軍は米英をも対象とする軍事同盟を固執し、閣内は対立した。野にあっては陸軍を支持する右翼、とくにその反英米派はこぞって政府と海軍に攻撃を加えてきた。

一方、支那事変の長期化は英米の援蔣行為にありとする主張と宣伝は、国民感情を英米排撃に傾斜せしめていた。昭和十四年四月、突如、天津に発生した駐屯軍の英仏租界封鎖事件は、国民の対英感情を刺激した。事件は日英の話し合いのため日英東京会談が開かれることになったが、これと前後して全国にわたって熾烈な排英運動がまき起こされた。

枢軸強化問題における対立、枢軸派の反枢軸派たる英米派へ加えられる強力なる圧力、それに排英運動とがからみ合って、世は騒然となり治安上の重大な危機に直面した。十四年五月より八月にかけてのことである。

さて、四月九日夜、天津では、新任の天津海関監督程錫庚が天津英国租界の映画館で、兇漢に狙撃されて即死した。英国側が英租界内に抗日分子を庇護して援蔣行為に出ていることは、かねてから天津軍の憤激していたところだったが、わが軍が右の程錫庚狙撃犯人の引き渡しを英国側に要求したのに、英国はこれを拒絶してきた。そこで現地軍当局は、治安確保上の最小限の措置として、同租界への交通を制限し厳重な検問検索を実施するのほかなしとし、六月十四日午前六時を期してこれを実施することにきめ、十三日朝この旨を声明すると共に、次のような布告を出した。

布　告

天津における抗日共産分子の活動を禁止するため、六月十四日六時以後、通常左の如く交通を制限す

左記英仏租界に通ずる道路は、左記以外何人と雖も通行を許さず

万国橋（六時より二十四時に至る往復）

山口街、旭街、芙蓉街、英国競馬場、泰安路中街（六時より二十二時に至る往復）

軍のこの態度に驚いた英国は、

「英国側の従来知らざりし新事実発見せられたるに付、犯人引渡問題を再考すべし。とりあえず十四日より実施の租界封鎖は見合わせられたし」

と申し入れをしてきたが、現地軍はこれに耳をかさず、布告のとおり十四日から租界隔絶を強行した。ところが英国は軍の封鎖強行に態度を硬化し、

「――英国政府は在支権益の擁護に対して、いかなる直接的かつ実際的処置をとり得るかを考慮するであろう」

との恫喝的コミュニケを発表したが、これに刺激された現地軍は、十九日夜からは、租界を囲繞《いにょう》する全電線に電流を通じ、租界隔絶を強化した。

当時わたしは中支方面を旅行中であった。既述（「国外に追放された男」参照）したように、わたしは浅原健三の海外旅行を準備したのち、蘇州、杭州、南京と戦跡視察中であったが、この事態を実視するため天津に飛んだ。天津軍憲兵隊大田清一憲兵少佐の案内で現地を見聞した。その検問所には一列にならんで黙々と日本兵の検問に応ずる英仏人の姿があった。まさしくそれは、長い間にわたっての白人の優越とその権威を現住民の前に剥奪するものであった。

その間、英国は突如として東京会談を申し入れてきた。六月二十七日、日本政府は天津租界に関する日英交渉開催に同意し、その会談は現地軍代表を迎えて東京に開かれることになった。

すでに、そのころ国内における排英運動は熾烈を極めていた。この交渉開始の前日七月十四日、東京では反英国民大会が芝公園で開かれた。この大会のあと、なだれを打った大群衆は怒濤のように麹町三番町の英国大使館に一大デモをかけた。わたしもこれを見た。

固く門扉をとざし、本館の窓という窓はすべてとざされ、あたかも空家のように静まりか

えった大使館の前には、騎馬を交えた警視庁の警備隊によって護られていたが、〝老獪英国打倒〟〝親も子も兄弟もみな英国のために殺された〟等々の大小の旗幟をかかげた群衆の波、一波、二波、三波と、英国大使館前は叫喚と怒声が入り乱れ、なかには警官の制止も聞かず、喊声をあげて高い門扉によじ登るもの、さては館内めがけて投石するものなど、群衆の興奮と激怒はものすごいものだった。

そのほか、日比谷公会堂でも排英国民大会が開かれて、その排英の気勢をあげたが、さらに九段下の軍人会館においても都下大学の排英学生大会がもたれて、学徒たちもその戦列に加わっていた。だが、このような排英の烽火は東京だけではなかった。みなと横浜では、はしけ人夫まで英国総領事館にデモをしかけていた。ひとたび燃え上がった排英の炬火はたちまち全国に拡大した。いや内地だけではなかった。天津、北京、上海にまで燃え広がった。

新聞はこれをもって〝アジアの怒り〟だと煽動したが、この排英の原動力はまぎれもなく陸軍であった。たしかに、澎湃としてまき起こされた排英の高潮は、陸軍の煽動によることではあったが、国民はここに改めて、この戦争における英国の対日行動を認識し、排英の一大潮流をなしたことも事実である。

排英をあおるもの

わたしは、この排英運動の原動力は陸軍であるといった。たしかに、そこにまき起こされた一大排英旋風の目は陸軍であったことに間違いはない。が、それは軍当局がもっとも排英に徹底して急進的であったというのではない。その運動には一部幕僚による計画的な指導が隠密になされていたというのである。

もちろん陸軍当局は政府への思惑もあってか、露骨なる排英行動には賛成しなかった。天津軍が租界封鎖を行なって世界にセンセーショナルな衝動を与えたとき、中央部はこれを抑止しようとした。当時、天津軍参謀長だった山下奉文中将の『シンガポール陣中日誌』には、当時を回想して、こう書かれている。

内地における排英者流はこれを以て無暴なりとして、参本はしばしば電報を以て排英中止を望み、陸軍省は使を派してこれが停止を要望し来れり。ために、杉山司令官（註、北支方面軍）の如きはひたすら租界弾圧停止を乞ふに至れるは笑止千万にして、また無定見かつ無気力なりと思惟するも、内地上下の意向は如何ともする能はざるの状態に至りしなり（十六年十一月五日の項）。

なるほど、そこでは陸軍の消極的な排英態度が語られてはいるが、だからといって陸軍が排英運動を好まなかったというのではない。軍自体がこれが表面に立つことを差し控えようとしたにすぎない。その首脳部はさておき、ここに排英に徹する幕僚がいた。その故に、排英運動が天津の一角に燃えると陸大教官高島辰彦中佐は満州旅行中天津に飛んで現地軍を激励したし、その前後、参謀本部第二部長の土橋勇逸少将は駐日英国大使館武官に向かって、「日本軍は現に香港の対岸に砲列を布いて命令一下香港を攻撃しようとしている。英国はよろしく重慶援助をやめ、香港よりの密輸を厳重に取り締まれ」

と恫喝したといわれる。こうした幕僚の排英の空気の中に陸軍機関員の排英運動への介入があった。国内防諜機関として秘設されていた軍事資料部の一部が、このための工作に潜行していたのだ。

そのころ、陸軍省にはつよい荒武者がいた。しかしそれは軍務局ではなく兵務局防衛課に一つの勢力があった。いうまでもなく防衛課は憲兵の主務課である。そのうえ陸軍資料部を抱えていた。陸軍資料部とは昭和十三年ごろ陸軍省に秘設された防諜機関である。前年、憲兵の防諜組織の一部を基幹として、三宅坂の外に特設された防諜班の発展したもので、初代、三国少将を主幹としたが、資料部長は田中憲兵司令官の兼任とされた。憲兵と資料部という二つの防諜組織の摩擦を避けるために、憲兵司令官は資料部長を兼ねるものとした。

そして、ここには憲兵将校・下士官のほかに一般兵科からも適任の将校以下を交え、都内に防諜分室をおき、ここを第一線活動本部とした。だが、この機関が極消的防諜に止まっている限り問題はなかったが、のちには政治、経済など社会一般の情報収集に及び、ことに一種の謀略機関、あたかもそれは、外地における特務機関的な動きを示すようになった。この場合、排英運動の地下工作もその有力なる一つであった。たとえばさきに書いた横浜の英国総領事館に対する排英デモのごときは、ここの機関員伊藤佐又少佐の画策するところであった。たしかに排英旋風の目は陸軍にあったのだ。

さて、七月十五日午前九時、猛暑の中に、麹町区三番町の外務大臣官邸の一室は、有田外相、クレーギー英大使の二人を吸いこんだまま固くとざされて、歴史的な会談となった。この間、容易に譲歩するかに見えた英国は、終始わが方の要求に応ずるごとく応ぜざるごとく変幻自在の老獪な態度を示していた。

七月二十四日、五次にわたる日英会談をおわって共同声明が発表され、さらに細目協定に入るため円卓会議が持たれたが、七月二十七日、日本側の現銀引渡要求、法幣流通禁止問題にからんで会議は一頓挫をきたし、クレーギー大使は、「これは本使の権限外だ」との理由で、問題を本国に移したまま、葉山の別荘に引っ込んだ。英国は、「本問題はイギリス単独にては決しがたく、その利害は直接米仏にも関係があるので、目下照会中」

と米仏の介入を匂わせながら、クレーギー大使への回訓をおくらせていた。ロンドンは、当時の欧州情勢緊急の課題たる独ソ接近に集中しており、これに伴って日本における枢軸問題を議する五相会議の成り行きに最大の関心を払っていたのだった。

こうして会議は中絶されたまま、一向に再開されることはなかった。八月十四日、日本側現地軍代表武藤章少将らの一行は、英国のこの遷延態度に憤然として現地にかえってしまった。英国は表面困惑を装いながら内心喜んでいた。問題は他にあった。五相会議の最後的決定のあるまでは、是が非でも会談を決裂せしめてはならぬ。このためクレーギー大使は一切の努力を傾けていたのだ。八月二十一日英国は突如、遷延に遷延を重ねた日英会談の打ち切りを自ら声明した。そしてその日、独ソ不可侵条約の成立があった。わが平沼内閣も「複雑怪奇」の名句を吐いて退陣し、さしももみ抜いた枢軸問題、独伊との軍事同盟もこの一瞬にふっ飛んでしまった。

治安の危機

いわゆる世に枢軸強化という日独伊の三国軍事同盟案は昭和十三年八月以来、近衛第一次内閣の五相会議によって討議されていたが、平沼内閣はこれをうけつぎ、会議に会議を重ねていたが、同盟協力として対米英戦争を回避する日本案ではドイツに難色があった。陸軍とくに参謀本部は駐独大島浩大使の意見を容れて、完全な軍事同盟の締結を要望し、この陸軍の先頭に立って活躍していたのが板垣征四郎陸相であった。とにかく平沼首相は十四年六月五日に、この討議に一応のまとまりをつけて内奏した。そして、その線に沿って大島大使、白鳥駐伊大使をして独伊と交渉せしめたが、イタリアは同意したが、ドイツは依然難色を示した。

板垣陸相はさきの六月五日の決定には不満だったので、ドイツの不承諾をきっかけに、また問題をむしかえしてきた。米内海相は板垣と懇談し陸海の一致をはかろうとしたが成功しなかった。だが、陸軍の空気は一段と硬化し省部の緊急会議が開かれたり、三長官会議まで開いて対策を凝議し軍の態度を固めた。ちょうど有末精三駐伊武官が帰朝し現地情勢を伝えたので、これに力を得た陸軍は一層その態度を硬化した。

八月六日、板垣の平沼訪問をきっかけに五相会議は開かれ、板垣はさきの閣議決定をくつがえし無留保の軍事同盟締結を主張したが、有田外相は国際情勢から、また石渡蔵相は財政上の見地からこれに反対した。米内海相も中に入って一つの妥協案を示したが、この会議の結論は得られなかった。

さて、これらの協議の内容は厳秘に付せられていたが、新聞はこれが報道を大々的に取り扱い、陸軍と政府との激突を伝えていた。右翼は猛り出した。とくに陸軍に同調する右翼は、自らを枢軸派と称し、これに反対するものを親英派として攻撃を加えてきた。すでに十四年七月には清水清ほか七名による湯浅内大臣暗殺予備事件、杉森政之助（東亜同志会）の松平宮相暗殺未遂事件の発生など、けわしい情勢を示してきた。そこにはテロの突出を予想せしめるものがあった。とくに海軍に風あたりが強かった。〝親英米派を葬れ〟〝三国軍事同盟を即時締結せよ〟〝腰抜け海軍は国民の敵〟などの立看板が、町の盛り場にならんでいた。枢軸派と自称する右翼は、この同盟反対派を目して現状維持派として攻撃を集中した。

たしかに、この場合、反対の中心は重臣、宮廷、海軍、外務省等であった。日本の上層部には日英同盟時代の日英親善に郷愁をいだいていたものが多く、新興ドイツには不信を示していた。このため、ドイツと同盟して英米との国交を軽んじ、これを敵に回すような三国同盟のいき方を嫌っていた。有田外相の外務省では、陸軍に通じ同盟を支持する白鳥一派の枢軸派は異端扱いにされていた。海軍は英米派とみるべきだが、そのころ石油その他の軍需物資の入手に熱心で、全体として南進政策を決定していたが、直ちに英米との戦争を誘発する政策は好まなかった。

こうして同盟反対派は英米派、同盟支持派は独伊派、親独伊派と親英米派との対立、それはまた、英米派の現状維持勢力と独伊派の現状革新勢力との対決でもあった。かつての現状維持と革新との争いは、いまや、そのかたちを変えて、英米派と独伊派の対立となっていた。閣内では板垣の同盟論に対し対英米関係を考慮する米内、有田、石渡らの反対派が相争っていたのである。

さて、この国の政治の場で枢軸問題が争われていたとき、時を同じくして、排英運動が燃え上がったのであるが、この排英運動の思想的背景はなんだったのか。

あの爆発的な排英運動の盛り上がり、国民はたしかにこれに共感していた。だが、国民といっても排英運動に主として挺身していたのは右翼であった。由来、日本の右翼運動の主張は、排英米の思想に重点がおかれていた。アジア人のアジアを主張し、アジアの解放は、まず英米的勢力を東亜の天地より追放することにあるという見解に立っていた。だから彼らの対外政策の基調は、アジアからの英米勢力の駆逐にあった。しかし彼らの排英米思想は、対外策としてアジアから英米を追放するだけではなかった。国内より英米思想体制、英米勢力の排除を期するものであった。革新陣営からは、既成陣営はすべて英米体制の支配下にあると信じられていたからである。

現状維持と現状打破の維新の戦いは、二・二六事件の悲劇で終熄したものではなかった。青年将校運動はほろんだが、これに代わって陸軍が革新運動の表面におどり出た。民間右翼は軍の陰に後退したかにみえたが、依然たる勢力を存続していた。

昭和維新という現状を打破して革新へ進む道は、現状維持の保守陣営の破砕であった。しかしその保守陣営の固執する現状維持の中味は、革新派からは個人主義、自由主義の資本主義体制であり、欧米文化の支配下にあるものとされ、したがってまた、それは親英米につながるものと信じられていた。このことは、わが国体を信じ純正日本主義を奉ずる右翼革新派にとっては許しがたい不逞思想であり、反国体的輸入文化であり、その親英米色をもつ一派こそ、速やかに国外に追放すべきものであった。

こう見てくると、革新派からは、国家革新を阻む元兇は国内の親英米派だということになる。さきにも書いたが、そのころ、重臣、宮廷、海軍、財閥は国内親英派の四つの拠点だといわれていたが、はたしてそのとおりだったといいきる自信は、わたしにはないが、しかしここには多分にそうした傾向が見られたことも事実である。

こうして現状維持と現状革新の戦いは、親英派と純日本派との戦いであった。

英米は中国と結び中国の対日抗戦を支援する准敵国であった。この敵性国家に脅威を与えるための完全なる日独伊三国同盟、それは同盟の義により英米とも一戦を交えることのある同盟条約の締結を陸軍は望んだが、英米との親善友好を欲する親英派は、三国同盟によって戦争が英米に向けられることを嫌った。これがために枢軸強化問題は紛糾したが、この同盟の裏には、英米を敵と見るか、友邦と見るかとの対立、いわば英米に対する認識の根本的な相違があった。この枢軸強化問題に、反英米を信条とする右翼革新派はこぞって賛成し陸軍を支持した。そこでは、親英派と日本主義派との対立が、親英派と親独派との対立となって争われたのであった。

ともかくも、排英運動は、英国を東亜から駆逐するという対外政策だけでなく、日本国内から英国色を一掃するという、国内革新の戦いであり、国内維新戦における革新派の、現状維持の親英派に向けられた一大攻撃であったのである。

こうして国内、とくに東京にあっては、極めて深刻なる治安上の危機を露呈していた。

山本海軍次官の憲兵護衛

さて、この同盟に難色を示し、英米を敵にするような決定に強く反対したのは海軍であったが、その米内海相にもまさって強硬に反対を唱えていたのは山本五十六次官であった。だから右翼の海軍への風あたりは、ことに強く、その陰の実権者といわれた山本次官にはその攻撃が集中されて、次官の身辺はまさに危険を予想させるものがあった。たしかに彼は右翼急進分子から狙われていた。

海軍軍事警察を主掌する憲兵としては、こうした情勢において急進右翼への視察を厳重にしたが、しかし万一にも不祥事件を起こしてはならぬ。そこで山本次官に対して直接護衛をつけることにした。特高課長だったわたしは赤坂憲兵分隊長田中少佐に対して、山本次官に護衛をつけるよう要求した。次官官邸は麻布霊南坂にあり、ここは赤坂分隊の管内だったか赤坂分隊の管内だったからである。分隊長がどのような交渉をしたものか、二、三日たってから、ここは

「次官は護衛を好まれませんのでお断わりしたいという海軍の意向ですから、護衛を配置するわけにはいきません」

といってきた。護衛は次官の好みのものではない。彼に危険があっては海軍の損失であり、憲兵の責任でもある。好き嫌いでわがままをいってもらっては困る。

わたしはその日、海軍省にその秘書官を訪ねた。

「どういうわけで次官護衛を拒否されるのですか」

「次官がどうしても承諾されないのです」

「山本個人のためにするものではない。海軍次官という海軍首脳者を護衛しようとしているのです」

「それは、このわたしにはわかるのですが、次官がどうしてもきかれないものですから」

「よろしい。それでは、わたしたちの独自の立場で、これが万全をはかりましょう」

「というと、それはどうなさるのですか」

「次官乗用車の前後に側車二台をつけましょう。次官のゆくところ、公私を問わず厳重に警戒します。次官にまでご通知おきを願います。これは海軍軍事警察の必要にもとづくものですから」

「それは困りましたな。ちょっとお待ち下さい。もう一度、次官と相談してきますから」

　ややあって、秘書官は、

「それでは、次官も護衛をお願いするといわれますから、よろしく願います」

　これは、そのときの秘書官とわたしの問答である。こうして赤坂憲兵分隊から、下士官一名が私服で次官の身辺護衛に専任することになったし、その官邸には常時の巡察、視察を向けることになった。これが次官護衛に至る真相である。

　事実、山本次官も、ひしひしと迫る身の危険を感じていた。彼は悲壮な決意を内に包んでいた。のちに、山本元帥の戦死のあと、その遺書が海軍次官室の金庫の中から発見されたといわれるが、それには、

述　志

一死君国に報ずるは素より武人の本懐のみ、豈戦場と銃後とを問はんや。勇戦奮闘、戦場の華と散らんは易し、誰か至誠一貫俗論を排し斃れて已むの難きを知らむ
　高遠なる哉君恩、悠久なるかな皇国
思はざるべからず、君国百年の計

一身の栄辱生死、豈論ずるの閑あらんや
語に曰く、
丹可磨而不可奪其色、蘭可燔而不可滅其香と
此身滅すべし、此志奪う可からず
昭和十四年五月三十一日　於海軍次官官舎

山本五十六　華押

彼の決死の覚悟がしのばれる。

だが、この憲兵護衛は、海軍にとってはたいへん悪意に曲解されていたことを、わたしは戦後に知って愕然とした。いささか横道にそれるが、事、わたしの干与したことなので書きつけておきたい。

戦後、高木惣吉海軍少将著『山本五十六と米内光政』には、

山本次官が、一体平沼総理も板垣陸相もけしからん。前に五相会議できまって内奏もすんだ方針を、勝手にかえるなどとは何事か、といって、当時の陸軍の一部を震撼させたのは五月九日夜のことだった。憲兵が山本につくようになったのは、その直後のことである。とうとう山本の身辺危険という口実で憲兵が随行することになった。ところがその憲兵が玉石混淆で、これがもし枢軸派の憲兵だとすれば、一挙一動が監視され内通されることになる訳で、いわば、要撃、狙撃の機会を始終内通されるようなものである。

と書かれている。憲兵を知るものにとっては馬鹿気た話、憲兵に枢軸派も英米派もあるも

のか、馬鹿も休みやすみいえと、わたしはいいたい。だが、このように海軍側が理解していたとなると恐ろしいことである。右の表現によると、憲兵が陸軍の枢軸派の意を承けて、山本次官の行動を監視していたということにもなろう。憲兵がこのような曲解をうけたことは、わたしの強引な秘書官との交渉がわざわいしているかとも思われるが、この場合、全く当時の治安判断にもとづいて「要人」の安全を期したものであった。したがって、わたしから赤坂分隊に山本次官の行動報告を求めたこともないし、護衛憲兵からの報告もなかった。憲兵はただ忠実に山本次官の身辺の安全を願っただけだった。現にその護衛下士官は任務終了後、次官より感謝のしるしとして記念品を贈られたと聞いている。

排英の火は消えず

さしも全国を風靡した排英運動も、東京における日英会談が打ち切られ、平沼内閣も退陣すると、そのあらしは一応収まったかに見えたが、すでに見てきたように、この排英運動こそ国内革新運動とうらはらをなしていた維新運動であった。すなわち、その排英は国内運動としては、親英分子を掃滅し日本における英米体制の駆逐をはかる革新運動であったのだ。だから直接的、攘夷的な排英運動は下火になったが、その裏側の維新運動は、依然として燃えつづけていたのだった。

平沼内閣のあと阿部内閣が成立したが、この阿部内閣もその年の暮れごろからもたつき始めていた。年が明けて十五年の正月を迎えたが、その四日、政治始めの日の午後、わたしは陸軍省防衛課から、

「神戸英国総領事館を占拠する目的で、伊藤少佐らと秋草学校の学生たちが神戸市内に集結していたが、未遂におわり、いま大阪憲兵隊に抑留中である」

との通報をうけた。だが、このことは全くわれわれ東京憲兵としては視察外の出来事であった。こうした一派の存在については、これまでなんらの情報をもっていなかったのである。だから、事件の内容については漠として想像さえつかなかった。もちろん、大阪憲兵隊からはなんの連絡もなかった。その日の夕方、防衛課員権藤少佐は大阪に急行した。出発に先だって彼はわたしに電話して、

「どうせ、伊藤のことだから、たいした実行性のあるものとは思えないが、これを捜査するにしても大阪では困難だろうから、東京へ連れてこようと考えている。いずれお世話になると思うのでよろしく頼む」

と、事件処理を東京隊でやってほしいという依頼があった。伊藤少佐は、つい最近まで防衛課附で、秋草学校の教官だったのである。六日正午前、大阪憲兵隊から管井大尉の護送で、伊藤少佐、それに秋草学校職員の少尉四名が到着したので、これを受領しすぐ留置した。わたしはそのあと防衛課を訪ねた。事件処理について打ち合わせのためだった。そこには渡辺課長のほかに、秋草大佐、臼井茂樹大佐も同席していた。秋草大佐は、いわゆる秋草学校の校長であり、臼井大佐は参謀本部謀略課長で、これら三人は共に事件被疑者の所属長であった。この席上、渡辺課長はこういった。

「この事件は陸軍省としては、だいたい行政処分ですます方針で、畑大臣も同意しておられるので、そのつもりでいてほしい」

わたしは、この渡辺の発言に、いささか腹を立てた。

「陸軍省が行政処分するというのなら、なにも憲兵を煩わすことはないではないか。自分のことは自分で始末すればよい。だが、それでよいのか。往年の三月事件、十月事件を引き合いに出すまでもなく、一つの事件が起きたら、そこには粛すべきいくたの内容がある筈だ。本人の処分は跡始末であって、それよりも大切なことは、事件にひそむものを洗いざらいに掘り出して、事件の反省と自粛を遂げることが、事件処理の根本なのだ。そのあと、これらの人びとの責任上の処分がきまるので、初めから行政処分ときめたというのでは、事件をあいまいにしようとする軍の常套手段ではないのか。たとえ大臣がどういわれようとわたしは不同意だ。それでも行政処分を初めから固執するのなら、憲兵は手を引こう」

わたしの強い発言にはすぐ反応があった。臼井課長は、

「よくわかった。憲兵がそういう意見ならば、それでやってもらおうではないか」

といい、秋草、渡辺両大佐もこれに同意して、行政処分云々は撤回した。こうして東京憲兵は徹底的に捜査を遂げようと意気込んだが、管井大尉の持参した大阪憲兵隊の事件調書を見ると、ただ名前が書いてあるだけである。被疑者たちは完全に黙秘戦術に出て、事件については一言も述べていなかった。

すでに書いたように、この事件は東京憲兵としては、全く視察の外に起こったのであるから、事件の全貌についてはなに一つわかっていない。僅かに神戸分隊が逮捕した前後の事情はわかっているが、どんなたくらみで、どんな行動に出たのか、伊藤少佐については全く見当もつかなかった。そのうえ秋草学校といえば、いわゆる中野学校の前身で、スパイ養成の

学校、だから、このような逮捕された場合の対抗処置まで、十分な訓練をうけているので、一層始末が悪い。とにかくこの捜査はむずかしいものだった。

なお、秋草学校というのは俗称だが、たしか十三年の終わりごろ中野に開校されたと記憶している。秋草大佐はロシア通で軍事諜報の権威だった。軍の諜報・謀略はこれまで浪人などの民間人を使うことが多かったが、これでは軍の利益とならないだけでなく後害を引く。そこで軍自身で諜報・謀略要員を確保するために創設されたと聞いている。これがため幹部学校出身者（予備陸軍士官学校、下士官学校）から家族係累の少ない、家庭上の責任のないことを条件に、厳重な身元調査のうえ採用することになっていた。学生は甲乙二種で、甲種学生は将校、乙種学生は下士官であった。これが中野学校の前身である。

ともかくも、東京憲兵隊は昼夜兼行でこの捜査に従事し、わたしなども時に徹夜することがあった。やっと数日後に事件の全貌を明確にすることができた。

事件の謀議

そのころ、陸軍省兵務局防衛課附に伊藤佐又という陸軍少佐がいた。彼は陸士第三十七期、若いときから革新将校として青年将校運動に参加していた。しかし彼は皇道派系統の人ではなかった。だから、二・二六事件の大粛清にも調査はうけたであろうが、その身分に影響するほどのことはなかった。その後、陸軍省の軍事資料部に秘密機関員として防諜業務を担当していた。彼はこのような秘密工作には興味があったのであろう。前年来の排英運動、とくにその陰で謀略工作にも従事したことがあった。そして、この排英こそ国内維新に進む唯一の途だと確信していた。すなわち、彼は軍の革新運動の中に育ち、急進的な一部幕僚の排英思想に共感し、英米思想を駆逐し、自由主義体制を国内より一掃することが、昭和維新に通ずるものだとの信念に到達していたのだった。

彼は秋草学校が開校されると、これまでの防諜要員からこの学校の教官に転じた。そこで、彼は学生の教育訓練のかたわら、ひそかに、学生たち若い将校に働きかけた。革新思想を啓蒙したのである。純真無垢な若い将校たちは、はじめて接する彼の国家革新の情熱に魅せられ、これに開眼せられてその同志となることを誓った。学校卒業後も東京勤務者は、伊藤を中心にひそかに研究会をもち、会合をつづけていた。そして、そこでは伊藤の思想、すなわち昭和維新は国内より英米人の追放、英米思想の払拭、親英分子の排除によってのみ達せられるとの原則に立って、よりより、その実行に関し具体策を検討していた。一方、伊藤少佐は、彼の思想交友を通じて現役将校や民間右翼に、ひそかに同志獲得を志していた。

たまたま、十四年暮れ、彼は北支山西に歩兵大隊長として転任を命ぜられた。だが、彼はこの赴任を前にして、自己の信念をこの機に実行することに決意した。だが、彼がこの決意に至るには、若い同志将校の強い要請に動いたことも事実である。

十二月下旬のある日、伊藤は秋草学校に在職する将校三名と、同じように、ここでの教え子で参謀本部に勤務する二名の将校と、ひそかに学校において会合した。そして自己の具体的実行計画を打ち明け、その賛同を求めた。その構想は次のようであった。

1、排英の烽火をあげるために、神戸英国総領事館を襲撃占拠する。これがための兵力は、秋草学校学生の年末年始の休暇を利用し、これらを巧みに誘導して、神戸市湊川神社に集合せしめ伊藤の指揮下に入れる。

2、英国総領事館に闖入せば、直ちに総領事を逮捕し、これを軟禁のうえ威迫を加え、英帝国の東亜侵略政策の非を認めしめ、これに対する贖罪書を書かしめる。伊藤はこの英国総領事の署名する贖罪書を天下に公表すると共に、国内排英運動の烽火として全国民に英国総領事館占拠宣言を公表する。

3、かくて、人心を排英におよび起こし、全国同志の協力によって、これを熾烈な全国排英運動に誘導し、同時に、その運動を国内親英思想の払拭、親英分子の逮捕にまで発展せしめる。この間、総領事の軟禁、領事館の占拠をつづける。

参会の若い同志は、参謀本部の一名を除いて賛同し、ともに決起を誓った。

だが、ここで注目されることは、伊藤が英国領事館を占拠しても、総領事はこれを軟禁するだけで、危害を加えることを、あえてしようとしなかったことである。彼はこれについて、こういっていた。

「維新に流血はあってはならない。血を伴う維新は断じて成功するものではない」

革命にはつきものの流血を回避したことは、あるいは、二・二六事件の反省であったのかもしれない。

十二月二十八日、伊藤は同志に対し、

「一月四日午前十時、湊川神社に集合すること、秋草学校の学生は、冬期休暇を利用し、右時刻に同所に集合せしめること」

を指示した。

そこで、学校附の同志将校は、学校当局には内密に、学生に対し、さも業務命令のように、「学生は各自、三々伍々伊勢神宮に参拝し、大軌電車により、一月四日午前十時までに、神戸市湊川神社に集合し後命を待て」

と指示した。

学生たちは教官の教育上の指示として、これをうけとり、いつもの謀略演習のための集合と理解した。

この間、伊藤少佐は、毎日あわただしい日々を送っていた。北支赴任に事よせて、先輩、友人、それに日頃の同志と信ずる人びとへの転任の挨拶回りをしながら、このことの暗示を与えることに努めていたが、彼一流の大言壮語と感ぜられ、彼の企図に気付いたものは少なかった。また、すでに彼には転任の辞令が出ていることとて、秋草学校当局ではその企図は全く感知することはなかった。

神戸における緊張

伊藤少佐は一月二日東京を立って一路、姫路市に向かった。ここには野砲連隊に彼の同志広瀬栄市大尉がいた。広瀬は前年十二月、といってもつい最近陸軍大学校を卒業し原隊にかえったばかりだった。在京中しばしば伊藤と会って、伊藤らの今度の決行企図を承知していた。彼は伊藤から協力を求められたが、直接参加はしないが、外部にあって支援することは約束していた。伊藤はまずこの広瀬大尉を訪ねたあと、彼と同道して当時第十師団長だった佐々木到一中将をその官邸に訪ねた。

佐々木中将は、いわゆる満州建国派の一人で豪快な将軍だった。その太っ腹なところが若い将校の魅力となっていた。別に革新的な存在というわけではないが、国内政治にはたえず大きな関心をよせていただろう。伊藤はこの佐々木中将に会って、単刀直入に、その企図を打ち明け、兵力一個分隊の借用を申し込んだのである。師団長は事の無暴を説いてこれが中止を求めた。もちろんその兵力の借用にも応じなかった。佐々木師団長は事の真偽を疑い、あるいは本気にしていなかったのかもしれない。あまりにも突飛な申し出であったからだ。だが、伊藤は佐々木中将を排英の先覚と思い込んでいた。中将は前年の天津租界封鎖事件当時の北支の憲兵司令官であったから、伊藤は佐々木中将を排英強硬派の一人と独りぎめにしていたのだった。

ともかくも、佐々木中将との会見は不首尾だったので、彼は引き返して大阪に出た。大阪の師団司令部には、彼がかつて陸軍省にて特殊勤務についていたころの、軍事資料部の出張所があった。阪神地区における防諜上の拠点である。彼はこの出張所に姿を現わした。そしてその企図を打ち明けて積極的な協力を懇請したが、もとより聞き入れられる筈もない。かえって切にこれが翻意を勧説された。

さて、いったい彼が僅か一個分隊ぐらいの兵力をなぜ必要としたのであろうか。それは、彼によればこの兵力をもって総領事館の襲撃に使おうとしたのではなかった。彼が決起して領事館を占拠すれば、必ず警察や憲兵が弾圧を始めるだろう。だから、これに威嚇制圧を加える必要があった。これがために、武器をもつ僅かばかりの武装兵力をほしかったのである。だが、この兵力獲得の目算も外れてしまった。そこで、この武装兵力が得られないとなると、少なくとも、兵庫県警察が自分らの行動にしばらく妨害を加えないようにしなければならない。彼は思いきって兵庫県警察部に飛び込んだ。三日の夕刻だった。

広瀬警察部長や特高課長に会って、あたかも陸軍が総領事館を占拠するごとく説示し、この軍事行動に警察が協力することを強要威迫した。伊藤は、これらの人びとが強い反対を示さなかったので、自分の独りぎめで、この警察部は少なくとも自分たちの行動には妨害を加えることはないと判断した。

あとで、広瀬警察部長は、

「あのときは、伊藤少佐が佩剣をガチャつかせながら、陸軍が軍事行動として英国総領事館を占拠するというので、あるいはそうかとも思ったが、それにしても当時の情勢ではあるべきことではないので、よくよく話を聞いているうちに、これはおかしいと気付いた。だが、なにぶんにも彼の剣幕があまりにもはげしいので、彼に逆らうのを避け、ただ聞いていただけだった」

とわたしに述懐していた。

一方、伊藤の同志、参謀本部附の将校は東京より神戸に向かい、秋草学校附の将校とその学生たちは、命令のままに、伊勢神宮に参拝し目だたないように神戸湊川神社に逐次集合し、予定の四日十時には、だいたい二十数名の将校下士官が集結して、伊藤少佐の到着を待っていた。だが、この時刻になっても伊藤は姿を見せない。一時間たっても二時間待っても伊藤は現われなかった。同志将校たちは事の発覚に不安を包みながら、その去就をきめかねていた。

大阪の軍事資料部は、伊藤のこの計画を知って直ちに憲兵隊に通報して、伊藤の逮捕を要求したし、兵庫県警察部からの連絡もうけた大阪憲兵隊、とくに神戸憲兵分隊では、四日早朝から全力をあげて英国総領事館の厳戒と伊藤の逮捕に躍起となっていた。だが、伊藤の行動は杳として知れない。湊川神社に集結のことは、いかに伊藤といえども口外しなかったものとみえて、捜査官憲は全く気がつかなかった。

伊藤は神戸到着後は、その決行に自信を失っていた。三日夜から四日午前にかけて、神戸市内の場末の旅館にもぐり込んで、強行か中止かの思案に一晩中まんじりともしなかった。とうとう、破れかぶれで正午ごろ神戸憲兵分隊に出頭した。事の不成功に自首したのではなかった。憲兵隊を説得してこれに協力を要請するためだったと豪語していたが、事実、彼は憲兵分隊長に、この排英企図に憲兵が共に立ち上がることを求めつつ、逮捕されたのであった。また、湊川神社に動揺していた二十数名の将校以下は、憲兵の探知によって午後二時ごろ、その全員が神戸憲兵分隊に拘引されてしまった。

こうして事件は終止符を打った。

伊藤構想とその裏づけ

さて、事件はこのように伊藤の人さわがせにおわった観があったが、それ故に彼にどこまで実行の意志があったのかを疑うものがある。なるほど、彼の言動には大言壮語の嫌いはあったし、すぐ人を信じ、他を過信する風もあった。だから、この事件は多分に彼の独走によるもので、平素の大言にも似ず、事をあげずに戦地に赴くことを潔しとしないで、ともかくも決起そのことを目的とし、国内情勢や事の成否などを考慮することなく、起ち上がったのだといわれないでもない。しかしわたしは、彼は彼なりにその実行プランをもち、その実現に望みをもっていたと見ている。以下この点に関してもう少し明らかにしてみよう。

この事件における彼の本来の目的は、昭和維新の達成であって、英国総領事館を襲撃占拠することではなかった。彼の領事館占拠は、昭和維新に進む第一段階であり、維新のための緒戦であった。伊藤の構想によれば、神戸における排英の旗上げは、旬日ならずして成る。そこで彼は自ら上京し在京同志を糾合して第二の段階に入る。その第二の段階とは英国大使館の占拠である。英国大使館を占拠することによって、日本における英国の牙城を完全に奪取したことになる。

また、そのころには国内における排英風潮を巧みに誘導して、これを全国的規模に盛り上げる。ここにおいてその第三段階に入る。この段階が昭和維新に突入する最後の決戦なのである。そして、この第三段階では、国内における排英風潮とその国民運動の熾烈化を背景として、近衛文麿公をしてとくに天皇に上奏せしめ、排英断行の大詔渙発を仰がしめる。この詔勅の渙発によって、国内親英分子の一斉粛清、親英的思想の禁絶、親英的諸制度の改廃を断行する。かくて、わが団体の真姿を顕現するという。

まことに夢のような物語であるが、これは必ずしも彼の心の中の夢ではなかった。彼はこの構想にもとづいてそれ相応の手を打っていた。その一つは東京における同志への工作であり、その二は決起後の上部工作である。

当時、陸軍部内で俊秀をうたわれていた高島辰彦大佐は排英強硬論者であった。在京右翼とも交わり皇戦研究会という組織を指導しさかんに国家革新を叫び、国家革新は陸軍を基盤とし軍を先駆とせよ、などとの信念を吐露して右翼を喜ばせていたが、彼の親英派糾弾ははげしいものがあった。また、これも革新派の猪武者といわれ、部内でも排英の闘士だった桜井徳太郎大佐とも結ばれ、共に同志として動いていた。さらに、かつて神兵隊事件の盟主だった天野辰夫とも交友関係にあった。天野の率いる純正右翼の一派は、強硬な枢軸派で親英派排撃の急先鋒であった。こうした人びととのつながりは、伊藤の主観に従えば、すべて彼の盟友であり維新の同志であった。伊藤がこれらの同志に対し、今次の企図をどこまで打ち明けていたかは疑問であるが、しかし、桜井大佐のごときは、

「もし、伊藤が起てば、われわれは必ず全陸軍をひきずって軍を排英一本に固めて、伊藤に全面的な協力をする」

と、はっきり断言していた。だから、伊藤がこれらの排英の同志を念頭において、自ら決起せば少なくともこれらの同志によって、陸軍の態度を排英に決定せしめうると信じていたことも、彼の独り合点ではなかったともいいうる。

次に第二の上部工作であるが、これは主として近衛公を排英に動かすことであった。そのころ、近衛は枢密院議長であったが、伊藤は天野辰夫の紹介で高島大佐と共に、近衛を訪問している。このとき、高島がもっとも雄弁に、内外の情勢上英米思想の駆逐と国内親英派の打倒が、昭和維新に通ずる所以を説いて、近衛の奮起を促し、伊藤は具体的に自分らの排英運動の展開に近衛が協力することを、半ば威迫的に要請した。

「われわれが攘夷の聖火をあげたならば、その目的達成のために、近衛は宮中方面の工作を

しようと言明した」

と伊藤は、この場の近衛の態度を説明していたが、近衛はこれを否定していた。

この事件に関し、わたしは近衛と華族会館に会い、彼から当時の事情を聞いた。

「天野の紹介で二人の将校が軍服姿で訪ねてきた。高島が親英派の打倒を滔々とまくしたて、伊藤が剣をガチャガチャさせながら相槌を打っていた。この気狂いじみた将校の話を、ぼくはまともに聞いていたわけではない。あまり威勢のはげしい話に、ただフンフンと聞いていたにすぎない。だから彼らとなんの約束もしたことはない」

と証言していたが、あるいはそうかもしれない。しかし伊藤にしては、この近衛との会見で、

「彼に威迫を加えれば、必ずいうことを聞く」

との直観を得たことも事実であろう。近衛はそこで少しの反対もしなかったのであるから。

伊藤の上部工作は近衛だけではなかった。さきの姫路師団の広瀬大尉は北白川宮少佐のご愛顧をうけていたので、伊藤は広瀬と相談して、必要の場合には広瀬を通じこの宮さまを動かそうときめていた。

このように見てくると、夢のようなこの構想も、必ずしも非現実的なものでなく、事が着手されたならば、その内外に与える影響は、まことに重大なものがあったといえる。

ともかく、この事件は捜査の結果、憲兵隊限りにしてもよいと思ったが、事件の正確とその公明を期するため軍法会議に送ることにした。第一師団軍法会議はこれを予審に付し念入りに調べていたが、三月彼を不起訴処分とした。陸軍省は同時に彼を待命とした。軍服を脱

いだ彼は、その後も依然として革新運動に身を投じていた。

さて、二・二六事件以来、青年将校運動は断滅していたのに、どうしてまたこのような突出が、軍の内部からなされたのであろうか。だが、そこでの突出は「青年将校運動」を背景とするものでなく、中央における幕僚たちの謀略性をその基底とするものであった。

由来、謀略性は遺憾ながら軍の習性とみられる。その幕僚の謀略性は、一貫してかわることがなかった。軍は表面、武官大臣制の武器をふりかざして政治威力を張ったが、同時にその裏面においては、たえざる謀略と剣の威迫を逞しくしていた。その政治力の陰には、つねに黒い目が光っていて、その軍への非協力ないし抵抗面へと圧力をかける。

近衛首相は、宇垣外相をとらえて、

「近ごろ、あなたのところへは、軍の青年将校や右翼の連中が押しよせてきませんか」

と、しばしば訊ねたといわれていたが、その軍と志向を異にする現状維持勢力には、いつも剣の力が誇示され、姿なき謀略の手が伸びていた。

さて、憲兵はこのような幕僚の動きを、ただ手をこまねいて見ていたわけではない。幕僚の政治放言と政治策動、それに右翼との密絡は、たえずわれわれの視察対象であった。しかし情報として彼らの越軌行動をつかんでも、さて、これを取り調べるとなると、情報提供者は、軍を恐れてか、的確な証言を拒んだ。このため、これが取り締まりに効果を上げることは、たいへん困難だった。

ことに謀略となると一層手に負えない。元来、軍の謀略は統帥に属し行政の外であった。これが対外的に行なわれていれば、直接国内問題とはならないが、対内向けとなると、それは治安面だけでなく政治、経済などいろいろな面に影響を持つ。だが、謀略は高い秘密性を持っている密行・潜行的であるから、その実体はなかなかつかみにくい。こんなことで、わたしたち東京憲兵は一部幕僚の政治的越軌行動に悩みつつも、よくこれを抑えられなかったのは、残念ではあるが、事実である。

政治の中の憲兵
——その反省と痛恨

政治と憲兵

元来、憲兵には政治不干与の不文律が伝統として育っていた。憲兵隊には思想特高なるものがあったが、いわゆる「高等警察」という政治警察はなかった。往年、政党に奉仕した醜い警察を見てきた軍人警察官には、軍人の政治不干与の鉄則も手伝って、政治と名のつくものには、たいへん臆病であった。警察が政治に奉仕することは、政治の正常な姿ではなく、ことに、警察が一つの政治勢力に加担することは、国家、国民の不幸であることをよく知っていた。

しかし、憲兵は軍事警察と国内保安という二つの使命に生きていた。そこでは、政治は国内治安に重大な影響を持つし、軍は国防の主体として政治の場にあった。したがって、その政治の動き、ことに軍事に関する政治の動向には、憲兵はつねに関心をもたなくてはならなかった。だからまた、憲兵はその限りにおいて政治に対面していた。すなわち、憲兵は政治の外にあって、政治に関する諸情報なるものを必要としていたのである。そして、このことは、なにも、軍の政治膨張が始まってからの要請ではなく、こと治安に関し、また軍が政治の中にいる限り、たとい、軍が狭義の国防の殼に閉じこもっていたときでも、その政治の動きを知ることは必要であった。その狭い国防政策も国の重要な政治であったからである。

だが、その政治の動きも、軍が政治に進出し国の政治力として、力強い存在を示すようになると、この国のいくたの政治勢力が、軍に向けてくる反発、抵抗、それは政党はもとより財界・言論界など、各層のはげしい反発があり、また軍が広義国防の名に打ち出す「革新政策」には、つねに現状維持勢力からの、強い批判と抵抗があった。これらの軍の外からなされる対軍主張ないし批判は、軍をして素直に耳を傾けさせることが必要であった。したがって、軍の耳目をもって任ずる憲兵は、これら反対勢力、批判勢力の動向を正しく、そのままに軍に伝える責務があった。この故に、軍の政治力の増大と共に憲兵の政治への関心も高められ、その政治動向を知ることは、憲兵の重要な仕事の一つとなった。こうして憲兵の政治情報活動は活発となってきたのである。

かの二・二六事件のあと陸相となった寺内寿一大将は、その年六月、全国憲兵隊長会同にのぞんで訓示するところがあったが、その政治警察には、

「いわゆる政治警察については軍事警察施行上必要なる情報を収集することに止め政治の実体に干与することは厳に戒むるを要す」

と訓えた。すなわち、その政治情報活動も軍事警察施行上必要なる限度にとどめたのである。

だが、一面、軍の政治力が強くなると、軍の一翼である憲兵もまた、その政治推進力として軍の片棒を担いでいるものと、一般に理解されていた。今日でもこのように信じている向きも多いことだろう。わたしは、そのことを否定する勇気はない。なぜなら、憲兵が単に一般的警察処置に出たものであっても、それが結果として、軍の政治的企図を援けることが必ずしもないとはいえないからである。その極端な事例に、支那事変の初め「宮崎竜介逮捕事件」がある。

昭和十二年七月、北支盧溝橋に日中両軍の衝突が起こった。近衛政府は現地解決、事件不拡大を決定したが、近衛首相は、この事件を機として日中国交の根本的解決をはかろうとした。そこで事件が起きて数日後、側近の西園寺公一を上海に派遣し宋子文と会い、その瀬ぶみをさせることにした。西園寺は西希与志と変名し、フランス船に乗り込んで上海に密行した。そのころ連合通信上海支局長だった松本重治の尽力で、英国商務官を通し、宋子文と密会することに成功して、彼と停戦について話し合った結果、蔣介石も条件次第では停戦の意思のあることを確かめることができた。そこで近衛は、先方からの連絡で、まず宮崎竜介を、ついで秋山定輔を南京に送り込み、近衛特使として、日中停戦から入って、日中国交調整の根本的解決をはかろうとした。

八月の初め、国民政府から王駐日大使に極秘至急電が届いた。その秘電は海軍でキャッチされた。そしてその電文は海軍軍令部の暗号室に回され、同夜深更に及んで解読された。

北支事変の解決に関し総統は近衛首相と意見の一致を見たるを以て、六日上海着の上海丸にて、密使宮崎竜介を派遣するよう連絡せよ。上海丸上海に入港せば一般客下船ののち、ひそかに江南造船所の汽艇により南市に上陸、南京に連行せしむ。連絡案内のため周某を上海に派遣する。

この電報は陸軍当局にも速報された。近衛首相の秘密工作を知った参謀本部では、これを陸軍省に通じ、陸軍省は憲兵隊に連絡して宮崎竜介の逮捕を求めた。東京憲兵隊ではさっそく一憲兵曹長を神戸に急行せしめた。四日午前、くだんの憲兵は、宮崎が白麻の背広に鞄一つといった軽装で神戸埠頭に現われ、まさに乗船しようとするところをとらえ、これを東京に護送した。東京では秋山定輔らの関係者もとらえ、渡支目的、背後関係などを取り調べたが、法律的に処置することもできなかったので、約二週間ばかりで釈放した。だが、この二週間、北支の戦局は目まぐるしく進展した。

かくて、近衛首相、鏤骨《るこつ》の企図も潰えた。たしかに、それは軍の暴挙であった。そしてその実行に任じた憲兵もまた、戦争派幕僚の手先として、きびしく非難を浴びた。だが、当時の憲兵は、陸軍省の主務課から大臣の命令だとして、これをうけとった。大臣の命令といわれれば、一応これを取り押さえることは、大臣の指揮下にある憲兵としては、当然のことである。だが、この場合、憲兵が宮崎の渡支を阻止したことが、結果として、近衛の和平工作をはばみ、そのために軍の戦争派に加担したとして、強い指弾をうけたことも、また、やむをえざる仕儀であった。甘んじてこれをうけねばなるまい。ただ、この場合、憲兵は軍の戦争派幕僚と組んで、和平工作をぶちこわすために、宮崎などを検挙したのではなかった。陸軍大臣の命令というから、大臣の指揮下にある憲兵として、その警察行為をあえてしたまでである。だから、憲兵はどこまでも善意である。この善意の処理が、結果的に横暴軍部に加担したといわれることになったのだ。

原田男爵の軍事機密漏洩事件

憲兵は自ら求めて、政治軍部の片棒を担ぐことはしていなかった。むしろ、わたしは、われわれの警察が、こういう結果にならないよう配慮することを忘れなかった。わたしの経験にこんなことがある。

昭和十五年十月ごろのことである。名古屋憲兵隊から、西園寺公の政治秘書原田熊雄男爵に、軍事機密漏洩の疑いがあるので、東京憲兵隊で捜査してくれという通報があった。というのは、興津（静岡県）に水口屋という旅館があって、西園寺邸に出入りする原田男は、よくここに泊まる。旅館の主人とも懇意の間柄であるので、つい気を許したのだろう。

原田は海軍の上層部から聞いた、「近く第三艦隊が何々方面へ出動する」という情報を話して聞かせた。水口屋主人はこれを町へ流していたから、所在憲兵の耳にも入ったというわけ。この報告は憲兵司令部にもなされていたので、司令部からは、ぜひこの際、防諜事件として原田を検挙し、上層部への警告としたいと、検挙を望んでいた。

原田男爵については、東京憲兵隊では、すでに前年春ごろから、防諜上の容疑人物として内偵中だった。

今日、『原田日記』で知られる浩瀚なる政治秘話、その記録が示すように、元老の触角的存在だっただけに、情報マンとして超一級の存在、大臣、大将、重臣、宮廷、政党、財界その他、あらゆる方面に、西園寺の顔をもって情報を集めた。彼ほど政治、軍事に関して、しかも最高級の情報を集めたものはいなかったであろう。

元老西園寺公の身代わりだと信ずるから、国家機密でも軍事機密でも、彼にささやかれる。彼はつねに、一冊の大学ノートを鞄の中にしのび込ませていた。このノートこそ、彼の『日記』の原本であり、そこには「何某より何々を聞く」といった具合に、話の要点が走り書きされていた。

さて、東京憲兵は、彼に関する容疑資料は、かなり収集していたが、軍機保護法にふれるという、キメ手になるものがなかった。そこで、名古屋から通報をうけた海軍艦隊出動云々の情報が、軍機保護法違反に該当するかどうか、海軍省軍務局に照会すると、軍務局長名で軍機保護法違反に当たると、文書回答が来た。

こんなことで、東京憲兵隊は彼の検挙をきめたのだが、いうまでもなく原田男は元老の秘書であり、貴族院議員でもあり、宮廷派に属する政治家である。その検挙の時機を適切にしないと、いたずらに政治弾圧として誤解をうける恐れがある。わたしはこれを恐れた。しばらく政情を眺めているうちに、二千六百年の記念式典もすんで、いよいよ原宿にあった原田邸に電話して「呼び出し」をかけた。ところが、家人の話では、男爵は昨夜興津に急いで出かけた、公爵の病状が悪化したというのである。その日の夕刊は、一斉に西園寺公の病勢悪化を告げ、政客はあわただしい動きを見せていた。

わたしは、しばらく原田検挙を保留した。西園寺公は、ついに九十二歳の高齢をもって他界された。十五年十一月二十四日のことである。遺骸は東京に運ばれ、外相官邸に安置された。そして十二月五日、国葬に付せられた。

わたしは考えた。西園寺公は亡くなられた。後光を失った原田の身の上も考えてみた。彼のこれまでの政歴を思い浮かべると、それは西園寺という大器の陰に、政治的に暗躍していたのだ。ここで憲兵が、いま彼を防諜事犯として検挙しても、世間は必ずや政治弾圧とうけとるだろう。老公が亡くなったので、すぐ弾圧に出たとて憲兵を非難するだろう。それもよい。しかし、彼の防諜上の数々の過失も、西園寺公の政治秘書として、機密情報の入手が容易だったからだともいえる。もはや西園寺亡きあとは、いままでのような情報活動もできまい。すれば、こうした防諜上の危険ということも、もはやなくなったということにもなる。この際、憲兵の政治的弾圧だとの非難を覚悟してまで、彼を検挙することはどんなものか。

こうして、わたしは誰に相談することもなく、思いきって彼に対する検挙（司法的処理）を放棄した。たしかに、わたしたちは、こと政治というものには臆病であった。

なお、この場合、司法的処置を放棄したといっても、なんらの処置もしなかったというのではない。十二月中旬ごろ、彼に出頭を求め、わたしから防諜上、厳重な警告を与えたことはいうまでもない。

とにかく、われわれは、事、政治となると臆病だったが、一方、政治家の憲兵を見る眼も、色がついていた。的をはずれた観察が多かった。およそ人は、その人の限りにおいて他を認識し事を理解するというが、当時の政党政治家は、政策の研究討議よりも、政権をとるため、まもるための権謀術数に生きていた。悪くいえば、利害にもとづく駆け引きのみに終始していたともいえる。だから、憲兵の動きを見る眼もくもっていた。このため疑心暗鬼というか、的はずれの臆測が多い。迷惑するのは憲兵だった。二つの例をあげてみよう。

1、十四年初めの再開国会で、憲兵は防諜上の必要から、外国人と交際のある国会議員の動静に注意していた。これは、陸軍が行なう秘密会での戦況報告が、いち早く英米大使館に入ることに疑問をもって、内偵を進めさせていたものだったが、三月ごろ、ある代議士から「憲兵はなぜ代議士のあとを追うのか」とどなり込まれたことがある。憲兵が軍事予算を通すために、軍として好ましくない代議士にいやがらせをしているのだ、との風評が院内に立っていたのである。

2、十五年二月、米内内閣のときの再開議会で、斎藤隆夫代議士の懲罰問題（後述「政治季節と憲兵」参照）が議会でもめているとき、懲罰委員長の中井一夫代議士が、人を通じて憲兵隊の特高課長だったわたしに面会を求めてきた。会ってみると、懲罰委員会の動静について縷々説明された。ご本人としては、自分の立場を聞いてほしかったのかもしれないが、わたしとしては、別にほしい情報でもなく、ただ聞き流していた。ところが、そのあと議会の中では、憲兵隊が懲罰委員に圧力をかけたとの噂が飛んで、わたしとしてはたいへん迷惑した思い出がある。

色めがねで憲兵を見て、憲兵の政治干渉だとか、憲兵政治だとかいわれたことは一再ではなかった。憲兵もまた政治軍部の一翼だと誤認してのことであった。

憲兵政治という言葉

どうも手前味噌におちたようである。

わたしが、憲兵の政治への仕事は、一に情報の収集にあって、憲兵が政治の中に飛び込んだり、政治へ圧力をかけたことはなかったといっても、人びとは納得するどころか、はげしい反発をおぼえるであろう。なるほど、昭和の激動は軍に発し軍を主動とするものであった。その軍の一つの組織、憲兵もまたその渦まきの中にいた。したがって、軍の政治力の増大、いや、その政治制覇に、意識的にあるいは無意識的に、協力参加した憲兵指揮官もいたし、また、ある特定の政権維持に奔命した邪悪の憲兵部隊があったことも事実である。さらにまた、こうした激動の中に、個々の憲兵として兵威をかざして人びとのひんしゅくを買った憲兵も数多くいたであろう。しかし、これらは、かつての憲兵の正しい伝統から、はなはだしくはみ出した、いまわしい憲兵史上の恥部をなすものであるが、残念ながら事実としてこれを認めざるをえない。

この場合、この憲兵の軌道をはずし、世の指弾をうけたものとして、わたしは二つをあげる。その一つは、国内動乱のさなか、秦憲兵司令官に率いられた「皇道派憲兵」であり、その二つは、この大戦中のひととき、東条首相の恐怖政治に加担した「東条憲兵」である。憲兵史上、この二つが存在する限り、憲兵は政治に干渉どころか、その政治に猛威をふるったと、人びとは非難するが、われわれは甘んじてこれをうけなければならない。だが、今日、そのころの憲兵がいつでも政治の実体になんらかの干与をもっていたといわれても迷惑する。政治の実体に憲兵が干与するとは、憲兵のもつ警察権力を政治の上に加えるということで、それは憲兵の常態ではなかった。しかし、当時「憲兵政治」という言葉が、憲兵非難の意味で使われていた。憲兵政治とはなにか。もともと、この言葉は占領地行政から出たものであった。

日本の膨張時代、朝鮮や台湾、さらに満州、中国においても、警察の主体は憲兵だった。この場合、新付の領土をおさめるには武力を背景とする必要があったし、満州や中国は、一時的な軍事占領であっても、占領軍は旧支配を排し暫定的な統治上の実権者となる。そこでは、その軍に従う唯一の警察機関たる憲兵は、占領地一切の警察権をにぎって、占領地住民の抵抗を排除するのに強い権力をふるった。いわば、新付の領土や占領地における統治は、一に憲兵警察をバックとするものであった。このとき、憲兵政治という言葉が使われたが、それは事実に即して正しいことであった。たとえば、朝鮮が日本に併合されて、寺内正毅、長谷川好道といった現役軍人による武断政治が行なわれたが、このときの朝鮮警察は、憲兵がその一切を掌握していた。憲兵司令官は、その隷下に各道憲兵隊長を持ち軍事警察を掌握するが、同時に、一般警察の実権者だった。

憲兵司令官は統監府の警務局長を兼ね、各道憲兵隊長は、各道警察部長でもあった。だから、警察の実権は憲兵にあった。これが憲兵政治といわれるものの原形である。だからまた、この形式はそれぞれの軍の占領地警察のモデルとなっていた。関東軍が満州事変前、満州占領計画を準備したときにも、占領地の治安維持には、やはりこの形式を踏襲していた。だが、実際、事変が起こされてからの占領地の警察は、憲兵、関東庁警察（付属地警察）、領事館警察（商埠地警察）の三つがあったが、もちろん占領直後の治安は、軍、とくに憲兵が主体となっていた。

満州における作戦がまず一段落ついたのは、昭和七年夏の熱河作戦だったが、すでにその三月には溥儀の擁立になる満州国建国宣言が発せられ、ついで九月十五日には日本は満州国を承認し、日満共同防衛条約が成立し、その議定書は調印された。ここで、在来の在満諸機関の改組が行なわれることになった。

この在満機関の改組は、斎藤内閣のときに陸軍から提案され、陸軍、外務、拓務の三省で研究討議されていたが、岡田内閣はこれを引き継いで、九年九月、この改組案を閣議決定した。それは満州に関する事務を、外務、拓務両省から切りはなし、内閣直属の対満事務局をおいてこれに移し、関東長官の職を廃して従来その権限にあった行政事項を駐満大使にさせる。駐満大使は関東軍司令官の兼任とする、というのが大体の骨子であった。そして、この駐満大使の下におかれる在満行政事務局の警務部長を、関東憲兵隊司令官に兼任させることにきめた。ところが、これに現地の関東庁警察から強い反対が起こり、それがさらに拓務省にまで及んで大騒動となった。

関東庁の警察は、この機構改革によって、憲兵の下につかねばならなくなる。関東庁という屋台骨もなくなるというので、現地五千の警察官がさわぎ出し、それに関東庁の職員も同調した。当時の軍司令官は菱刈隆大将であったが、この軍司令官は満州国の独立と共に駐満大使を兼ね、かつ関東庁長官も兼務していた。いわば三位一体だった。関東庁はこの反対を拓務省に持ち込んだ。拓務省の役人も反対に回った。はじめこの騒動を聞いて鎮めにいった拓務省の役人までが、現地の声を聞いて賛成し、取り鎮めどころか、これを激励する側に回ってしまった。在満警察官の代表が大挙、陣情に上京して岡田首相はじめ要路の人びとを訪ねるといった事態にまで発展して、大きな政治問題になった。

そこで、彼ら反対の言い分は何だったのか。新しい制度になると満州の警察は憲兵警察になる。それはまた憲兵政治をそこに打ち樹てるものだというにあった。はっきりいえば、憲兵が全満州の警察を一手に掌握することが憲兵政治を現出する、というのだった。

この争いは、こうして中央に移されたかたちとなり、陸軍省は、軍警統一は治安維持のため必要であり、かつ、これによって相互の連携は一層緊密になるといい、拓務省は、制度的に見て不自然であり、害の多い時代逆行の制度だと反対し、とうとう拓務省や関東庁の役人は、最後の手段として判任官に至るまで全員辞表を出した。だが、このような抗争も、時日の経過と説得によって、二ヵ月すぎた十一月には、原案どおり実行されることになった。そして、初代の警務部長に就任したのが、のち林陸相のもとに陸軍次官となった橋本虎之助中将だった。また、この警務部には、関東庁出身の文官課長も憲兵出身の軍人課長もいたが、彼らがさわいだような憲兵警察の実体も見ることができなかったし、また、憲兵政治の片鱗さえなかった。全くの杞憂であったわけである。

ところが、満州では昭和十年になると、またも憲警統一問題が起こった。それは、満州建国以来、最大の懸案だった治外法権の撤廃と満鉄付属地の行政権の廃止が、いよいよ行なわれることになったのである。

当時、満州国には三つの警察組織があった。その一つは満州国の独立以後育成された民政部警務司の統轄する満人警察、その二は日本領事館に所属する領事館警察、その三は前年大騒ぎをした関東局の警察である。この場合、関東局の警務部長は憲兵隊司令官の兼任するところだったが、その下部警察組織は、在来の関東庁警察そのままであった。そこで、治外法権の撤廃となると、日本人を対象とする領事館警察も、また付属地警察も廃止の運命にあるわけである。もともと付属地といっても、鉄道線路の外側数十メートルの土地と、駅のおかれている狭い市街地で、その外側は満州国警察であり、また商埠地という領事館警察の縄ばりはあっても、明確な境界もあるわけではないので、これらの警察の間には、いつも管轄をめぐっていさかいがくり返されていた。

さて、前に書いた機構改革で、拓務省の警察と外務省の警察は、同一の指揮系統に属したが、一つは外務省、一つは拓務省の系統を引いて、この両者の対立感情は解消していなかった。そのうえ治外法権の撤廃ということは、日本人の権益を捨てることであり、大使館側はなるべく早く治外法権を撤廃し、付属地の行政権も返してしまえというが、関東局側では、付属地の撤廃は慎重に臨まねばならぬとて、この二つのものの考え方にも相当の開きがあった。

軍は満州国の育成の必要から、治外法権の撤廃も、付属地行政権の返還も急速に実現することに決定していたが、関東局側は時期尚早を理由に反対、領警すなわち大使館側は賛成で、同じ文官でありながら関東局側に同調しなかった。そこで、関東局側は大使館を逆恨みして、当時の大使館の事実上の責任者谷正之参事官の身辺は危険だといわれたぐらいに、両者は険悪化していた。こうなってくると、軍はなるべく早く治外法権を撤廃し、付属地廃止へ移行するためには、まず、その警察体制を整えなくてはならない。これがため、関東軍は臨機の措置として、満州国における日本側の警察を、一時、関東憲兵隊司令官の指揮下において、両警察の統制をはかろうとした。このときの憲兵隊司令官が東条英機少将であった。

さて、憲兵司令官が直接これらの警察を指揮することは、憲兵が全満の警察権を一手におさめることである。もちろん、この場合の憲警の統合は一時的の措置であったが、これに反対する関東局警察は、前年のさわぎのように、これこそ憲兵警察であり憲兵政治の典型だとさわぎ出した。そして、ここには、またしても「憲兵政治」が持ち出されて、憲兵中傷の具にされた。

だが、軍はこれを強行した。そして憲兵は実質上満州警察の総本山をもって任じたが、そこには、なんの憲兵非難も起こらなかった。事がきまってからは、関東局警察も、かえって憲兵の指揮下に、その警察の満州国への移行に協力した。

ずいぶん、横道にそれてしまったが、このような満州における警察の推移を見ていくと、憲兵警察の強大化を抑制するための反対宣伝に、「憲兵政治」という言葉が使われていたことがわかる。これが国内でも、憲兵の政治への態度に、しばしば使われたことに問題があったように思われる。

政治季節と憲兵

憲兵の政治態度について、もう一つ明らかにしておくことがある。それは、憲兵は国会の開会中には、議会に詰め切って、その動きに、もっとも鋭敏にその耳目を働かせていたということである。そのころ、政治季節といえば国会の会期中で、政府も緊張するし軍も緊張していた。陸軍は、国会の始まる前には、議員のいろいろな質問を予想して、部内にあった各種事件について十分な答弁資料を集めていた。この答弁資料を報告するのは、憲兵の仕事であった。憲兵はまずその触角によって政党方面の軍に対する攻撃材料を偵知して、これに対応する具体的事実を正確に報告するよう義務づけられていた。陸軍としても国民の代表たる議員の追及には、心を痛めていたことである。こうして、対議会関係の準備は滞りなくおえていた軍であったが、なお、開会中は憲兵の情報を必要とした。このため、憲兵は情報関係の特務十名内外を、会期中、国会に常駐させていた。

ちょうど衆議院と貴族院の渡り廊下に近く、衆議院事務局の一室をあてがわれて、ここに詰め切っていた。この憲兵の任務の一つは議会の警備にあって、衆議院事務局の警備課とは緊密な連絡関係にあったが、他面、院内における情報活動を主とし、軍の政府委員室とは、つねに連絡して軍政府委員の手足の観がないでもなかった。

しかし、この派遣憲兵は、軍にとってはたいへん便利で、また有益な存在でもあった。軍が議会の動きにつれて、院の内外の情勢を、いつも機敏・的確に知ることができるからである。わたしの見た一、二の事例を書いておこう。

米内内閣ができてから、第七十五議会が一月二十日(十五年)に再開された。議会は政変のために、米内内閣の対議会準備ができなかったので、十日間の休会期間をおいた。そして二月一日、米内首相は施政演説を行なったが、その翌二日、斎藤隆夫代議士の反軍演説が飛び出し、議会は波瀾を生んだ。斎藤代議士の除名、この除名に反対した社会大衆党の党首安部磯雄は離党し、政界より姿を消すという波紋までえがいたのである。

ちょうど、この演説のあった日、わたしも議会にいっていた。その演説の内容は支那事変について質したもので、論者は、

「事変処理にあたって忘れてならないことは、この事変進行中にわが国民が払った多大の犠

牲である。十万の英霊、これに数倍する傷病兵のあることを忘れてはならない。この犠牲を忘れて事変処理はない。米内首相は事変処理に確固不動の方針ありというが、その内容は何か。確固不動の方針は近衛声明を出発点としているようだが、わたしは近衛声明に疑問を打つ」

といった趣旨のもので、その狙いは、汪精衛への呼びかけの近衛声明にいう近衛三原則にある非併合、非賠償を非難しようとしたものであったが、その調子は以外に高く、支那事変の処理方針をこきおろし、米内内閣の弱体性をついて政府の責任を追及したものであった。たとえば、

「ひとたび、戦争がおこれば、もはや、正邪曲直、是非善悪の争いではなく、徹頭徹尾、力の争い、強弱の争いであって、八紘一宇とか東洋永遠の平和だとか、聖戦だとかいってみても、それらは、ことごとく空虚な偽善である」

といって、この戦争の本質をついた。また、

「政府首脳部に責任観念が欠けている。身をもって国に尽くすところの熱意がたらない。立憲の大義を忘れ、国論の趨勢を無視し、国民的基盤をもたず、国政に対してなんの経験もない。しかも、その器にあらざる者を拾い集めて弱体内閣を組織するが、国民的支持を欠いているから、何事につけても自己の所信を断行する決心も勇気もない。姑息偸安の一日を彌縫する政治をやる。失敗するのは当然だ」

とて、はげしく米内内閣の失政を攻めたてた。まさにそれは米内内閣への弾劾であった。だが、斎藤隆夫は反軍代議士として、すでに定評があった。かつて、二・二六事件後の第

六十九議会では、寺内陸相に対し軍人の政治干与の禁絶、二・二六事件に至る軍人の政治暴力の数々を追及し、堂々と軍部攻撃を試みた闘士だっただけに、そのはじめ、人びとはさしたる反響を示さなかった。陸軍でも、政府委員会にかえってきた武藤章軍務局長や、そのころ企画院にいた鈴木貞一少将にしても、「斎藤代議士ならばあれぐらいのことはいうだろう」といっていたし、畑陸相も「政治家というものは、なかなか、うまいこと急所をついてくるものだ」と感じ入った調子で、軍自体もあまり問題にしていなかった。

ところが、いつのまにか、けしからん反戦反軍演説だ、軍を冒瀆するものだとさわぎが大きくなった。いわゆる親軍代議士のたき付けた火が、陸軍の委員室にも燃え移り、海軍もまたこれに同調し、議会の空気もおかしくなっていった。

ところが、こうした突発的な政治問題がおこると、その渦中にいては、それがどうして起こったのか、どのように発展したのか、また、その見通しはどうかといったことは、明確につかみにくい。だが、そこに憲兵が全く第三者として、事を見聞し、またそれぞれの関係者に会って話を聞くと、割合に正確な事実と的確な判断をもつことができる。そして、軍をしてその態度をあやまらせないことができる。この場合、武藤軍務局長あたりも、この空気にもまれてたいへん強気となっていたが、どこまで演説の論旨を正しくとらえていたか疑わしい。畑陸相は冷静で事態を正しく認識していたようだが、結局、幕僚や親軍代議士たちの勢いに押されてしまったことは残念だった。ともかく、こうした場合、事態を正視するものがおり、これを軍に通ずることは大事なことであった。

また、こんなこともあった。

第二次近衛内閣のときのことであるから、十六年の再開議会が始まった一月末か二月の初めのことだった。近衛第二次内閣は前年七月成立したが、近衛は商工大臣として財界人の小林一三を起用した。だが、商工省は岸信介が大次官として、しっかり省内を抑えていた。官僚の岸次官と営利会社の社長だった小林大臣とはしっくりいく筈はなかった。世間の評判になるほど、両者の間は仲が悪かった。そこで、小林商相は近衛首相と相談して岸次官を辞めさせた。ところが、岸を支持し小林に反感を持つものもいた。そして議会で小林商相にひとあわ吹かせようというので、兵務局長が一つの憲兵調書を持ち出してきた。憲兵司令部から陸軍大臣に出される報告は、たいてい兵務局長にも一部が送られていた。その憲兵調書というのは、小林大臣に関するもので、彼が国家秘密とされている経済新体制に関する閣議提出文書を漏洩したというもの。もちろん憲兵は事件とすることなく警告にとどめたものだが、この小さい事件報告が陸軍省になされていて、田中隆吉兵務局長はこれを持ち出してきたのである。小林商相の官紀紊乱をあばき立て、彼を辞職に追い込もうとしたのだ。

そして、この相談にのったのが、当時、陸軍省の嘱託をしていた矢次一夫である。矢次はそのころ、長野県選出の無所属代議士小山亮がよかろうと、田中にすすめた。その小山代議士は議会の闘士で、一旦食いついたらとことんまでやっつけるというので定評があった。そこで田中は矢次の献策でこの小山代議士に、小林商相機密漏洩事件、正確にいえば小林商相の「経済新体制要綱」漏洩についての憲兵調書を、軍務局の牧達夫少佐を通じて渡したのである。

この議会での取り引きを知ったのは、議会派遣の憲兵だった。さっそく上司に報告され、憲兵司令官田中静壱中将の耳に入った。田中中将は驚き、かつあきれて、東条陸相を訪ね、「いやしくも国会の政争に憲兵の報告書類が幕僚の越軌沙汰に使われることは、国軍軍紀上の大問題だ。速やかにこれを中止し、書類を現状に戻せ」

と強く抗議的進言をした。東条も驚いて武藤軍務局長に、その書類を返還し、小山の質問演説を中止させるように指示した。武藤は矢次と相談して、その質問による弾劾を中止するよう勧告したが、小山は、資料の出所の問題はともかくとして、かような官紀に関することを知った以上、大臣の責任はあくまで追及すべきだとて、これに応じなかった。結局、決算委員会での小山代議士の小林商相追及となって、一波瀾を起こしたが、この無鉄砲な一幕僚のたくらみをいち早く耳に挟んだのは、この派遣憲兵だった。さすがの小山代議士も事件の出所についてはふれることはなかった。

小林商工大臣は四月十四日、辞任した。

さて、憲兵の国会詰切りといえば、いかにも憲兵の政治重視の所産のように聞こえていたかもしれないが、事実は、右のようにあくまでも政治情報収集以上に出るものではなかった。あるいは、議会内で取材する新前の新聞記者といった程度のものであったかもしれない。

須磨情報部長事件の真相

わたしは、これまで一般的にいって、憲兵は政治については、全く情報活動以上に出ることはなかったし、たとい政治家に対して一般的警察権を行使した場合でも、たいへん慎重だったといった。これに対し、憲兵は米内内閣の末期に、軍の倒閣の陰謀に加担したのではなかったかの反問がある。すなわち、憲兵は米内内閣で、陸軍省が外務省と、対立したとき、外務省情報部長を検挙し、そのうえ内閣書記官長まで取り調べたのではないかというのである。

たしかに、憲兵は須磨弥吉郎外務省情報部長の取り調べ、いや事情聴取をしたことはある。しかし、それは「倒閣」などといったものではなかった。陸軍にそうした企図があったかどうかも疑わしいことだが、憲兵はその渦中にまき込まれることはなかった。これに関しいろいろと誤解もあるようだし、幸いこれは直接わたしが干与したことなので、ここで事の真相を明らかにしておきたい。

さて、米内内閣は陸軍にとっては好ましくない内閣だといわれていたので、政界や言論界では、いつかは陸軍がこの内閣を倒すだろうと臆測していた。たしか、昭和十四年六月末のある土曜日の午後、わたしは田中憲兵司令官からの使者で、その官舎を訪ねた。そこには、陸軍省の渡辺防衛課長がいた。渡辺課長いうところの要旨は、

「有田外相が南方政策に関し報道したが、その放送の内容は、外務、陸軍の間の打ち合わせとは違っている。よく調べてみると、須磨情報部長が、放送予定内容のなかから三国同盟関係のことを除いてしまった。そのうえ須磨は、新聞記者との会見で、三国同盟関係のことを除いたのは、陸軍の真意は、あまり枢軸接近でないので、わざとふれなかったのだと、あたかも陸軍からの要求があって、三国同盟事項を放送しなかったように語ったといわれている。このことは、陸軍の態度を故意に歪曲するだけでなく、この外務、陸軍の打ち合わせ事項は、両者の間で極秘に取り扱うことと約束してあるのに、勝手にしゃべったのは軍機漏洩にもな

りかねない。そこで、憲兵は彼を逮捕し取り調べのうえ、適当な処置をしてもらいたい」

というのだった。わたしはこれを聞いて、

「そのようなことでは、残念ながら事件にはならない。司法事件にならないものは憲兵隊に引っ張ることはできない。こんなことは憲兵を煩わすまでもなく、陸軍省が外務省と直接話し合って、処置すればよいのではないか」

と、その申し出を断わった。傍らにいた田中憲兵司令官は、

「君のいうのももっともだが、今日は、わざわざ防衛課長が陸軍省を代表して依頼にきたことだから、なんとか陸軍省の希望に副えないものか」

という。わたしは、このような問題にかかわることは、憲兵としては適当でないので、この田中司令官のとりなしの言葉には、だまって答えなかった。渡辺課長は軍務局の要請できた立場もあってか、

「司法的処置ができないのなら、できないでよい。憲兵隊に引っ張るだけでもやってもらいたい」

と、さらに要求した。田中司令官も、

「とにかく憲兵隊に呼びつけて調べればよいというのだから、一応そうしてやってくれ」

と、憲兵の処置を希望された。わたしは、それでもいやだといいかねて、しぶしぶ、これを承諾した。わたしは須摩部長を呼び出し、事の顚末を正確につかむことでとどめよう、したがってまた、その手続きも無理をしないことにきめた。

そこで、翌日は日曜日である。わたしの部下の佐藤太郎中尉を、朝早く須摩氏の自宅に向

けて、「特高課長に会ってもらいたい」ということできてもらった。須摩氏の来隊したのは午前八時ごろだった。応接間でたった二人きりで事情を聞いた。別に取り調べではないのだから、書類もつくることはなかった。わたしは、放送問題のいきさつを詳しく聞いて、十時ごろには車を出してかえってもらった。ただ、それだけのことだった。

なぜ日曜日の早朝に呼び出しをかけたかといえば、休みの日に呼び出すのが、新聞記者を避けるのに都合がよかったのと、朝早く門をたたかねば、外出でもされてしまったのでは取り調べが翌日になる恐れがあったからだ。わたしとしては、こっそりと人びとに知られぬよう、あっさり事をすますつもりだったのだ。

ところが、その日の夕刻になると、新聞記者たちがどこからかぎつけたものか、

「須摩情報部長、憲兵隊に拘引さる」

といった情報を飛ばした。わたしの友人だったある政治家から、こんな電話をうけたのは、その夜のことだった。

「憲兵隊に須摩を拘引したというが、ほんとうか。陸軍は、いよいよ外務省をたたきつけて、この内閣を潰すのではないか」

「冗談じゃない。須摩は、ちょっと聞きたいことがあって、憲兵隊にきてもらったのは事実だが、昼までにはかえってもらった。問題もなにもありはしない」

「でも、あちこちで、陸軍が憲兵を使って米内内閣を潰すらしいと、うるさいことだよ」

あまりの反響の奇妙さに、わたし自身驚いたことだった。

戦後、書かれた緒方竹虎氏の『一軍人の生涯』という米内光政海軍大将の伝記には、この

問題について、「陸軍の米内内閣に対する圧力だ」といった意味のことが書かれているが、たしかに陸軍の意図は、有田外交、ことにその英米協調外交に対する強い不満と、これが反発であったことは事実であるが、倒閣陰謀というのは、例によっての臆測にすぎない。また、憲兵が軍のお先棒を担いで、乱暴にも須磨情報部長を被告人扱いにして取り調べたものでもない。それは須磨その人がもっともよく知っていることだろう。

だが、この波紋は大きかったようで、『木戸日記』にも、七月一日のところに、詳しく放送問題を心配気に書きつづっている。陸軍、外務の対立が、憲兵の介入ということで大騒ぎになったものと判断された。しかし、この問題もその後、有田外相と畑陸相との話し合いで、事は円満にすみ、簡単な両者の共同声明が発表された。この発表に関連して、陸軍の報道部が、新聞に「外務大臣は陸軍大臣に陳謝した」と書かせたとか、軍の評判は悪かった。

なお、憲兵は石渡書記官長も引っ張ったと喧伝されていたが、その事実はない。ところが、さきの『一軍人の生涯』には、

須磨を憲兵が引張ったときには、須磨ばかりではなく、石渡書記官長もその連累であるとし、憲兵の、しかも上等兵が内閣書記官長室に乗込んで来て、石渡に同道を迫るという鼻息である。余りの狼藉に米内も流石に怒って畑に掛合うと、〃それは引張るということを言っているよ〃と畑はまるで管轄外の問題のような冷淡な態度である。勿論、書記官長の拘引は問題にならなかった。

といかにも、当時の憲兵の無暴ぶりがまことしやかに書かれている。だが、須磨事件に関連し、須磨部長の立場を確認するために、石渡書記官長に事情を聞いたことはあるが、一憲

兵上等兵をして、石渡書記官長を拘引せしめようとする意思などは毛頭なかった。すでに須磨情報部長の事情聴取で事はすんでいたのである。さらに内閣書記官長という政府高官を、一憲兵上等兵をして拘引せしめる云々に至っては、まさに噴飯ものである。この場合、石渡書記官長を首相官邸に訪問し、事情を聞いたのは、さきの佐藤憲兵中尉である。彼は応召将校であったが、すでに満州国警務司警務課長の前歴者であり、年輩といい経験といい、いうような非常識な男ではなかった。全くの軍憎さのあまりの中傷にすぎない。

ともかくも、須磨事件は意外な反響を生んだが、それは憲兵に対する疑心暗鬼によるもの。この場合、われわれは必ずしも陸軍の意図に忠実ではなく、最小限の干与で事をすませたというのが事実である。

「政治革新」に酔った憲兵

さきにも書いたが、昭和の憲兵史をかえりみて、われわれの正しい伝統、それは政治不干与の鉄則をかなぐりすてて、この歴史に汚点をのこした二つの憲兵がいた。それは、われわれにとってはまことに遺憾な出来事であったが、この二つのものを切りすてて、「憲兵と政治」の回顧を素通りするわけにはいかない。その二つとは、いうまでもなく、あの血なまぐさい国内動乱のさなかに、現状維持勢力に対立し、「革新」に酔って、政治や言論に圧力をかけていた皇道派憲兵、そしてこの大戦中のひととき、東条武断政権の維持に狂奔していた、いわゆる東条憲兵と貶称される東京憲兵。これら二つの憲兵には、わたしは直接のかかわりはなかった。前者の期間、わたしは聴講生として東京大学に派遣されて、全く実務の外にあったし、後者の期間には、主として遠く南方の戦地にあって、僅かにその風聞に接したにすぎなかった。したがって、ここに書くこともわたしの伝聞であって、その体験ではない。が、やはりわたしも憲兵であった以上、そのいまわしい事態に対して、強い責任を感ずる。わたしの見たもの、聞いた限りで、反省をこめて書きのこしておきたい。

まず、ここで『原田日記』の一節を披露してみよう。その昭和八年一月十六日（第六十六回）の記事に、「高橋蔵相、荒木陸相を罵倒」と題する見出しで、次のようなことが書かれている。

> 十四日朝、高橋蔵相を訪ねたところ、昨日の閣議で日ソ不可侵条約不成立に関する発表について、外相が説明しかけたので、自分は〝なぜ条約を結ばなかったのか〟と質問すると、〝赤の宣伝が容易になりはしないかと陸軍あたりで心配しているから〟というから、条約を結んでおけばこそ文句がいえるんじゃないか、条約を結ぶ問題と共産党の宣伝とは別問題にして考えてよいじゃないか、このごろのように、何でもかんでも陸軍に引きづられているというのは、甚だけしからんことであるというた。
>
> すると、陸相が、〝世論が云々〟とか、〝国論が云々〟というようなことをいったから、〝世論も国論も今日は全くありゃしないじゃないか、軍部に不利なことをいえば、すぐに憲兵がきて剣をガチャガチャやったり、ピストルを向けたりして威嚇される。言論の圧迫今日より酷いことはない。現に九州のある新聞社が、軍部に不利なことを書いたというので、飛行機で爆弾を落すといって、新聞社の上空を旋回して威嚇したという事実がある。のみならず、スパイ政治のように、憲兵が政治家に尾行したり、甚だ怪しからぬ状態であ

る。現に自分のところに来る新聞記者も、私たちも言いたいことがいえない、といって歎いていた〟といったところ、陸相は色をなして、〝そんなことはありませぬ〟というから、〝ないことはない、まあ君の精神は認めるが、実行が伴わないじゃないか。君の監督下にある憲兵が、かくのごとき状態でどうするか〟といったところ、何とかいろいろいっていたが、閣僚の中でだれ一人言葉をもって自分を支持するものはなかった。

たいへん長い引用だが、当時の憲兵が、言論封じに威力を使ったり、政治家を尾行したりすることの非難である。昭和八年といえば、陸軍は荒木陸相全盛の時代、いわゆる荒木、真崎のコンビによる「皇道派」が内に軍の指導権をにぎり、外には強く革新政策を展開し、時代旋風の中心をなしていたのである。このとき、憲兵を率いて、この皇道派に奉仕したのが陸軍中将憲兵司令官秦真次であった。

荒木貞夫中将が教育総監部本部長より陸軍大臣に就任したのは、六年十二月、そして翌七年二月、この荒木の下、秦中将は憲兵司令官の任についた。彼は荒木陸相に自ら憲兵司令官を買って出たといわれる。大正の末年、東京警備司令部参謀長のころ、印半纏をまとって自ら深川の貧民街に入り込んで、彼らの生活を身をもって味わったというほどに、社会問題、政治問題にはことさらに関心をよせていた。彼は南陸相のころ、東京湾要塞司令官から中央に返り咲いたものの、軍事調査部附という役職で、政治上の大臣補佐をしていたが、とくに荒木に請うて憲兵司令官となった。したがって、彼は革新政治家荒木陸相のもっとも忠実なる政治幕僚の一人であった。

この人を憲兵司令官にいただいたことは、憲兵の不幸であった。そのころ軍の派閥抗争は漸くはげしく、その争いに一役買わされた憲兵は皇道派憲兵の醜名をのこしたが、さらにここでの、外に向かっての革新政治の推進、これと裏腹をなす現状維持政治勢力に対する攻撃は、主として青年将校群によって演ぜられたが、これを庇護し、これら若者を国士とおだてあげたのは、ほかならぬ秦中将であり、また、そこに集まった憲兵首脳であった。そこではさきの『原田日記』が示すように、剣やピストルで威嚇したかどうかは別として、軍に不利有害なる言動、いや彼らにとって好ましからざる策動に対しては、反軍、反戦の策動として、きびしく弾圧したことは事実である。

とくに秦司令官の政治干与としてあげられるものに、かの五・一五事件の折の元老西園寺への面会強要がある。西園寺公が、五・一五事件後の時局収拾として、後継内閣奏上のため興津から上京したのは、五月十九日夕刻だった。秦はこの日、東京からわざわざ国府津まで出かけ、上京中の西園寺公に面会を求めた。彼は秘書の原田男爵から、

「今、老公は疲れておられるので、面会は公の上京後にせられたい」

というのを、「今は非常時ですぞ」の凄文句で面会を強要し、軍の内部事情を老公に進言したことは、あまねく人びとに知られているが、この行動がはたして秦の一存に出たものか、あるいは軍首脳と協議のうえでなされたものか、確たる証拠はないが、秦の一存でなかったことだけはたしかなことである。当時にあっては一憲兵司令官が求められもしないのに、この国の元老に面会を強要し、意見を具申するなどは破天荒のことで、それは絶対に彼の独断でできることではなかったのである。しかし、彼がこの一役を買ったことは、憲兵としては痛いことだった。憲兵はあえて政治干与の非を甘受せねばならなかった。しかも、その結果

として、老公をして超然内閣に踏み切らしたとあっては、政党の怒りを買うのも無理はなかった。

さて、この憲兵のはげしい言論弾圧については、一応さきにふれたが、ここで、もっともすさまじい言論弾圧事件を、もう一つ書き加えておこう。

陸軍における二つの派閥とその争いは、当然に民間右翼にもつながっていた。そして、そこでは、はげしい文書戦、いや怪文書合戦が花盛りであった。

高野清八郎という人がいた。軍の統制派を支持して、幕僚たちのいう清軍運動にも共鳴し、雑誌「新使命」によって、荒木、真崎に毒づいていた。これが、東京憲兵隊長、すなわち皇道派憲兵の実践部隊長としての持永浅治少将の激怒にふれた。隊長は即刻に彼の検挙を命じた。そこで憲兵は、彼に憲兵隊への出頭を命じたが、なかなか応じない。もちろん、犯罪容疑といっても軽微な出版法違反であるから、軍法会議からも地方検事局からも逮捕状をとっていなかった。再三の呼び出しにも応じないのに、業を煮やした隊長は「なんでもかんでも、とらえてこい」と厳命した。

ある早朝、武装した憲兵の一隊は、高野の自宅を包囲した。在宅はたしかめられている。検挙班長の指揮で、十名に及ぶ屈強な憲兵が踏み込んだ。

「高野君！　憲兵隊に同行する！」

「なに！　憲兵隊、そんなところに連れていかれるオレではないぞ！」

高野も憲兵の急襲に激怒した。そして手当たり次第、あたりの器物を憲兵目がけて投げつけた。鉄瓶、小火鉢、盆、茶器、座蒲団等々、はげしい怒号と共に、とってはは投げとっては投げつけた。憲兵も激怒した。軍靴のまま上がり込んだ。そして、一様に拳銃を擬して彼に迫った。

「しばってしまえ!」

つんざくような班長の命令に、一人の憲兵が高野を投げつけた。転んだところを数人の憲兵が押さえつけた。だが、高野もすごい抵抗ぶり、押さえつけられながらも、憲兵の手足にかみついていきた。

「憲兵がなんだ! これが皇軍の憲兵か!」

だが、高野も衆寡敵せず、とうとう捕縄で、がんじがらめにしばり上げられてしまった。そして自動車の中に荷物のように投げ入れられた。

彼、高野は、留置場生活十数日に及んだ。そして検事局に送られた。出版法違反という容疑罪名がついていた。

さて、こんな暴力がどうして憲兵によって行なわれたのか、真に憲兵を知るものにとっては、ウソのような話である。だが、これは本当にあったのである。持永隊長の「なんでもかんでも引っ張ってこい!」という至上命令を、忠実に実行せしめられた、あわれな憲兵の姿であった。

警察権を行使する憲兵が、派閥の中に飛び込んで、一方の党派に加担するほど不幸なことはない。軍紀を粛正し軍の健全を助成すべき軍事警察が、軍紀を破壊し軍の団結を紊し、また公共の安寧福利のために使わるべき警察権が、公共の不安、個人の不当を弾圧、ことに対立する一方への迫害となって行使されるからである。

かつての皇道派憲兵の醜態、それはこの時代の特異現象であったと思うが、また、考えれば、その深いところにある根は、もともと日本憲兵のもつ体質に由来するものであろうか。いや、権力をもつ人間の奥底に秘められた、心の弱さによるものだろうか。今にして独り考えている。

政治弾圧に狂奔した憲兵

世にいわゆる「東条憲兵」として、東条政権の政権維持に狂奔した東京憲兵の、かずかずの政治弾圧はすでにあまねく知られている。この場合、もっとも印象的なのは、なんといっても昭和十八年秋の、中野正剛を死に追いやった彼の弾圧、そしてその政権末期の十九年夏、いわゆる政権安定工作と称する憲兵の行なった重臣への抑制工作であろう。しかし、ここには、この国のもっとも困難なる大戦争遂行中といった大きな名分があったことではあるが、それにしてもこのような政治弾圧に駆り出された東京憲兵は、その歴史の前に断固糾弾さるべきである。

だがしかし、一面ここにも憲兵指揮官の東条一辺倒による憲兵指揮を甘受せざるを得なかった下級憲兵たちの立場にも、わたしは同情するにやぶさかではない。そのころ、心ある憲兵たちは、ひそかにその状況を見て、昭和の安政大獄と称して、その悪虐無謀ぶりをなげき、ささやき合ったというが、そこに一筋の正しいあるべき憲兵の心が脈搏つのを見るからである。

長く東京憲兵隊に在勤し、共に苦労したかつての多くの部下たちが、あえて駆使され東条憲兵の醜を示したことは、このわたしにとっては、たいへん書きぐるしいことであるが、ここでも、こうした憲兵とその責任を共にする意味において、その暴状を赤裸々に書きのこすことにしたい。

さて、そのころ独裁者となっていた東条首相の一敵国は東方会、ことにその首領だった中野正剛であった。彼はすでに十七年十二月二十日、日比谷公会堂の壇上に立って、「天下一人を以て興る」と題して長広舌をふるった。この演説は戦局の悪化を警告し、官僚統制の失敗を攻撃したものであったが、彼の獅子吼に聴衆は酔い、彼と共に興奮し、彼と共に喜び、かつ悲しみ、壇上壇下全く一体となって、二時間にわたって飽くことがなかったといわれた。東条政府は、このような反政府言論に対処して、戦時刑法特別法の改正を行なって、言論の全面的禁止を行なった。

翌十八年一月一日、彼が東京朝日新聞にのせた「戦時宰相論」は、東条を激怒せしめた。その戦時宰相論は、東条に対するするどい諷刺であり警告であり、そのおわりは、

難局日本の名宰相は絶対に強くなければならぬ。強からんためには、誠忠に、謹慎に、廉潔に、而して気宇広大でなければならぬ。

と結んでいた。

彼はすでに東方会代議士の三田村武夫を使って重臣工作なるものを進めていた。それは、東条を総理に推薦したのは重臣たちであるから、重臣はその責任において、東条内閣を打倒せよというのであった。三田村は、近衛公にも会い岡田海軍大将にも会っていた。しかし近衛は東条の武断的独裁を憤っても、これを打倒するの勇気はなかったし、岡田にしても、ま

だ日和見だった。十八年八月中旬、三田村武夫は翼賛政治会を脱会してその声明書を全国に配布した。彼は重臣の動きを察知し、この声明によって東条政権の幕府的性格をあばいて、東条不信の空気をつくろうとしたものだといわれる。だから、これが問題にならぬ筈はない。警視庁は、九月初め三田村を検挙し、声明書配布の手続き上の問題と、出版法違反容疑について追及した。もちろん、三田村の重臣歴訪の意図を知ることにあったし、中野正剛の反東条策動の実体を捕捉しようとしたのであろう。

ついで十月二十一日未明、警視庁は、天野辰夫の勤皇まことむすびと東方会の中野正剛の一派に対し、一斉弾圧に出た。渋谷区代々木本町の中野邸もおそわれて、彼は警視庁に連行された。中野に対する犯罪容疑は、軍事上の造言蜚語罪であったが、警視庁の取り調べでは、なおそのキメ手となるものをつかんでいなかったし、この捜査について検事局と警視庁との間もしっくりしていなかった。

そこで、二十四日の午後、首相官邸で東条首相を交え、安藤紀三郎内相、岩村通世法相、松阪広政検事総長、町村金五警保局長、薄田美朝警視総監、森山鋭市法制局長官、池田克刑事局長、それに東京憲兵隊長四方諒二大佐らを集めての大評定が行なわれた。代議士中野正剛の捜査会議にしては大げさなものだったが、これは東条総理が事件関係者にハッパをかけるためのものであった。

東条は、政府に対する反対運動も、平時ならともかく戦時においては利敵罪を構成すると思う。検挙以来取り調べているが、あのままで令状を出し起訴し、社会的に葬るべきだ、と検事総長の同意を求めた。しかし、松阪検事総長は、いままでの警視庁の報告程度では起訴できないし、こんな小さい事件で代議士を拘束して議会に出席させないでおくことは適当でない、と反対した。

だが、東条は、どうしても中野を議会に出したくない。そこで、大麻唯男国務大臣を急いで官邸に呼びつけ、

「どうしても事件にならないならば、行政検束で留置しようと思うが、これで議会が騒がぬようにしてもらえないか」

と相談した。だが大麻は政党人として、

「そんなことをすれば、憲法政治にそむく。議会中、政府の反対派を行政検束すれば、政府賛成者だけになって、どんな法案でも通るわけだ。議会人の常識として許されない」

とけってしまった。それから東条と松阪との間に、感情的応酬があったが、議会は二十六日開かれるので、明日一日の余裕がある。もう一度調べたら、ということになったが、司法側の提案で、議会その他の手続きに時間がいるから、結局明二十五日午前一杯に自白がなければ釈放しなければならない、ということになった。

こうして、この大評定も、二十五日午前一時ごろ解散となったが、東条は、薄田警視総監と四方東京隊長を呼びとめ、なお話し合ったが、とにかく憲兵隊でも調べることになった。

中野正剛の自決

十月二十五日午前四時半ごろ、中野の身柄は警視庁から憲兵隊に移された。憲兵隊では、大西和男中尉が主任となって直ちに取り調べにかかった。

正午やや前、松阪検事総長は、憲兵隊で中野が自白したとの報告をうけた。総長はさっそく地検の中村登音夫思想部長に取り調べを命じた。中野は憲兵隊から検事局に移された。中村思想部長は、中野と中野事件の参考人だった二人の東方会員を取り調べたが、中野は憲兵隊での供述どおり淡々と答えた。そこで、検事は事件を予審に回付することにきめ、起訴前の強制処分によって中野を勾留しようとした。だが、部内ではこの勾留状をめぐって、検事と予審判事とがもめた。中村検事は強制処分を請求したが、予審判事はこれを却下したのである。二十五日午後十一時三十分であった。

こうなると中野は釈放しなければならない。中村検事は中野に対し釈放を言い渡した。そこで中野は徒歩で検事局から警視庁に戻った。警視庁ではもはや彼をとめおくことはできない。そこで、取り調べを担当していた係り警部は、中野を説いて明日の議会には出席せぬよう求めたが、彼はあっさりこれを承諾した。そこで、その係り警部は誓約書を書かせ、いよいよ釈放する段になると、またも、今夜は遅くなったので、明朝帰ってもらいたいといい、中野も同意したので、宿直室にベッドを入れ中野をここに泊めた。

明くれば二十六日朝、係り警部に送られて中野は警視庁の玄関に立った。だが、そこには、四方大佐の乗っていた憲兵隊の車が横づけにされて待っていた。私服を着て車中にあった四方は、中野を車の中に迎え入れ、車は憲兵隊に向かった。中野は再び憲兵隊に入ったのである。そしてその日午後二時ごろ、憲兵二名の付き添いで中野は代々木の自宅にかえった。ところで、この朝五時ごろ、東条は官邸に大麻国務相を呼びつけている。そこには、星野書記官長、坂警視庁官房主事、四方大佐らが揃っていた。東条は、

「起訴は間に合わなかった。わたしがこの場で裁断する。中野は出す。わたしが負けた」と敗戦宣言をしたという。だが、その直後、四方は中野を警視庁より憲兵隊に運んだ。これはどういうことなのか、釈放を前にしてなお、執拗に食い下がっている。

憲兵の監視付きで帰宅せしめた意味は、その身柄の責任は憲兵隊にある、憲兵はなお取調べを続行するの企図を示している。

憲兵の監視付きでわが家にかえった中野は、その夜十二時、

決意一瞬、言々無滞欲得三日閑、陳述無茶、人ニ迷惑ナシ、忠孝父母、母不幸。

と遺書して自刃した。

さて、中野の自決は、今日まで謎とされているが、一体この事件というのはなんだったのか。中村検事が裁判所に対して強制処分請求をした被疑事実というのには、

被疑者は大東亜戦下たる昭和十八年二月上旬、東京市渋谷区代々木本町八百八番地、被疑者宅に於て、洲崎姜次郎及泉三郎両名に対し、何等確実なる根拠なくして、大東亜戦争における陸軍及海軍の作戦の不一致あり、右不一致の為、ガダルカナルの会戦は作戦に失敗し、数万の犠牲者を出したるものなるの趣旨の言説を為し、以て陸軍及海軍の軍事に関し造言蜚語を為したり。

とある。すなわち、陸軍刑法第九十九条の軍事上の造言蜚語罪なのである。来訪した右の二人の東方会員に、このような話をしたのかどうか、二人は聞いたと証言しているのだが、中野は警視庁では否認し、憲兵隊ではあっさりこれを認めたということになる。だが、さきの遺書には「陳述無茶」とあるところをみると、憲兵隊での陳述はウソだということにもな

る。すると、なぜ中野は憲兵隊で心ならずもこれを認めたのだろうか。

憲兵隊で中野を取り調べた大西中尉は、こう語っていた。わたしが十九年秋、四方大佐の後任として東京隊長に着任した当時のことである。

「取り調べがすんでから、中野は、隊長に会いたいから取り計らってもらいたいというので、わたしはこれを取り次ぎました。そこで、まもなく、応接間で四方隊長と中野が会ったのですが、わたしも立ち会っていました。中野は、〝これまで、いろいろと自分の過去を考えてみたが、わたしはこの際過去一切のいきがかりをすてて、ともかくも、この戦争遂行のために軍に協力していこうと思う。ついては、あなたの方でも、このわたしの決心に対して、これまでのいろいろな問題を一切ご破算にしていただきたい〟と申し入れました。これに対し四方隊長は〝考慮いたしましょう〟と答えました」

これが事実とすれば、中野がこの申し出をしたのは、どうした心境によるものだろうか。わたしは、中野の「軍に対する終戦宣言」ではなかったかと思う。それから二十六日午前、再び憲兵隊に連れ込まれた中野は、大西中尉に、

「さきに、隊長へお願いしたことは、どうなりましたでしょうか」

と聞いた。大西は別に隊長からなにも聞いていないし、また、そんなことは聞かなくてもわかっていることだと、独り考えていた。なぜなら、東条の厳命で、なんとしても、彼を司法処分にすることが狙いだったのだから、隊長も東条に中野の助命など、できない相談だというわけ。そこで大西は、

「さあ、それはまだ隊長からなにも聞いていませんが、多分ダメじゃないでしょうか」

といった。このとき、中野は名状しがたい、さびしそうな表情で、深く考え込むようにじっとうつむいたままだったが、ややあって、

「フーン、そうですが」

と沈痛な一言を吐いた、という。

「あのときの中野の名状しがたい、落胆のありさまは、今でもありありと、わたしの眼底にくっついて離れません」

と、この中尉は述懐していた。

さて、中野の帰宅を喜んで迎えたのは、三男の泰雄君だった。この泰雄君の述懐によると、

「あとで考えれば、父はすでに家にかえったときから自決を決意していたと思われる。家についで来た国正憲兵伍長も、事が起こってから、わたしもこうなることは予期していました、といっていた」

というから、中野の自決の決意は、彼が自宅にかえる前、すなわち警視庁か憲兵隊かにおいてなされたということになる。監視の憲兵がこれを予期していたというからには、その監視を命ぜられたとき、その上官から自殺の恐れがあるかもしれないと、注意されていたことも考えられる。すると、やはり中野の死の決意は、憲兵隊での最後の瞬間ではなかろうか。このように推理すると、さきの憲兵隊での大西中尉と中野との問答が気にかかる。そこで、大西中尉にもう一度聞いてみよう。

「中野が、なぜ死を決意したか、それはわたしにはわかりません。ただ、取り調べを通じ、またその間の雑談を通じ、わたしの感知したことは、彼は、いま世田谷の部隊に在隊してい

るという二男のことを、たいへん気にしていたようでした。これはたしかなことです。そこで、わたしの全くの想像ですが、息子のことを心配していたというのは、自分はいま、軍にたてつく反軍者として烙印を押されようとしている。すると、この愛する息子にそれがどうひびくかを考えたのではないだろうか。父が軍にたてつく反軍者では、この息子は、部隊内ではさぞ肩身の狭い思いに悩まされるであろう。子を思う、この父の悩みが、憲兵隊ではその罪状を肯定し、そのうえで、あっさり休戦の申し入れをしたのではないでしょうか。あえて過去をすてて軍への、また戦争への協力を誓って、すべてを水に流すことを切望したが、その望みも容れられなかった。これが、彼の悲痛な〝断〟に導いた直接の動機ではないでしょうか」

というのである。

説をなすものはまた、憲兵隊が引き続き取り調べるために、この議会中だけ監視付きで家庭にかえし、三日間の議会会期もすめば、新たな事件で拘引するだろう。この場合、彼はその事件が、ある宮さまに迷惑を及ぼすことを恐れて、自ら生命をたったのではないかというのである。たしかに、造言蜚語罪は決着はついていないが、強制収容ができないぐらいの軽微なものだ。だから、憲兵が引き続き取り調べを予定して、身柄をその監視下においたことは、他に有力な犯罪容疑事実をつかんでいなくてはならない。その有力な犯罪容疑とは何だったのか。四方大佐が他の犯罪容疑について、彼に暗示を与えたことが、彼を死に追いやったのだと伝えるものがある。この場合、憲兵はなお彼に対する捜査を断念していなかった。会期の三日間がおわり次第、取り調べの続行を予定していた。そこで二十七日には検事局に憲兵調書の返却を申し込んでいる。この調書をもとにして、さらに追及しようとしていた。この調書には、さきの流言蜚語のほかに、東久邇宮と近衛公を前にして、中野が東条政治を痛罵したことが記録されていたとて、ここから中野の不敬罪容疑とか、中野が宮さまに迷惑を及ぼすことを恐れたのだ、といった流説が出ていたのである。

いずれにしても、中野の自決の決心は憲兵隊にあったといえる。中野の四方への申し出、それは率直にいえば、彼の東条との戦いの敗戦宣言だったのではなかったか。とすれば、四方も素直にこれをうけ入れ、東条に諫言しても、この小さい事件を放棄し、しかもこの機会に東条と中野とを握手さすべきであった。これこそ、戦争の要請ではなかったか。わたしは、もし憲兵にしてこの処置がとられていれば、中野の悲劇も起こらなかったろうし、また東条もあそこまで悪者にされなかったであろうと思う。考えても惜しいことであった。

だが、いずれにしても、中野の死によって東条の一敵国は潰えた。こうして東条の恐怖政治、東条憲兵のあくなき強権発動は、反東条分子を慴服せしめたが、反東条への鬱勃たる憤りは、地下に潜行して東条打倒に結集されていくことになった。

なお、この事件に東条の不満を買った東京地検の中村登音夫検事には、まもなく赤紙がきた。齢すでに四十三、国民兵に編入されていた彼は、検事の職を追放されて、一兵士となって戦場に駆り出された。東条の国権乱用による報復であった。

重臣抑圧のための政局安定工作

東条政権が倒れたのは、昭和十九年七月十八日のことであるが、これをさかのぼる約二旬の間、東条および憲兵を含めての東条系の悪あがきは、まことにすさまじいもので、それはまさに恐怖政治そのものであったが、これを称して「政局安定工作」といった。

東条政権打倒の動きは、まず重臣が動き、政界がこれにつづき、最後に木戸内大臣が天皇を動かすという経過を辿り、さすが不死身の東条もついに倒れたということになっている。

当時の打倒東条の動きを概観すると、まず、東条組閣のときから反発していた近衛があった。近衛の東条打倒は軍の粛正であり、真崎内閣、それは皇道派内閣の実現を期しての策動であったが、すでにそれらの兆候は憲兵が知って、十八年夏ごろ近衛に警告した事実がある。これにつづいて、海軍の敗戦と嶋田海相が東条のいいなりになっているということに対する海軍部内の反発と不満、この不満をとり上げて海軍再建にのり出した岡田啓介が、近衛と合作し、これに平沼が力をかし若槻が加わり、この四人が主動力となっている。そして、倒閣を決定的なものにしたのは、十九年六月の末に、岡田と東条が喧嘩別れをして以来の重臣の動きにあった。

かねがね、倒閣運動には、真剣な視察の目を光らせていた東条憲兵も、事が大詰めになってくると、露骨な監視網を張りめぐらし圧力をかけてきた。これが東条憲兵の重臣たちへの監視であり直接尾行であり、それはまた重臣たちへの抑制行動であった。

当時の憲兵が、どんな露骨なやり方で圧力を加え、また、その動静をうかがっていたか、憲兵自身が語るよりも、被害者のうけとり方を聞くことが、事の真実を描写しうるであろう。そこで、わたしはこれらの事実を「細川日記」（細川護貞『情報天皇に達せず』）などから拾ってみることにした。十九年七月のことである。

七月八日
富田氏に邂逅、氏は一昨日より憲兵に尾行されあり、公（近衛）もまた然り。今朝、公は富田氏と同道して荻窪より中央に出たるに、自動車にて尾行し来りたるを以て、富田氏は車を止め、何人なりやを咎めんとせしに、彼車中に面を伏せ逃れたりと。
過日、富田氏邸より高村氏と引揚ぐる時、一〇三三号なる自動車ありたるも、やはり憲兵のものなりき。末期的陋劣の手段なり。
七月十日
十時、荻窪にて高松宮殿下の御意向を伺う。富田氏も来り――たまたま後藤隆之助も来り、昼食中、憲兵隊より八木運転手に出頭せよとの電話あり。いつものいやがらせ、又は公の活動を制する意ならんか。
七月十一日
午後二時、高瀬通氏来訪せらる。四時、小畑（敏四郎）中将と面談――かえりに小畑先ず出て数分にして余出づ。外に憲兵らしきものあり、余のあとに随いてくる。余、彼を通りすごさしめ、彼のあとにしたがって歩む。彼遂に困じバス停留場にならぶ。余またならぶ。彼遂に電車に乗る。
七月十二日
八時半、荻窪訪問、昼食を共にし三時富田氏来り、今朝憲兵司令官志方（註、四方の誤）に呼ばれたる事情を聞く。要するにイヤがらせなり。氏の車にて四時帰途につく。依然、憲兵隊の車の尾行さるるに逢う。

七月十四日
四時、自動車にて横浜太田氏邸（註、太田亥十二）に行かる。余同車、憲兵の尾行あり、又荻外荘の門前には人家を強制借用し、憲兵が電話を盗用しつつあり。
七月十九日
二時、荻窪に行く。今日はまたまた憲兵、門前の上野某宅の庭に張り込みいたり。四時、公の平沼氏を訪ふに同車、憲兵の車尾行し来る。
七月二十七日
高村氏と会見、氏の話では、憲兵は公を初め重臣を捕えようとして待機しありしと。又、公も東条が留任すれば、重臣を弾圧する積りなりと公言せる由云われたり。正に危機なりしなり。

とある。ここに富田氏とは近衛第二内閣の秘書官長で、近衛公の側近、その富田健治氏も、『敗戦日本の裏側』の一書に、憲兵の尾行について詳しく書いている。その一つ、

ある時、近衛公が木戸内府を訪ねる時に、やはり自動車の後を見ると、憲兵の自動車がついてくる。一度ガンとやってくれと近衛公はいわれるので、わたしはこちらの自動車を時々停める、停まるとあちらの自動車も停まる。そこで、曲り角でスピードを出すようにして曲ってから停めて待った。あちらでも知らずに急いで曲ってきた。そこでわたしは車から降りて、〝誰の命令でついているのか、近衛公と知ってついているのか〟と脅かしたら、急にスピードを出して逃走してしまった。

近衛およびその側近に対して、張り込み尾行、さらにはいやがらせなどが行なわれたのを、

生々しくえがき出している。もちろん岡田、平沼などの重臣にも厳重な網が張られ、その一挙一動が監視されていた。

憲兵が、国家の重臣に尾行張り込みや、いやがらせをあえてしたこと、それは軍事警察にも治安警察にもあたらない。政治警察といいたいがそれでもない。一に東条打倒の動きを監視し、これに威圧を加えようとした意図以外のなにものでもない。ここにおいて、東条憲兵はまさしく東条の私兵であった。しかもこれを動かしたものは、東条の探題、四方憲兵大佐その人であった。

思うに、東条政権の存続に酷使され、その権力悪を最大に行使した東京憲兵は、こうして憲兵六十数年の歴史に抜きがたい汚名をつけてしまった。

のち、東条は四方に、

「在任中、ぼくは憲兵を使いすぎた」

と述懐したと伝えられていたが、使われた憲兵こそ、その全組織をあげて醜を後世にのこしてしまった。まことに憲兵として不幸なことであった。

わたしは、この四方隊長のあとをうけて東京隊長の任についたのであるが、ここできわめてきびしく前任者の憲兵指揮を非難してきた。しかし四方少将は、わたしと原隊を同じくし、士官候補生以来、長い間、公私にわたるお世話になった先輩である。この先輩の業績を批判し非難することは、まことに心苦しい次第であるが、それは公人としての四方氏に対する痛罵であって、私情としては、しのびえないものがある。あえて記してその非礼をお詫びしておく。

軍の政治横暴と憲兵の責任

わたしは、これまで憲兵は、二、三の異例をのぞいて、政治というものにはきわめて消極的であったと、くり返し述べてきた。だが、それでよかったのだろうか。

軍の政治進出は、革新のあらしと共に進められ、その流血のあと、ついに政治制覇をなし遂げ、外には戦争につぐ戦争で、その政治軍閥はこの国を専断し、ついに亡国の悲劇にまで追いやった。その政治軍部、いや昭和軍閥は、国民の前に強くその横暴と無軌道を指弾されていたのに、憲兵はただ、自らは政治に深入りすることがなかった、とうそぶいている。一体憲兵は、この軍の取り締まり機関ではなかったのか。憲兵は本来、この国のたった一つの軍事警察専掌機関ではなかったのか。どうしてこのような、軍としてはあるべからざる政治横暴を許容していたのか、といった非難が今日においてもなされるであろう。

いわれてみれば、たしかにそのとおりである。憲兵は「監軍護法」の旗印をかかげ、国軍の健全を擁護するを使命とした。だから、「憲兵令」(勅令)はその第一条に、「憲兵は軍事警察を主掌す」と規定した。軍事警察、その警察の客体は軍人、軍属であり、軍隊、軍衙であり、軍中央部といえどもその例外ではなかった。したがって憲兵、とくに軍中央官衙を警察対象として管轄する東京憲兵は、当然に、その警察力点を軍中央官衙とくにその軍人らに集中すべきであった。いわば、そこに在勤する政治軍人の輩を取り締まり、また、その軍衙より発する越軌な政治行動を防遏《ぼうあつ》するに怠慢であってはならなかった。だが、これに対する東京憲兵の力ははなはだ微弱だった、というよりも、これに同調し憲兵強権政治の醜を露呈したことは、さきに書いたとおりである。

ここで、いささか、わたしの回想を許してもらおう。

わたしが、赤坂憲兵分隊長から東京隊の特高課長になったのは、十三年三月、それから十六年四月まで相当長期にわたって特高警察に没頭してきたのであるが、そこでの軍事特高としての対象は、軍中央部であった。

すでに、二・二六事件以後、寺内軍政は政治に驀進し、著しく世の指弾をうけていたし、対中戦争は、まさに泥沼に落ち込んで、長期戦の様相を見せ、国内戦時体制へとつき進んでいた。そこには、この国の前途に深憂して強く軍の自粛自制を求める声もあがっていた。こうしたとき、わたしたちはなにをしていたのだろう。

たしかに、二・二六事件後、一応粛正されたかに見えた軍、とくにその省部には、またもや暗いきざしが見え始めていた。その暗いものとは、省部の幕僚と不純な民間人とのつながりであった。かの宇垣流産に見た軍の暴挙の裏には、たしかに軍に巣食うなにものかが感知されたし、近衛内閣の改造劇、その杉山陸相の追い出しと板垣中将の入閣の裏にも、これに動いた一部の幕僚がいた。

おおよそ、軍を毒しこれを不純ならしめるものは、一部の現役将校が、ある企図のもとに策動する民間人と密絡することから始まるといってよい。そしてその不純な密絡、策謀が、軍に暗い影を宿し、ついにはその無軌道となって表面化する。だから、われわれは、こうした動きに注視し適時適当にこれを一掃することが、省部の姿をつねに健全ならしめるものと考えた。

こうした考えから、わたしは特高課長就任後まもなく、省部在職将校と民間人との接触状況を徹底して、ひそかにこれを洗い上げた。それは膨大な図表となってわれわれの警察資料となったが、この内偵調査が機となって、既述（「国外に追放された男」参照）の浅原事件と進展したのであった。この場合、すでに書いたように、僅かにそこでの関係将校を戒飭《かいちょく》しえても、真に自粛の実をかちとることはできなかった。

その原因はどこにあったのか、憲兵の力の不足もあった。だが、なによりも指摘しておきたいことは、憲兵制度上の欠陥にあった。いうまでもなくそれは、憲兵が陸軍大臣の統督下にあったということである。

右の場合、陸軍大臣がその捜査を中止しろといえばどうなるか。捜査は軍司法に属し、行政大臣の指揮にしたがわないといっても、その大臣はまた全軍の人事権を持つ。一片の転任辞令はその人を、この粛正工作より追放するだろう。

話は政治からはなれるが、昭和十六年に入ってわたしは都内の料亭、待合の内偵を始めさせた。憲兵が、わざわざこんな方面に視察の目を向けたのには、わけがある。前年の秋、教育総監部の部員だった一少佐が、待合びたりをしている疑いがあり、総監部では予防措置として、憲兵に取り調べをたのんできたことがあった。この若い少佐は、新橋あたりの待合に一週間も流連するといった豪遊ぶりから、足がついたものだが、憲兵で調べてみると、ある右翼、それも中国の占領地で知り合った大化会関係の浪人から、金をもらって、家庭をかえりみないで遊び歩いていることがわかった。この調査で、中央部在職将校の素行が、かなり乱れていることがわかった。

そのころ、戦時体制はいよいよ強化され、国民は、二合三勺の配給米と僅かな衣料切符で苦しい生活に気を張りつめていた。このような緊迫した世の中で、軍人が特権階級然と、軍服のままで待合入りすることは、道義上許されないことだった。ところが、事実は、僅か一握りの不良将校であろうが、待合遊びに軍の不信を評判づけていた。こうしてわれわれ憲兵の眼が、待合、料亭へと注がれることになったのだ。いずれこれらの不良を掃除することの必要が痛感されたからである。

わたしはこうした立場で、ひそかなる内偵をつづけさせていたが、四月、京都に転任になったので、後事は、これまで特高主任として働いてくれた高坂武夫少佐に任して東京をはなれた。新任の高坂特高課長は、剛毅不屈で正義心の強い男だったが、この課長の指揮で、お待合内査が進められていた。

そのころ、鮮満国境より脱出し東京に連行されていたリュシコフ・ソ連三等大将は、牛込見付付近に一戸を構えて、軍の調査に応じていた。ここには参謀本部の幕僚二、三人がその世話に当たっていたが、この幕僚たちはリ大将のかくれ家の提供者と懇意となり、共に神楽坂あたりで遊興に耽ることしばしばであった。このため東京憲兵は内査の結果、その手始めとして、その供応者を呼んで事情を聞いた。脛に傷もつその幕僚たちは、わが身に及ぶことを恐れたのであろうか、「憲兵はいらざることに手を出すな」と叫び、その憲兵責任者高坂少佐を追っ払えとまでいきまき、防衛課にどなり込むという始末。

さらにまた、その夏、陸大教官某大佐と赤坂所在のある料亭の女主人との醜関係が、憲兵によって表沙汰にされるといった事件があり、これに手をつけた高坂課長に対する非難はごうごうとまき起こった。つづいて東京憲兵は、昭和通商という軍の物資調達と武器売り込みを業とする商社と陸軍省兵備局幕僚との待合遊びに内偵を進めた。そして、今度こそ一網打尽と、ひそかに期して準備していたところ、陸軍省防衛課は憲兵司令部を通じ、「陸軍省の意向として憲兵の待合あさりを中止するよう」にと勧告してきた。そして、突如、この正義漢高坂少佐は北支に転任となった。うるさい奴はほうり出せというのだろう。

さて、これらのことは、事、政治粛正ではなかったが、陸軍省は気にいらない奴は、一片の辞令で島流しにする。それは、いうまでもなく陸軍大臣がその人事権を持ち、憲兵の身分が保障されていなかったからである。それは憲兵制度の持つ制度上の欠陥であった。

わたしは、つとにこの弊を痛感して、昭和十四年春ごろ憲兵の身分保障と憲兵司令官を天皇直隷とする内容の憲兵機構の改正案を上司に具申したことがあった。それは憲兵を陸軍大臣の直轄よりはずして、陸海軍に超越して軍人、軍隊を対象とする国軍警察組織に改組し、あたかも陸軍の三長官に準ずる「憲兵総監」をおき、内地、外地を通じその警察を一元化せんとしたものであった。

だが、この案は一部の人びとの賛同を得たが、いたずらなる憲兵本位の権限拡張案と曲解されて大方の同意を得られなかった。だがわたしは、これこそ、憲兵を独立不羈《ふき》な内外地を一元化する軍事警察体として、陸海軍に対する強い警察効果を発揮するものと確信してのことであった。

ともかく、憲兵は軍の警視機関といい条、その無軌道な軍の政治横暴を抑制しえなかった。たとい、その個々の軍人の政治的越軌は責めても、軍がその意思としての政治行動には、これが国民の反響として、国民各層の声を通じ警告することがあっても、これを直接的に中止あるいは是正させる力はなかった。その抑制力のなかった責任は痛感するが、これが偽らざる当時の実状であった。まさに痛恨の至りである。

スパイ物語二題
——潜入スパイとデッチ上げスパイ

これまで外事警察といわれ、主として対外国公館や要視察外人、要注意日本人の視察にしたがっていた警察が、いわゆる防諜という観念のもとに、広くその警察を推進したのは、支那事変以後のことであった。

だが、防諜警察といっても、ただ国民に防諜思想を啓発したり、狙われる恐れのある要地・要物の防諜指導をするだけではなかった。より重要なことは、これまで外事警察の重点だった外国公館とその手先に対する周到なる偵諜であった。ここでは、外国公館の対日諜報組織とその活動をつかむことであり、また、これらの外国公館の動きを通じ、対外情報を収集することが要請されていた。これがためわれわれ憲兵は、内務省警察と緊密な連絡のもとに、たえず国際情勢の変化に対応しつつ、いわゆる積極防諜に専念していた。

しかし、すでに明らかにしたように陸軍省に秘密防諜機関が設置され、また、その後参謀本部にも防諜組織が秘設されるようになると、われわれの防諜警察の方向も、その積極防諜よりも警察力をもって相手側諜報組織の破壊に向かっていたし、なによりも戦局の要請は、対諜防衛といった消極防諜に、より多くの力をそそぐことになった。

　昭和十五年夏、わたしの指揮で行なった英国系スパイの検挙、それはその被疑者の一人、ロイター通信東京支局長ジェームズ・M・コックスの自殺によって世の視聴を浴びたのであるが、それは英国系諜報組織の破壊にあって、検挙を目的とした偵諜数ヵ月の成果ではあったが、憲兵の不手際によって彼を自決に追いやる不幸な出来事となり、わたしとしても限りない痛恨事であった。

　また、このあと行なった日本救世軍の弾圧、それが英国本営の支配下にある要注意防諜団体であったため、陸軍省の強い要請によるものであったが、その宗教団体に手を加えたことは、一面たしかに宗教団体への警察弾圧であり、わたしとしても寝ざめの悪い、いや憲兵史に一汚点を印したものと、強く反省している。しかしこれらのことは、すでに、わたしの『憲兵秘録』に詳しいので、ここに再び書くことをやめる。ここではまず、そのころ東京に潜入していたスパイを逆用した、国内ではめずらしい事件を紹介したい。それからスパイ事件に関連して、防諜事件としてははなはだしい錯誤、いや錯誤というよりは、デッチ上げられたスパイ事件を反省をこめて書き残すことにしたい。それは直接、わたしの東京でのことではなかったが、いささかこれに干与し、そのデッチ上げを発見したことの因縁もあり、われわれ憲兵の恥部ではあるが、あえて大胆に告白するものである。

潜入スパイとその逆用

東京に潜入したスパイ

青山通りを市（都）電が走っている。その南町四丁目と五丁目とのまん中ごろを、左に入って一丁ばかりゆくと、A館という下宿屋があった。白川と名乗る三十を過ぎたばかりの男が三ヵ月前から移り住んでいた。毎日、外出することもなく引きこもっている。どこからきたのか誰も知らない。訪ねてくる人もいない。所持品はこれといって持ち合わせていないが、身なりはいつもアメリカンスタイルのモダンな着こなしでシャンとしているし、金ばなれもよい。なんでも近く機械商を始めるとかいっているが、別に急いで事を始めようとする気配もない。妙な男だと思って見ると、彼の態度には、どことなく落ちつきがないし、どこか暗い陰も感じられる。それに、東京での生活にも慣れていないようだ。どこがどうだというのではないが、よく見れば見るほど不思議な男だった。

そのころ、赤坂の憲兵隊では、管内を小刻みにわけて査察区というものをつくっていた。この査察区は若い憲兵三、四人でうけ持って、その区域内での出来事をなんでも知るよう隊長から要求されていた。Kという憲兵兵長は、なかなかの仕事熱心な兵だった。昼間のはげしい勤務に疲れも見せず、誰からもいいつけられたわけでもないのに、毎晩のようにこの査察区を密行したり、馴染みになった人びとを訪ねて町の話を聞き歩いていた。

その年、といってもそれは昭和十三年秋も深い十一月のころであった。ある晩この兵長が青山南町のA館に立ち寄ってみた。ここの女主人とは前からの馴染みであった。

「Kさん、めずらしいですね。ちょうどよいところにいらっしゃった。今日はあなたによい話を上げましょう」

と、語って聞かせたのが、くだんの不思議な男のことであった。

K兵長は、ひそかにこの男の身元を洗ってみたがよくわからない。そこで班長に報告した結果、班長は腕ききの特務二人をえらんで、しばらく偵諜させることにした。班長はこの男をアメリカ二世とにらんで、潜入したスパイではないかと疑ったのである。この偵諜で十二月の初めごろまでに、赤坂憲兵のとらえたことは次のようであった。

1、彼は言語、態度などからみて、長い間の外国生活したものか、あるいはアメリカ二世であることに間違いはない。

2、下宿に潜入して彼の持ち物を調べたが、別に疑わしいものは見つからなかった。ただ、器械のカタログのようなものが二、三部あっただけである。

3、あまり外出しないが、時々、神宮外苑あたりを散歩する。しかし、それも別に連絡のためとも思えない。また、彼を訪ねてくる友達もない。

4、東京中央郵便局に私書函を持っている。カナダ向けに通信している疑いがあるが、まだ来信はつかめない。

このことは、九段の隊本部特高課に報告された。当時の外事防諜主任は和田喜代治中尉だったが、和田はさっそく赤坂憲兵隊にのり込んで、丹念にそこの偵諜日誌を調べ、かつ関係者から事情を聴いた。そのうえ自らひそかに白川なる男を首実検した。和田は、具体的資料はないが、十中八九、潜入スパイだと判断した。そこで、本部から一人の下士官を赤坂憲兵隊に送り、その偵諜を指導することになった。そして依然として偵諜を続行すること一ヵ月に及んだ。しかし彼の行動にはなんらの変化はなかった。だが、郵便局に私書函を持ちながら、彼のブラブラ遊びはおかしい。やっと一通の着信をつかんだが、盗見しても単なる商業用の連絡でしかなかった。そこで、打ち切りにするかどうかが討議されたが、和田中尉はスパイ説を固執して譲らなかった。結局、和田の意見によって、一度、彼を引き上げてみることになった。

その年も暮れて、翌十四年の一月末のある日の夕刻、彼の外出中を狙っていた隊本部の特務は、神宮外苑散歩中の彼を絵画館前で呼びとめた。

「白川さん、ちょっと、話があるのですが」

一瞬、ぎょっとした彼は、さりげなく、

「なにかご用ですか、白川ですが」

このとき、数名の私服は彼をとりかこんでいた。そして、彼は自動車で九段下の憲兵隊本部に運び込まれた。和田中尉は自ら彼を取り調べたが、この白川といった男は、なんらの抵抗を示さずに、なにもかもスラスラとしゃべってしまった。やはり和田の判断したとおりスパイであった。だが、彼は気の弱い男だった。スパイをする意欲がなかった。よくいえば、日本人としての自覚が、日本にきてよみがえっていたのかもしれない。

スパイの逆用

ここで、彼の供述の要旨を聞こう。

「わたしはカナダのバンクーバー近郊五マイルの田舎町に住んでいた。突然、警察の者だと名乗る男に連れ出され、いった先は軍の機関のようだった。ここで、強制的に軍に協力せよといい渡されたが、わたしにはなんのことかまだよくわからなかった。協力せよというからしぶしぶ承諾すると、すぐ諜報学校に入れられた。ここにはわたしのほかに七、八人の日本人がいたが、もちろんその名前など知らない。

約半年間、諜報教育をうけた。この教育がおわると、お前は日本にゆけ、東京にいて主として日本海軍の状況を調べろ、詳しいことはだんだん指令する、といい渡された。そして表面上は、あくまで貿易商、工作機械の輸出商人として偽装することとされた。

わたしは九月、横浜に着いた。わたしはいまから七、八年前、二年ばかり東京に住んだことがあるので、少しは東京の地理は知っている。そのころ、神宮外苑や明治神宮あたりを散歩したことがあり、あの外苑はとても好きだった。そんなことから、わたしは青山付近に下宿したのだ。しかし、わたしはここにきてからは少しもスパイはしていない。わたしの性格からこのことに向かないし、いまの日本の時局で、日本人の血をうけながら外国のために働き、しかも、日本海軍をスパイすることは心苦しいことだった。だから、日本にはきたが、いつ自首して出ようか、自首するにはどうしたらよいのかなどと、独りで苦しんでいた。これでわたしは肩の荷をおろしてホッとしている。つかまってなにか心のしこりが解けたようだ」

「君はそのカナダに通信を送っていただろう」

「送っていた。しかし、それは商用のもので、誰が見てもあやしまれるものではない」

「すると秘密インキでも使っていたのか」

「そうだ」

「君は横浜に上陸したというが、税関はどうしてパスしたか」

「それは、わけはなかった。○○○という胃腸薬の瓶に、その薬と同色の粉末インキが入れてあるし、そのうえ、開栓して使用中のものと見せかけてあるので、税関吏は、わたしの常用の胃腸薬と思っただろう」

「いま、それらはどこに持っているのか」

「下宿にかくしてある。鵞毛ペンも特種なものを持っているし、あぶり出しの薬も持っている」

「これからどうするつもりか」

「もう、スパイはコリゴリだ。でも、本国にいる家族が心配だ。わたしは独身だからどうなってもいいが、お前がしっかり仕事をしなければ、お前の財産もお前の兄弟たちの財産も取り上げると、機関からおどかされている」

「これまで機関にはどんな通信をしているのか」

「二度通信したが、いろいろと準備中だと報告してある」

　こんなことで、東京憲兵は、白川なる潜入諜者をどう処置するかを検討した。そして海軍とも協議した結果、彼をしばらく逆用することにきめた。彼が日本海軍をスパイする目的で派遣されていることを利用し、そのカナダ機関の諜報企図を知ろうとしたものである。諜者の逆用は野戦ではめずらしいことではないが、以下、さらに逆用の状況を明らかにしておこう。

　わたしは和田中尉をこれが逆用の主任者とした。和田はこの白川を憲兵隊に近い神田付近のアパートに転居させた。監視と連絡を便にするためだった。しかし、彼は従順な逆用諜者であった。和田は軍令部あるいは海軍省軍務局と連絡しながら偽情報を送った。

その通信の二つ三つ。

機関へ

今日はすばらしいニュースを送ります。わたしのアパートに住んでいる女性についてです。松島という今年二十二歳の令嬢ですが、いまわたしはこの女性に接近しています。松島さんは霞ヶ関にある海軍軍令部に、もう一年以上も、タイピストとして勤めています。上役にも相当信用があるようですから有望です。必ず期待に副いうるものと確信しています。

白川へ

君の努力には感謝している。あせってはいけませんが、彼女に信頼されるよう努力して下さい。彼女の職場をすぐ報告して下さい。

機関へ

わたしはやっと松島さんと親しく交際するようになりました。彼女は軍令部の情報関係に職場を持っていますので、かなり軍事情報を持っているようです。今日も彼女と二人で、横須賀までドライブしました。港外には三本マスト、砲塔が二つある軍艦が在泊していましたが、多分それは戦艦○○だと思います。追い追い、こうした方面にも手を伸ばしていきます。

機関から白川へ

彼女との親密な交際は歓迎します。しかし君の研究の不熱心に驚いている。君の横須賀で見た三本マスト砲塔二つ……というのは、○○ではありません。◇◇というのです。君はどこかの図書館にいって、軍艦年鑑をひろげて見給え。そこには、日本海軍の在籍軍艦が、ずらりと書かれている。君のような海軍知識では、とてもこの重要な仕事に能率をあげることは不可能です。もっと真剣に努力して下さい。

機関より白川へ

このごろ、連絡が遠のいたようです。君はもっと熱心でなければなりません。これまでなに一つ目的に近づいたと思われる報告のないのは遺憾なことです。これでは、君の財産や君の家族にも不幸な事態が起こらないとは保証されません。至急、君の最近の活動状況を報告して下さい。

大阪にも潜入していた

こういった通信が往復されていた。これが簡単な暗号に組み立てられ、日常の商業上の通信面の行間に、秘密インキで書かれていたのであった。この諜報機関は英国系、カナダに本拠をもつものと判断されていたが、このスパイには、それがどういう機関であるか、なに一つ知らされてはいなかった。

さて、こんな通信往復を見ているうちに、わたしたちは、彼の行動範囲がきびしく規制されていることを知った。というのは、彼には東北以北、名古屋以西の旅行が禁ぜられていたのである。そこで、試みに大阪方面に旅行したい旨を送ってやると、折り返しそれはならぬと、許可を与えなかった。そこで、これはどうも臭いと思った。あるいは、名古屋以西、あるいは東北より北海道にかけては、別の諜者が潜入しているのではないかと判断した。白川について調べると、自分と一緒に諜報学校を出た者の中に、二、三人の日本人がいたと証言した。

わたしは、大阪憲兵隊に和田中尉を出張せしめ、東京における状況を伝え、大阪にも同様のスパイが潜伏していると思われるので、その方面の内偵を進めるよう勧告させたのである。この連絡のあと一ヵ月もたつと、大阪憲兵隊から至急電で和田中尉の来阪を求めてきた。

大阪ではさきの連絡により、まず通信検閲に重点をおいて根気よくこれをつづけていた。するとまもなく一つの容疑通信を発見し、和田の来阪を求めたのである。和田はこれを見てカナダ系の諜報本部からのものと見た。そこで大阪では、この容疑通信の受取人をとらえようと大阪中央郵便局の私書函を中心に張り込むこと八日目、立ち現われた受取人を憲兵隊に同行した。取り調べの結果、バンクーバーから日本に潜入した同一系統の諜者だった。彼が一週間あまりも郵便局に現われなかったのは、広島、呉方面に旅行中であったからだ。ここでは、スパイはすでに行なわれていたのである。だが、この諜者も東京同様、大阪憲兵によって逆用された。

こんなことで、その年夏ごろ、機関から帰国を命じてきた。彼の動きに疑問をもたれたの

であろうか。彼が帰国を忌避したので、

「わたしは最近、愛人ができて、近く東京で結婚しようと思っている。いま、しばらく東京を離れることはむずかしい」

と返事を出させた。これに対しては、了解したのかしないのか、なにも指示してこなかった。こちらからは時々、松島という女性から聞いたニュースとして、新聞発表程度の中国における海軍情報を送って、お茶をにごしていた。九月ごろになって、突然、

「君は、いますぐ東京を立って上海に行くよう。上海のフランス租界にある〇〇〇ホテルに旅装を解け。そこで、A・スノーという背の高い四十歳ぐらいの男が、君を訪ねるから、以後、その人の指示に従って行動せよ」

と指示してきた。もう、この諜者もスパイとして機関から信用を失っていたようにも思えた。彼は、今度は上海だが、上海にはぜひいってみたいと希望していた。憲兵も、こうなっては、その逆用にもあまり効果を期待できないので、彼の希望を入れて放すことにした。

上海に着いたのか、着かないのか、彼のその後の消息は杳として知れなかった。長い間、個人的にもなにくれとなく世話していた和田中尉にも、なんの音沙汰もなかった。あるいは抹殺されたのかもしれない。スパイの辿りつく運命は、誰にも知らされることはない。

さて、このスパイの逆用によって、われわれは、相手側の重要な諜報企図を知ることはできなかったし、また、こっちから流した情報が、どれだけ信用されていたかもわからなかった。しかし、その機関の諜者に対する指導については、啓発されることが多かった。

諜者の逆用といったことは、別に異とすることではないが、しかし、この十四、五年のこ

ろ、東京や大阪に遙かカナダから、諜報の目的で、スパイが潜入していたということは、記憶されていい。当時、〃スパイは身近にいる〃とか、〃スパイ御用心〃といった立看板が、町々で見かけられたが、それは決して、国民への防諜心高揚のための警告だけのものではなかったのだ。事実、外国からきたスパイが、われわれの目と鼻のところにいたのである。いずれの時、いずれの時代にも、秘密戦は行なわれているのである。

スパイにされた男

横須賀憲兵のスパイ検挙

ここ無敵海軍最大の基地横須賀軍港は、軍港都市といわれるだけあって、町は水兵服と錨のマークをつけた工員服が、人通りをあやなしていた。東京を結ぶ横須賀線の電車が、十分おきに運んでくる人波もおびただしい。陸の玄関横須賀駅には、憲兵や警察官がいかめしくこの人波をにらんでいた。降車口からはき出される人の列には、きびしいかげの目も光っていた。

いましも入ってきた電車を降りた人波は、改札口をごったがえしにしていたが、それもまもなくひと過ぎしたころ、トボトボと足どり重く一人の中年の婦人が、改札口を通りながら駅員に、なにかささやいていた。駅員はうしろをふり向いて、あたりの憲兵をさし招いた。女はうやうやしく憲兵にお辞儀した。そして弱々しく、

「憲兵隊に伺いたいのですが、お役所はどちらにあるのでしょうか」

と聞いた。元気のよい若い憲兵は、

「なにか憲兵隊にご用がおありですか。用件ならわたしが承ってよろしいが」

「いえ、主人がご厄介になっていますので、ちょっと伺いたいのです」

とうつ伏した。

それから、三十分もたって、この女は憲兵隊の門をくぐった。

横須賀憲兵分隊はずっと町はずれの深田町、段々山の山裾にあった木造二階建ての小さい建物だった。ここ数日前から、大がかりなスパイ団を見つけて、分隊長以下張り切っていた。捜査主任は杉森曹長(仮名)、どしどし参考人を呼んで証拠固めをしていた。そのスパイ団というのは、いまのところ、三人の日本人が共謀して外国人に海軍情報を売り込むことを計画し、この夏ごろから、東京では主として渋谷の道玄坂あたりの繁華街で連絡している、というのである。まだ、はっきりと固まってはいないが、諜報団であることは間違いなく、横須賀では、民間からの密告から内査を進め検挙したということだった。さきの女も、このスパイをしている一人、山口(仮名)の妻女で、この日、夫のために差し入れ物を持って、大船からわざわざきたものであった。

さて、横須賀でのスパイ検挙は、横浜憲兵隊本部をへて憲兵司令部に報告され、第三課長の河村中佐も、事、重大とみて海軍省当局にも通報し、海軍も、この事の成り行きに心配していた。なにを諜知されているかが問題だったからである。

この事件は、憲兵司令部から東京憲兵隊に通報されてきた。だが、特高課長だったわたしは、はじめ半信半疑で、どうせスパイといっても、海軍水兵からの情報入手か、工廠や軍需工場あたりの工員に連絡でもつけているぐらいに考えていたが、だんだんわかったところでは、精巧な写真機をもって艦船、工廠、航空基地などの地理的偵察が計画的に進められ、そのスパイも、しばしば米人何某と渋谷道玄坂あたりで会っているというのである。

どうもおかしい。というのは、そのころ国民の防諜意識も相当浸透しており、道玄坂あたりで外人との取り引きが行なわれているということを疑ったのである。だが、そのころこうした盛り場で外人が跳梁しているというのが事実であるならば、東京憲兵の外事防諜の権威は丸潰れである。こんな外人に跳梁されているようでは、東京憲兵も、これまでの防諜のやり方を真剣に考え直さねばならぬと考えた。

事実、このときわたしは、外人の出没現認を目的に、一外事特務を一週間にわたって、道玄坂界隈を飲み歩かせたことを憶えている。

そして、また、これが事実とした場合、横須賀のような外事警察に慣熟しない憲兵にこれをまかしておいて、大魚を逸するおそれがないかと心配した。われわれは、その面目にこだわるわけではないが、ここで一つ外事警察のエキスパートを横須賀に増援させて、これに協力させるか、それとも、この事件を東京に移して、東京で徹底した捜査をやることが、憲兵としては得策ではないかと考えた。

そこでわたしは憲兵司令部に意見具申した。

「事件が重大だとすると大魚を逸してはならぬ。なにも東京が横須賀の功を横取りするというのではないが、ここは大乗的な考察から横須賀事件を東京に移すことはできないか」

第三課長の河村中佐は、さっそくこれに同意して司令官の承認を得て、これを横浜隊長に命令した。

スパイにされた男

これより先、東京隊では外事主任の野村少佐を横須賀にやって、このスパイ事件の全貌や見通しを聞かせておいた。このとき捜査主任の杉森曹長は、たいへん得意で、彼らはなかなかに白状しないので、相当手ぎつい手段を使っていると、得々としゃべっていたということだった。しかし、この場合は単なる外事警察上の連絡で、もし東京で協力することがあれば、遠慮なく申し出られたい、と伝えてかえってきた。

ところが、河村中佐が横浜隊長に事件を東京に移すことを指示したあと、しばらくして、横浜から、

「横須賀分隊の今の捜査段階では、これを東京に移すことは困難だ」

といってきた。だが、課長は、横浜が東京に功を横取りされることをいやがって、こんなことをいってきたと感じたのであろう。

「司令官の命令だから、いかなる事情があろうとも、事件は身柄と共に、至急東京に移せ」

ときびしく申しつけ、また、東京には、すぐ身柄受領者をしてうけとってくるように、といってきた。

そこで、東京隊では再び野村少佐を身柄受領にやった。ところが、野村がいってみると分隊の空気はガラリと変わっており、もうほとんど事件を語らないし、歓迎されない客であった。とにかく、いま二、三日すると一段落するので、こちらからお送りする、というので、野村は手持ち無沙汰でかえってきた。

わたしは、これはおかしい、なにかあるとにらんだが、先方から送ってくるという以上、しばらくこれを待つことにした。

ものの四、五日もすると、午後五時近く横須賀から東京へ、一人の被疑者を連行してきた。あとの二人は取り調べが一応すんでから送るというのであった。この一人、さきの山口某という被疑者が到着したというので、わたしは外事主任の野村少佐と共に、取調室でその被疑者に会った。

そしてわたしは、こう諭した。

「君が横須賀憲兵隊で自供していることに、ウソいつわりはないか」

「絶対にありません。調書に述べているとおりです」

「だが、東京では横須賀での取り調べを、おうむ返しに、もう一度くり返すのではない。全く白紙で、君を初めから調べるのだから、もしウソをついていたり、間違ったことをいっていたことがあれば、ここでは、はっきりと、そういってもらいたい」

「絶対にそんなことはありません。わたしが愚かで、まことに申しわけないことをしたのです」

「まあいい。よく考えて、事実は事実によって、何事もかくし立てすることなく、また、横須賀の取り調べにこだわらないで、ここの調べに応ずるようにしなさい」

こんな問答をして、わたしはその場を去ったが、あたりは、もう薄暗かった。

さて、この山口なる被疑者が東京に移されてから二日目の午後、野村少佐はあわただしく、特高課長室に入ってきた。

「課長、あの男はまっかなウソでした。これまでのことは全くのデタラメで、苦痛に堪えかねて、しゃべったというのです」

「そうすると、横須賀ではひどく痛い目をあわせたというのだな」

「そうです。もう殺されると思ったというのです」

「それにしても、大ゲサじゃないかね」

「いや、実はわたしの方の手落ちもありましたが、彼のチョッキの裏には、〝かきおき〟が書いてあるというのです。彼を留置するとき、一応の身体検査はしたのですが、チョッキの裏まで見ませんでした。が、そこにはこれこのとおり」

　野村少佐は一着のチョッキの裏を開いた。白いしま物の裏ぎれに、

「わたしはあくまで潔白だ、信じてくれ」

　薄ぎたなく血のあとが見られた。

「なるほどね。すぐ取調室にその山口を出し給え。わたしが聞いてみよう」

　わたしは、野村少佐を立ち会わせて、その山口なる男を、訊問した。

「どうして、ここにきたとき初めからいわなかったのだ」

「あっちを出るとき、やかましく、ここで白状したとおりをいわないと、あとが恐ろしいぞといわれていましたので、よう、口から出ませんでした」

「では、どうして今ごろになってウソだというのか」

「ここでは、理づめで攻めたてられるので、答弁がつづかなかったのです」

た。

なにがそうさせたのか

こんなことに始まって、この山口なる男が、わたしの前に述べたことは、次のようであった。

横須賀では、杉森曹長が一人で調べました。いろいろ聞かれるが、知らぬことは知らぬで通していた。すると道場に連れ込んで別の兵隊が、わたしをたたいたり、転がしたり肉体的な責苦にかける。そして戻ってくると取り調べが始まる。どういえば、この責苦から逃れられるかと考えつづけていた。フト傍らにほご紙がおいてあって、なにかいたずら書きがしてある。コレコレ、これをいうのだな、と思って、そのとおりいうと、

「そうだろう。なぜ、そのように早くいわぬか」

というが、曹長は上機嫌だった。

こうして曹長の暗示誘導にかかって、心にもない作り話をしたというのである。

彼は上衣を脱いで、これを見てくれという。至るところに打撲によるしみが残っていた。まことに、ひどい話で、こんな調べをしているのに、憲兵分隊長はなにをしていたのだろう。他の同僚も大勢いるのに、なぜ、これを分隊長の耳に入れなかったのか。入れても分隊長が聞かなかったのか、ともかくも、ひどい憲兵がいたものだ。

彼は留置場の中で、苦痛に堪えかねて、いずれ殺されるか、自分で死をえらぶか、とにかく生きて娑婆へは出られぬと思った。そこで、わが身の潔白を身内の者だけにでも知ってもらいたかった。どこで手に入れたか、一本の爪楊子を房内に持ち込んで、歯ぐきをついて血を出した。その血を爪楊子の先につけて、書きつけたのが、チョッキの裏の「遺言」だっ

たのである。

わたしは憤りを感ずるやら、馬鹿らしくなるやら、この事実を司令部の河村課長に通じ、「東京隊はこの捜査を中止し、横須賀分隊の進展を待つ」ことにした。

横須賀からは二、三日たっても残りの被疑者を送ってこなかったが、別に督促するような意地悪をしなかった。だが、連れてこられなかったのは、事件に確証がつかめないのと、もう一つは拷問による傷あとを恐れ、その傷あとが消えるまで外には出せなかったのではないかと邪推した。

だが、その後、横須賀では実地検証と称し、車で残り二人の被疑者を同行せしめ、アメリカ人を訪問したという、その居宅に案内させた。目黒あたりをぐるぐる回っていたが、ここではなかったといい、また池袋から豊島園近くまで車を走らせた。被疑者たちは、とうとう車の中で泣き出してしまった。アメリカ人何某というのは、被疑者の架空人物であったのだ。ここでも、被疑者たちは取調官の圧迫に堪えかねて、思いつきの外人の名前を出して、とりつくろっていたのだった。それを案内せよといわれてもできるものではない。東京に出て半日も車を乗り回したあげく、ウソだと自白した。

全く、人さわがせなスパイ団事件だったが、これが表沙汰になれば、その主任の曹長も監獄ゆきを覚悟しなければならない。分隊長も隊長もただではすまない。それが他隊のことで、わたしの関心も少なかったが、おそらくその主任者は行政処分は免れなかったであろう。内地憲兵にもこんな異例な憲兵もいたのだ。

たった一人の捜査官を専任にし、その捜査官が功名心というよりも、自分の面子《メンツ》にかけても、自分の頭でデッチ上げたスパイ事件だった。気の毒なのは、傷ついた被疑者たちである。これにどう謝罪したことやら、昭和十五年秋ごろの話である。防諜、防諜といっていたそのころ、仕事熱心だといっても、このようなことが許されるわけがない。憲兵スパイ物語、あえてその「非行」をあばくことによって、その罪のつぐないとしたい。

南方占領地軍政に干与して

――現住民政策の反省など

わたしは京都憲兵隊長たること僅かに三ヵ月、その年六月、独ソの開戦はわが国策をして「北方に対して好機を捕捉しての武力行使」に決定せしめ、これが対ソ作戦準備のため、七月初め未曾有の大動員が行なわれた。「関特演」である。わたしたち憲兵にも三個の野戦憲兵隊とその司令部が動員された。わたしはその第一野戦憲兵隊司令部部員としてその編成に入り、八月初め宇品を出航して渡満、東安、のちに新京に駐屯していたが、翌十七年一月、わたしは憲兵司令部附に転じた。だが、東京に着くとそこに待っていた新任務は、占領地の軍政担当、すなわち第二十五軍軍政部要員であった。

わたしの命課は山下兵団のシンガポール攻略後に発令された。わたしは二月二十六日、東京羽田を立ちサイゴンを経て、三月六日、戦禍のあとまざまざしい荒涼たるカラン飛行場に着いた。爾来、翌十八年八月まで、第二十五軍軍政監部、のち総軍直轄のマライ軍政監部に約十八ヵ月を勤務した。この間、ずっと占領地行政に干与したが、わたしが憲兵なるが故であろう、その職域は軍政監部警務部長として現地警察の再建整備と占領地の保安に任じた。

その警察といった視野から、いろいろと体験し見聞すること多く、その思い出もまことに深いものがあるが、ここでは、いわゆる「日本軍政」の東南アジアの一角にのこした現住民政策の一端を、いささか反省をこめて書きつけておくことにしたい。

さて、この大戦争における占領地には、すべて「軍政」が布かれたが、だいたい中央から指示された「軍政実施要綱」に則して、それぞれ占領各軍が、その占領地の特殊性を考慮してこれを実施したのであるが、ここ第二十五軍では「第二十五軍軍政実施要綱」がきめられ、この大綱によって一応統制せられていた。しかし「軍政」という以上、住民福祉のごときは遺憾ながら政策上の最上位にはおかれない。もともと軍政そのものが、軍作戦上の必要にもとづく要域確保と、そこでの戦争資源の獲得にあったからである。とはいいながら、現住民の協力なしにはまたこの軍政目的を達成しがたい。ここに軍政のむずかしさがあったし、これによって現住民に与える悪感情は避けがたいものであったともいえる。したがって、その対住民政策は、こうした悪条件の下に可能な限り住民福祉に万全を尽くすべきであったが、はたしてマライ軍政はこれをどのように遂行しえたであろうか。

軍政における民心の把握

掃蕩作戦という名の華僑粛清

占領後まもなく昭南市と呼称されたシンガポールは、英国の東洋植民地の牙城であった。そこには、ユーレシアンと称するマライ人と白人との混血、中国人、マライ人、それに印度人といった各民族が混在していた。いうまでもなく英国は海峡植民地として、シンガポール、マラッカ、ペナンを直轄し、それに六つのマライ土侯国を保護領としていた。しかしそこでの経済的支配者、商権の実力者はなんとしても華僑であった。わが占領政策が戦争資材の獲得を目的とするものである限り、この華僑の軍政協力にまつこともっとも大であった。

だが、軍はシンガポール入城と共に極端なる華僑弾圧を強行した。永年にわたる排日排貨の中心であり、蔣介石政府と通謀する排日の元兇としてとらえたのである。これがため今日、日支事変における南京大虐殺と共に、この華僑肅清が日本軍の二大汚点として記録されている。

さて、軍はシンガポール入城に先だって河村参郎少将の指揮する一支隊（歩兵約二大隊）を憲兵部隊と共に入城せしめて徹底した市内の肅清工作、すなわち敗残兵ないし敵性分子の索出を行なった。このことは軍の自衛上当然のことで、あえて異とするにあたらないが、その肅清のやり方に問題があった。肅清とはいってもそこで莫大なる良民を殺戮したのである。

わたしが、いま開設したばかりの軍政部についてしばらくの間、日に何度かの市民の訪問をうけた。いちいち会ってみると、「わたしの父は去る二十日ごろから行方不明で、今まで捜しまわっているが、皆目所在がわからない。どうか日本政府の手で捜してもらいたい」といった陳情があいついだ。あるいは主人を失った妻、あるいは弟を失った兄、さらには子を失った母といった具合に、こうした陳情の人びとは、その手に捜索人の写真を持って現われた。こうした陳情に、わたしはいつも暗い気持ちにさせられたが、これらはすべて、この肅清の犠牲者なのである。

本来、作戦軍としてはその入市に先だって、敗残兵や義勇軍の摘出、兵器弾薬などの検索を行なうべきであるが、この場合、一般住民に対しての大量殺戮が加えられたとなると、それをしも、軍司令官の作戦上の非常措置といってみても通用しない。この華僑粛清は二月二十一日ないし二十三日の三日間行なわれたといわれるが、ちょうど、それはわたしが東京を出発する直前にあたり、この山下兵団の措置は東京にも報道され、わたしを訪ねてきた人の中でも右翼の人たちは手を打って喜び、南方華僑の抗日拠点の粉砕と、これを歓迎したが、また、ある人は「山下は華僑を知らず支那民族を知らざるものだ」と非難した。たしかに国民はマライ作戦の赫々たる成功に酔って、こうした華僑粛清には、たいして気にもとめていなかったが、この華僑弾圧こそ、マライ軍政にとっては一大禍根であったばかりでなく、日本軍の暴虐として世界の批判にさらさるべき最大の汚点であった。

勇将山下軍司令官はどうしてこの人道上非難さるべき暴虐を許したのであろうか。当時の責任者河村中将(当時、少将)、戦後英軍戦犯として、このことの故に処刑された河村中将は、山下軍司令官より、「軍は他方面の新たなる作戦のため急いで多くの兵力を他に転用しなければならない。しかるに、敵性華僑は至るところに潜伏してわが作戦を妨害しようと企図しているから、機先を制して根底よりこれを除き、これら敵性華僑を剔出処断し、軍の作戦に後顧の憂いなきようにせよ」という趣旨の命令を受領したという。

はたして、そのような命令が下達されたものかどうか。

なるほど軍はマライ作戦終了後、牟田口兵団(第十八師団)は北方ビルマへ、西村兵団(近衛師団)はスマトラへ転進した。だが、松井兵団(第五師団)が昭南(シンガポール)およびマライ一帯の治安警備についていたのであるから、警備上の兵力不足というには当たらない。

また、入市直後において敵性華僑が至るところに潜伏して、わが作戦行動を妨害しようと企図している、といったことも必ずしも当時の実状にそぐわない。敵性分子の大部はすでに逃亡しており、シンガポール、ジョホール水域に近い島々には華僑の避難民が充満しており、その敵性分子といったものは、ここにまぎれ込んでいたとしても、市内における残存は僅かなものでなかったのか。むしろ市内に残留して日本軍を迎えたものは一般華僑大衆であり、そこに反日分子がいたとしても、敵性分子などという大ゲサなものではなかった。

とにかく、この掃蕩作戦といわれた華僑粛清は、警備軍隊の手によって、市街地在住者をことごとくその家屋より駆り出し、一区画毎に集合せしめたうえ、これを検問検索して、義勇軍、共産党、掠奪者、その他敵性ある者を剔出するというにあったが、一瞬の視察と二、三の問答をもって、この異民族から、それを捜し出せるものではない。しかるに、こうした捜索に未熟な兵隊たちの一瞬の判定によって容疑ありと認定されると、即時射殺されるといったことは、その暴虐非道まさに言語に絶するものがある。世紀の虐殺といわれる所以である。

河村少将の述懐

さて、この場合、これが実行に当たった警備司令官河村少（中）将にしても、この実行がよほどその良心にこたえたのであろう。河村中将の遺著『十三階段を上る』には、こんなことが書かれている。

――鈴木参謀長から実行の具体的方策について詳しい指示をうけた。敵性と断じたものは即時厳重処分せよと指示された。私は流石に即時厳重処分の語に対し聴かざるを得なかった。私の質問に対し鈴木参謀長はこれを遮り釈明して曰く、本件は種々意見論議もあるだらうが、軍司令官においてこのように決定されたもので、本質は掃蕩作戦である、と。

――シンガポール陥落直後の混沌たる時期における掃蕩作戦に対する疑問の点は、軍司令官自らその責に任じその実行を命ぜられたる以上――。

――二十三日午後予は検挙処断等の実績を山下将軍に報告した。引続き鈴木参謀長に対しこの実情を報告すると共に、このような強硬手段は将来中止するよう具申したのであるが、軍参謀長は痛く同情的言辞を以て、私の苦衷を慰められた。

――本来、これらの処断は当然軍律発布の上、容疑者はこれを軍律会議に附し、罪状相当の処分を行うべきである。それを掃蕩作戦命令によって処断したのは、形式上些か妥当でない点があるが――。

河村中将の戦犯処刑を前にしての述懐である。中将自身その不当を十分に肯定し、その実行に躊躇の跡があるが、至厳なる軍命令、軍司令官がその権限において命令される以上、軍司令官は自らその責に任じられるものと信じ、その命令を実行したというのである。

作戦一段落によって住民安堵の中に、しかも各種異民族の雑居するシンガポールにおいて、華僑に対してのみかような暴虐が行なわれたことは、山下将軍のために千載の恨事といわねばならない。否、山下一個人の問題ではない、日本軍隊のあるべからざる姿としてこれを白日のもとにさらさねばならない。なにがそうさせたのであろうか。ここでいささか、わたしは日本軍の通弊としての、この厳重処分について語らねばならない。

戦時国際法の慣習としては、占領軍がその占領地住民に対して軍律を布告し、軍の安全を確保することは許されたる行為である。だから軍律によって罪と罰とが明確に規定せられ、これに違反する現住民は、軍律会議によってのみ処罰される。しかるに満州事変の場によって発明された「厳重処分」なる語は、現地における裁判によらざる処刑を意味し、第一線部隊において軽易にこれが行なわれていた。この厳重処分という思想と行動はつづく支那事変にも慣用され、その適用はますます普遍化され、占領直後には当然に許容されたる権限として、第一線将兵に理解され、その上級指揮官もこれを是認して疑わないものとなっていた。そしてまた、この厳重処分の慣行は、大東亜戦争にてもその作戦地域においては例外なく行なわれ、裁判によることなき処刑がなされていた。

さて、ここマライにおいては、その作戦終了後しばらくの間この厳重処分が行なわれていたが、三月ごろ軍司令官の軍律布告となり、その軍律に違反する者のみ処罰されることになったが、さらに六月の初めに至って、占領地に軍政法院の開設となった。軍司令官は、裁判なくして処罰されることなきを住民に布告し、軍隊に対しては、爾今厳重処分を厳禁する旨を通達した。かくて現住民は、一応生命の不安から逃れることができたのであった。

シンガポールにおける軍の掃蕩作戦に名をかる華僑弾圧、否、その大量虐殺は、山下軍の一大汚点であるが、そこにこれが原動力をなした者がいたことも否めない。さきの河村中将の遺著には、

回顧す、華僑掃蕩作戦命令をうけた日である。当時の軍司令部の勢ひを想起し、本命令を拒否し得なかったことは、今もなお当然とは考えるが、軍参謀長にして信念をもって軍

議を指導せられていたら、或は何とかなったのではなからうか等と、愚痴も出ない訳ではない。然し今にしてそれを云々するは死児の齢を数へるよりも愚である。ただ万事を天に委するのみ。

とある。たいへん含蓄のある表現であるが、そこに読みとられるものは、当時の軍参謀部の空気である。参謀長鈴木宗作中将はきわめて温厚な人、副長の馬奈木敬信少将も同様、ひとり積極的に勇敢に軍議を動かしていたのは、作戦主任辻政信参謀であった。潜行三千里で高名のこの辻参謀は、華僑弾圧の発案者であり強引なる実行者であった。

それ故に彼は終戦後タイにあって、英国の戦犯引き渡し要求に先んじて中国に潜行したのだ。この人こそわが陸軍史に一大汚点を刻んだ張本人であったのだ。その実行に任じてチャンギーに刑死した河村中将こそ善良なる悲劇の人であったにすぎない。

さて、この日本軍の暴虐を世界に知らしめたシンガポールの華僑虐殺は、はたして軍の企図した作戦地域の静謐をもたらしたであろうか。否、否である。わたしがここに着任したとき、人びとはマライの治安良好をうたい、中国における占領地と比較にならぬ平穏さを誇っていた。だが、この華僑弾圧は、中国共産党に反日抗日の名目を与えた。そこには敗残兵もいただろうし、残置の英国軍人の潜伏もあったであろうが、すでに五月に入って、わたしがマライ一帯をその縦貫する幹線道路に沿うて自動車旅行に出たときは、一歩奥地へ入れば直ちに共匪の襲撃をうけるといった事態にあった。マライ共産党ゲリラである。

ジョホール州東部、ネグリセンビラン州東南部、パハン州、ペラ州東方山岳地帯は、その根拠地となっていた。現にわたしがパハン州に入り、その州政庁に入ったとき、わたしたちが通過したジャングル地帯で、わたしの通過直後にわが自動車部隊が急襲をうけ、相当の死傷者を出したと聞いた。

わたしが着任当時聞いたマライ治安の良好とは、戦闘直後二、三ヵ月の空白でしかなかったのである。

ともかくも、この華僑弾圧は、第一、その後におけるマライ地区治安不良の重要な原因をなし、第二に華僑の軍政不協力となって酬いられることとなった。

財の搾取、華僑献金

華僑に対する大量虐殺、それは今に至るまで現住民のはげしい対日態度として表現されている。骨身に徹する怨念を内に刻みつけたことであろう。戦後この犠牲者たちのために「血債の塔」が建立され、民族の慰霊と、世界に向かっての日本軍の暴虐を示す怨念の塔となった。第二次大戦後わが自衛隊練習艦隊がシンガポールに寄港したとき、この血債の塔に花輪を捧げようとしたが、にべもなく断わられたという。彼らの対日怨念は消えていないのである。

こうして民族の心をいためて、どうして軍政効果を求めることができたであろう。たしかに、華僑はこの弾圧におののいた。戦々兢々、仕事も手につかないおびえ方であったが、しかもこれに拍車をかけるかのように、マライ軍政は華僑に対して「財」の奉仕を求めた。人命に代わるに財物を強要した。いうまでもなくそれは「華僑献金」であった。

わたしが着任した三月の初めごろには、すでに華僑への献金申し付けがひそかに行なわれていた。この発案が誰の手によったものかわたしは知ることがないが、当時、軍嘱託高瀬通氏の手でその工作が進められていた。高瀬嘱託は台湾出身の陳某を使って在シンガポール華僑有力者に向かって働きかけていた。しかしそこでの有力者といっても、かつて「虎大人」といわれた華僑財閥の胡文虎は香港に亡命しており、財界二、三流の人びとであったであろう。その献金の趣旨は、

「華僑はかつて排日抗日の策動源であった。今やここに日本軍を迎えてその保護下にある。自ら抗日を清算し、その罪をつぐなわなければならない。すなわち、シンガポール、マライ全華僑をもって金百万円を日本政府に献金することによって、軍司令官に対しその過去の抗日態度をざんげし、かつ陳謝せよ」

というのであった。そして、これにより軍はその弾圧をやめ「撫民政策」に転換するであろうと示唆した。

だが、この華僑献金はマライ軍政、最初のしかも最大の失政であった。なにしろ、いかに華僑といえどもこの戦禍を免れるものではない。その戦禍に多くの財を失った華僑の献金は、彼らの骨の髄までしぼりとるものであった。だが、これによって日本軍が撫民政策に転換するというので、しぶしぶ賛成したが、マライ華僑の中にはこれに反対し、たとえばペナン華僑のごときは全く非協力態度を示していた。しかし献金そのものにはやっと華僑の意見が一致したが、その献金はなかなか集まらない。だが、軍としてはすでに中央に報告ずみであるので、その面目にかけてもまとめ上げねばならない。

かくて、百万円献金といってもその献金実額は五、六十万円で、あとの四、五十万円は、

軍の斡旋による華僑総会の横浜正金銀行昭南支店よりの借り入れで、やっと帳尻をととのえて献金の運びとなった。

さて、この華僑献金は「献金式」という行事で幕を閉じることになった。その年六月ごろ、軍政監部で軍司令官を迎えて献金式が行なわれた。華僑代表がうやうやしくその目録を山下将軍に贈呈した。この挙式にはわたしも参列したが、山下軍司令官がその挨拶の中で「君子は豹変す」という古語をひいて、彼らの抗日より親日への転向をたたえられたのが印象的であった。

だが、日本が僅か百万円を華僑からしぼり上げて何を得たであろうか。戦後いち早く華僑たちはこの百万円の返還を日本に要求したと聞いたが、彼らはここでも日本の強圧に一層その反日意識を強く内に秘めたことであろう。華僑虐殺につぐ華僑献金の強制、これらの威怖政策は彼らをして内に拭うべからざる対日怨念を結実せしめ、外に軍政協力に著しい臆病者たらしめた。軍政の進展に伴って各産業、交通等の復興が期待されたが、彼らの初動はにぶく、何事にも軍の弾圧をおそれて手を出しかねていた。これがどれだけマライ軍政にとっての損失であったか、けだし測り知るべからざるものがある。

華僑対策、たしか軍政実施要綱には、「華僑をして乳牛の役目を果たさせる」と書かれていた。その表現は率直にして露骨だが、そこにわが南方占領地における華僑の役割が示されていた。それは搾取であった。だが、それならば華僑は肥らせなくてはならない。やせ枯らしてなお搾取しようとしても、それは不可能である。こんな矛盾がその初め、なんの抵抗もなく行なわれていたのである。

なお、華僑について書き加えておくことがある。シンガポール華僑財閥胡文虎のことである。彼がいち早く香港に逃走したことはさきにふれたが、香港政庁では彼を利用し中華新聞を発刊せしめていた。十七年のおわりころ、胡の支配人が香港政庁の旅行証明書をもって昭南に上陸した。胡の財産保全のために渡来したものだったが、軍政監部はこれを追い返してしまった。すると今度は、香港占領軍から総軍あてに電報をもって胡文虎の昭南帰宅を要請してきたが、二十五軍はこれをも拒否した。彼の昭南復帰が現華僑総会に与える動揺を考慮したのであろう。同じ華僑対策といってもたいへんな違いであった。

マライ人のさらし首

占領地における日本人、その軍人軍属をふくめての行動は、軍政とくにその住民政策に至大の影響を持つ。したがってわたしたちは、われわれ軍政要員をふくめて、たえず自省自戒を加えねばならなかった。だが、事の実際は、ものいわぬ現住民にとって悪鬼夜叉のたぐいであったかもしれない。おおよそ、軍政を阻害し現住民に悪感情を与えたものは、われわれ日本人自らであったであろう。

さて、昭南には警備軍隊は僅少のものであったが、軍補給諸廠、糧秣、衛生、鉄道通信、船舶、港湾、航空、燃料といった各種の補給諸廠が雑然と入り込んで、その指揮系統を異にするままに、その割拠主義と施設資材の獲得競争はすさまじく、施設の奪い合い、物資の買い占め、まさにものとり合戦で、気の弱い軍政要員は手も足も出ないほどであった。もちろん大本営の出先機関や航空軍、第二十五軍、それに海軍は、それぞれ国内向け還送物資の責任割当があり、かつ自給の必要もあったであろうが、軍政がいまだ動かない間に、要所要所はすべてこれらの機関によって先取独占されてしまった。だから軍政監部の産業部や交通部が一つの仕事をしようとしても、まずこれら軍機関との折衝なしには事は運ばない。たとえば交通部が自動車を整備しようとしても、その整備に必要とする修繕工場はすべて他の機関におさえられている。また、その自動車の整理統制のために登録制を始めても、軍人や軍衙はこれに協力することがない。このような各種補給諸廠の無政府的状態は、それ自体の補給能力を減殺するだけでなく、軍政機能の梗塞麻痺にもつながり、かつは現住民の軍不信をもたらすものであった。

おおよそ軍隊は軍政の支撐《しとう》であって軍政に干与すべきものではない。また、その軍人軍属は当然に軍政に協力すべきものであった。だが、ここでの軍人軍隊の横暴不軍紀ははなはだしく、とくに軍属、訓練なき多数の軍属の非行は多発し、はなはだしきは野盗に類する犯罪さえ行なわれていた。もちろん、これらは野戦憲兵隊の取り締まりにまつべきであったが、それは必ずしも周到、徹底はしていなかった。

ここで、そのころあった一つの事件を書いておこう。それが現住民に与えた影響深刻なものと思われるからである。

たしか昭和十七年の暮れごろ、昭南市で日本兵がマライ人のために殺害されるといった事件が起こった。もちろんこれまで血なまぐさい事件はあったが、日本兵が占領地住民に殺害されるといったことは初めてのこと。もともと、共産党狩りで憲兵が受傷したり、軍隊が損害をうけるといったことはしばしば発生したが、それは討匪行動に伴う犠牲であったが、この場合は、軍貨物廠の倉庫警備中の歩哨が、マライ人の集団強盗に襲われ銃をとられ、射殺されてしまったのだ。さっそく憲兵隊が捜査にのり出し五、六人の一味を検挙した。そして裁判の結果、死刑に処せられたのだが、軍はこれら不逞の犯人を「さらし首」にしたのである。これはいささか度がすぎたやり方で、わたしたちは眉をひそめた。

市街の要所五、六ヵ所と思うが、この犯人の首級を台上にのせ、その側に具体的な罪状を書いて立札とした。日本軍に抗するものはかように厳罰にするぞという威嚇である。ちょうどそのころ内地から鈴木貞一国務相（企画院総裁）が来市中で、おそらくこのさらし首を見たであろうが、どんな感想をもったであろうかなどと考えたことを思い出す。ともかくもわたしは、当時の軍政段階では不適当であり、現住民に与える感情を無視するものと憤慨した。さっそくわたしは部下の一将校を使って、このさらし首に対する民衆の声を聞くことを命じた。

マライ人にはきわめて深刻な衝動を与えたという。これまで、彼らは在来の現住民であるので、日本軍がわれわれを盛りたててくれると確信していたが、その確信に大きなひびが入ったという。これに反し華僑はこれを喜んでいるという。これまで軍の弾圧にあえいでいた華僑たちは、「今度はお前たちの番だ」と小気味よく感じている。また、ユーレシアンや印度人は軍の残虐態度にひんしゅくしているという。結局これに対する現住民の反応は、軍のこの処置を嫌悪するものと無関心のものと相半ばすることを知って、わたしたちは対住民政策のむずかしさを、あらためて知らされたが、かような軍の威嚇政策をいつまでもつづけるべきでないとの信念には変わりなかった。

さて、昭南市はなんとしても南方における重要基地であった。すでに書いたように軍補給諸廠がひしめきあっていたが、さらに開発のための民間企業の進出が中央で決定されると、これによって送り出されてきた多くの商社はおおむねその本拠を昭南においた関係から相当な混雑を呈するようになった。なにしろここ昭南だけでも七十数社にものぼる商社が進出したこととて、町の風景は一変した。これまで在住邦人といえば、報道関係者を除いてはすべて軍に従事するものであったが、この商社の進出と同時に多数の邦人が町にあふれ、個人的な利権あさりや物資の買いあさり、それに風紀面における面白からざる事態の現出など、昭南市の風貌は一変した。さらにその年九月には日英抑留者の交換で、マライ在住者も帰還して現地在住の日本人はますますふえてきた。

こうした情況において日本人の自治組織による結集が必要とせられ、軍政浸透、日本人相互の親睦と互助などを目的に、軍政監部の肝煎りで「興南幸公会」が設立されたのは、十八年に入ってからであったが、はたしてこれがどれだけ日本人の自粛に役立ったかは、わたしはつまびらかにしていない。だが、おそらくそれは単なる機構づくりにおわったのではなかろうか。なぜなら、ここには個々の日本人としての自覚、彼らと共にアジアに生きるとの信念のかけらさえ持ち合わせていなかったからである。

民心の把握というも

シンガポール、マライは英領当時がそうであったように商業国家であった。したがって、戦争によって交易が杜絶し、各占領地が割拠態勢である限り、マライの自活自存はできないのである。占領直後、ストックの食い潰しで二、三ヵ月はなんとか過ごすことができたものの、もう夏ごろにもなれば、昭南（シンガポール）市には現住民の育児に用うる牛乳はもとより、粥をつくる米にまで事欠くに至ったのである。

いったいマライはそのころ二百万の人口を擁していたが食糧の自給はできない。いくら軍政監部で食糧増産を叫んだところで絶対に自給できない。どうしても四、五十万トンの米は、タイかビルマから持ってこなければならなかった。また日用雑貨にしても、戦前のストック以外には入手不可能であった。が、昭南市は旅行者の殺到するところ、これらの旅行者によって買いあさられて、現住民には高くて手が出せないのだ。日本が占領すれば、良質で廉価な日本雑貨がドシドシ入ってくるものと予期していた現住民ではあったが、そんな日本品は姿を見せない。軍政監部再三の要請で、南方各地には僅かばかりの日本雑貨が入荷されたことはあったが、これも多くの現地人をうるおしてはいない。

さきに書いたように、華僑をして乳牛の役目をさせるとあったが、日本商社の進出では、華僑はその一使用人でしかなかった。そこでの一部の華僑はふくれていたが、そのふくれていたのは、闇をする悪徳華僑だけだった。

さて、こうした一連の住民の消費生活は、軍政において民心を把握して積極的な彼らの協力を求めるといったところで、それは空文でしかなかったであろう。

さらに、前述したように出先機関に統一がなく施設資源の獲得競争、そこでは早い者勝ち強い者勝ちで、マライ地区のいかなる辺地までもこれらの買出人が入り込んで、金に糸目をつけずに買いあさった。のち軍政本部は各州政庁をしてこれが厳重取り締まりを指示し、施設資源の温存をはかることにしたが、しかし事はすでに遅かった。

さて、かような現存施設資材の獲得によって目先の急場は凌げたにしても、それは占領地の施設資源を衰退枯渇せしめるだけで、これを培養するなにものでもない。ただ、占領地の経済力、産業力が破壊されるだけであった。

マライといえば人はゴムを連想するほどの生産地である。年間五、六十万トンを生産したとしても、そのころの内地のゴムの需要はせいぜい八万トンそこそこといわれ、あとはすべて滞貨である。現住民政策上これを買い上げてはみたものの、どうして貯蔵するかが問題となっていた。砂の中に貯蔵すれば長期の保存に耐えるともいわれていたが、すべて利用せられざる死貨であった。また、マライの製鉄原料にしても、その埋蔵地域は治安不良地帯のジョホール東海岸や、トレンガン州の東海岸地区にあって、やっと内地の要求量をみたしていたにすぎない。このような産業の実態なので、マライ各州政庁も漸く閉鎖主義をとり、他州との交易は鈍化した。だが、進出した企業担当者たちは、この間にあって、物の高価はいとわない。南方金庫はドシドシ金を貸すので物価をつり上げる。こうして通貨は膨張し軍票の信用も低下し、換物傾向さえ現われていた。軍政当局は、宝くじを始めて一時的に軍票を吸い上げてみたが、たいした効果はなかった。

かくて住民の生活、そして、こと経済に関しても、また住民たちに軍政不信の念をつのらせていたのだ。

最後に、わたしはわれわれの重大な過失について一言しておきたい。これが軍政上もっとも大きく現住民に与えた「悪」と思うからである。

私たちは日本に生まれて日本に育っていた。だから何事でも日本のものがよいように思う。ことに外地にあれば一層の郷愁も手伝ってか、「日本式」を知らず知らずの間に現住民に押しつけていた。第一、わたしたちは武力占領という事実にとらわれていたのではなかろうか。占領者という優越感をいつも現住民の前に誇示していたのではなかったか。占領地住民は低級な民族、下等な民族といった思想感情が、つねにその態度に現われていたのではなかったか。

わたしは戦後戦犯に問われ「巣鴨」に長い間暮らした。徒然のままに備え付けの図書をあさって『太閤記』を借りて読んだ。そこには、秀吉の朝鮮征伐のことが書かれている。この太閤記がどこまで真実の歴史であるか知ることはないが、読んでいるうちに考え込んでしまった。そこには加藤清正が朝鮮国王子を生けどりにしたくだりがあった。それはわたしたちが子供のころから聞かされているものだったが、その王子に対する清正の態度なるものが、古の武将の風格をしのばせる。この王子への奉仕、取り扱いは、ほとんど日本の皇室に対する態度とたがわないものを示しているし、また、占領地住民に対する将兵の態度にも厳しい軍律を布いて、武門の床しさとその礼譲を失わしめないようにしている。はたして、わたしたちはかような態度に出ただろうか、といたく考えさせられたことであった。

マライには土侯国とてサルタンがいた。このサルタンの処遇をめぐって議論はあった。英国領当時のように年金を与えよとか、いや、少なくとも日本の華族の待遇を与えよとか。だが、わたしは一に功利的な利用価値という一点において、サルタン対策を考えていた。また、現住民に対しても軍政上の必要のみを念頭において、あえて日本式なるものを強制していたにすぎなかったのではないか。占領地の土着的、民族的、歴史的といった諸条件をどれだけ考慮に入れたであろうか。考えれば、わたしたちはあまりにも日本をここに移し植えようとしたことであった。わたしが担当した現地警察の再建にしても、その警察法制から警察官の育成訓練まで、これらはすべて「日本式」であった。

かつての英国の現住民への優越とその搾取をののしりながら、自らもまた形をかえた搾取と、そして民情にそぐわない行政施策を強行していた。やはりマライ軍政は失敗であった。

憲兵の宿命を知る

憲兵ならざる憲兵

今まで、長い間憲兵という同族の中にいて憲兵警察を本職としていたわたしは、軍政要員という新任務について、いささかその勝手の違うのに戸惑いしていた。わたしには警察権がないのである。軍人、軍属に対しては野戦憲兵隊という憲兵部隊があり、わたしは憲兵であってもこの野戦憲兵隊から取り締まられる立場にあったのである。いわば一般の軍人、軍属となんら異なるところはなかった。したがって、ここでわたしは憲兵の外にあって憲兵を見ることができたし、なによりもわたしのかつての憲兵の実績について思い知らされたことであった。いや、憲兵そのものの持つ宿命ともいうべきものを体感した。

さて、わたしはシンガポールに着いたあくる日、そのころラッフルズ大学にあった軍司令部を訪問した。軍司令官に着任の挨拶のためだった。導かれて軍司令官室に入った。いささか緊張していた。山下将軍は静かに読書していた。わたしの申告がすむと、

「内地では暑いところと考えているようだが、ここは涼しいところだよ。ゆっくり腰を落ちつけてやってくれたまえ」

たったこれだけいっただけだった。わたしはさきにいささか緊張していたといった。緊張したのは軍司令官というトップクラスに会うことのためではなかった。わたしは山下将軍とは初対面ではなかったのである。

あの二・二六事件鎮定の直後、わたしたちは反乱将校たちを訊問した。ところが彼らは、われわれは奉勅命令はうけていない、陸軍大臣告示を山下さんから下達されてわれわれの行動が認められたと信じている。それを今になってその告示がわれわれを説得するためのものだったとは、もってのほかといきりたっていた。こうしたことのために、わたしは当時、軍事調査部長だった山下少将を訪れた。山下少将がこれを起案していたからだ。

「ちょっとお聞きしたいことがあって参りました」

「うむ、なんでも聞いてくれたまえ。ところでどのぐらい時間がかかるかね」

「さあ、二時間もあれば結構です」

少将はベルを押して給仕をよんだ。

「給仕、お前はなあ、これから二時間オレの室の前に立っておれ。誰がきても入れてはいかんぞ」

憲兵の取り調べ中、邪魔が入ってはならぬとする配慮か、その取り調べを部下たちに知らせまいとする心遣いか、歓迎されないお客のわたしは、内心苦笑していた。だが、それがなんであれ、憲兵に取り調べをうけたということは、山下将軍にとっては一生一度の経験かもしれない。そのことは、この軍人にとって終生忘れがたい心のしこりであるはず、よもやこのわたしを忘れているはずはあるまい。ことにわたしはこの事件捜査の中心にあった。この事件捜査を皇道派への弾圧だときめてかかる人には、このわたしはまさに憎むべき統制派のカイライとうつったことだろう。山下少将は皇道派系とみられていた。あるいは彼もこのわたしに抜きがたい憎悪をもっているかもしれない。こんな思いを内に秘めてわたしはこの軍司令官に対面したのだ。だが、それが全くの杞憂にすぎなかったことを、まもなく知らされてわたしは慚愧した。

着任まもないころ、総務部長の渡辺渡大佐は、

「君、軍司令官や参謀長とは前から知っていたの」

「いや知りません」

「しかし軍司令官も参謀長も実によく君のことを知っているよ」

「そうですかね。多分わたしの東京勤めが長かったので、いろいろな評判が耳に入っているのでしょう」

柳に風とうけ流していた。だが参謀長とは鈴木宗作中将である。鈴木中将は彼が参謀本部第三部長のころ、その部下の船舶課長にS大佐というのがいた。この大佐は中支にいたころ浪人とのかかり合いで、阿片の密輸に関係があるとかで、わたしが取り調べたことがあった。微罪で、司法処分にはしなかったが、行政処分になったはずだ。だからその上司だった鈴木部長もこのわたしをおぼえているのだろう。

ところが、着任後二ヵ月もたったとき、渡辺総務部長は、

「近くわたしが軍政部長になることになったので、総務部長は君に引きうけてもらいたい」

わたしは即座に断わった。

「ぼくは警務要員としてきたもので、そんな一般行政にタッチすることは本意ではないし、また、そのガラでもないでしょう」

ところが渡辺大佐は、

「君、そんなことをいってもダメだよ。今度のことは山下さんの名指しだよ。軍司令官が君にやらせよといわれるのだから」

こんなことで、とうとうわたしは、あと三ヵ月という約束で総務部長を引きうけた。すでに総務部長要員はきていたのに、これを地方支部長に出してまで、どうしてわたしをこんな位置につけたのか、不思議でならなかった。

だが、そのわけも終戦になって知ることができた。わたしが「巣鴨」の未決にいるとき、わたしのかつての部下だった花田君に会った。花田は東京時代、高等特務で真崎大将や柳川中将にかわいがられていた人である。

「真崎さんは、あなたのことをいつも心配していました。あなたが昭南（シンガポール）にいかれたことを知って真崎さんは、さっそく山下さんにあなたのことを書き送られたそうです」

そうだったか、それでわかった。真崎さんのかわらぬご懇情に感謝した。

ともかくも、わたしはこんなことで「憲兵」の殻をかなぐりすてて、憲兵ならざる憲兵になりきっていた。

あいつにはいじめられた

その年八月、山下中将は満州に転じ、後任軍司令官として着任したのが斎藤弥平太中将であった。わたしたちは軍司令部前にならんでお迎えした。そのあと伺候式という行事があった。ここでは一人一人が新司令官の前に出て氏名を名のる、まず自己紹介といったものである。

この式がすんでわたしたちは軍政監部にかえり、部長食堂で昼食をとった。この食堂でのことである。軍参謀長で軍政監を兼ねていた西大条少将は、

「大谷君、君は斎藤さんをいじめたことがあるのかね」

わたしは、不思議なことを聞くものだ、といぶかしげに軍政監を見つめていた。

「今ね、伺候式がおわってからだよ。軍司令官はびっくりしたように、〝オイ、大谷がきているね。アレにはずいぶんいじめられたものだよ〟といっていたよ。どんなことでいじめられたのかいわれなかったが、なにかあるらしいね。ひとつここで披露してくれないか」

わたしはだまっていた。傍らにいた徳川義親さんが、

「大谷さん、ひとつここで皆に話して下さいよ。なにか面白い話がありそうですね」

もちろん、軍政監も徳川侯爵も食後の軽い気持ちでの冗談話であり、あえて気にするほどのこともなかったが、わたしには胸にこたえた。忘れていた「憲兵」がよみがえってきたのだ。

「さあ、あまりおぼえていませんね。わたしたちにはいろいろのことがありますからね」

こうお茶をにごして、わたしはこの話をはずしてしまったが、この胸の中は深刻だった。憲兵はよいことをしてあげたと思っていても相手はそうとはうけとっていない。この場合、斎藤中将にもたしかに思いあたることはある。しかし彼にいじめられたという感慨を吐かせるようなものではない。お世話になったといわれてもいじめられたなどといわれる筋はないはずだ。にもかかわらず、こうした高級将校でさえ忘れがたい心のいたみを憲兵によってのこしているとなると、憲兵という仕事も業なものだ。やっぱり憲兵は憎まれ者だ。これが警察というもののもつ宿命かとも思い知らされたことであった。いささか説明しておこう。

支那事変が勃発してまもなく出征した第百一師団は上海付近で奮戦したが、南京攻略後は各地に転戦し十四年二月、凱旋した。そして師団は復員中だった。そのころのことである。わたしは千葉分隊長宮崎少佐からの報告で、復員中の佐倉の歩兵第百五十七連隊将校団がざわついていることを知った。

その連隊長竹内大佐は部下に対してはたいへんやかましい人だったが、時にカッとなると見境いもなく暴力をふるう悪い癖があった。戦場では大隊長でも中隊長でもどなりつける。なかには、はげしく鞭でたたかれたという将校もいた。いわばたいへんな激情家で、これがため被害をうけた将校も多く、部下将校たちは戦地なるが故に心の中で泣いて服従していた。なかにはこの部隊長に報復しようとした若い将校もいたが、先輩になだめられて、その反情の爆発をおさえていたという。この部隊が凱旋してきたのである。ところが部隊長の統率ぶりはあいもかわらず荒い。将校たちはこの部隊長の「虐待」にはもう辛抱しきれないといったギリギリのところまできていた。

たまたま、千葉県知事は郷土部隊が凱旋帰国したというので、一夕この将校団を千葉市の料亭に招いてその労をねぎらった。ところがその席上お礼の挨拶に立った竹内大佐は、出征中の謝礼の言葉はおろか、千葉県当局の銃後支援が芳しくなかったとてその非協力を非難し、列席のひんしゅくを買った。座は全くしらけてしまった。将校たちもこの部隊長の非礼なる暴言には耳をおおいたかったという。酒宴は始まったが、彼は誰彼の区別なく部下将校を自席の前に呼んではクダをまく、あげくの果ては盃を投げたりなぐりつけたり酒乱の限りを尽くし、県側の温かい慰労の一席をメチャクチャにしてしまった。これまで我慢に我慢をしてきた将校たちも、大隊長以下すっかり憤って、もう我慢はできない、われわれは一日もこんな部隊長をいただくわけにはいかない、とその夜、帰途大挙して憲兵隊に押しかけ、竹内大佐の暴状を訴えて憲兵の善処を要望した。憲兵分隊長宮崎少佐は事の重大を察したが、なにぶんにも酒のうえのこととて、一応彼らをなだめ軽挙を戒めて帰隊せしめた。

この報告が本部に届いたときは、ちょうど加藤隊長は隊下出張中であった。わたしはこの場合、憲兵で独自の調査にのり出すのも一案と考えたが、やはり、事を第三者から荒だてるよりも統帥系統で善処させるのがよいと思った。そこでわたしは、さっそく留守第百一師団司令部を訪ねた。第百一師団はここで復員中であったのである。ところが師団長も参謀長も不在と聞いて、わたしは高級副官に会った。

高級副官は軍紀、風紀の係りである。彼は佐倉の事態についてはなにも知らなかったので、師団で事情を調査し適宜処置のうえ憲兵隊にまで通報せられたい、と申し入れておいた。この第百一師団長が斎藤弥平太中将であったのだ。

師団長をやりこめる

その夜、斎藤中将からわたしの官舎に電話があった。わたしは斎藤中将とはまだ一面識もなかった。

「今日はわざわざありがとう。高級副官からすべてを聞いた。ついてはさっそく明日竹内大佐を司令部に召致して調べようと思う。できれば君に調べてもらいたいと思うので来庁願えまいか」

「憲兵隊の干与なしに統帥系統で処置される方がよいと思って、今日高級副官まで申し入れしておいたわけで、わたしが出向いて取り調べることはお断わりします」

だが、斎藤中将は執拗にわたしの来庁を求めるので、しぶしぶこれを承諾した。その翌日の昼前、わたしは師団司令部に斎藤中将を訪ねた。国武参謀長も同席していた。

中将はわたしに椅子をすすめながら、

「君、今まで竹内大佐を調べたのだが、どうも、憲兵隊のいわれることとは少し違うらしいよ」

わたしはムッとした。この場合、連隊長たる上官に対し、その処遇の不当を部下たる将校が一致結束して訴えているのに、その上官だけのいうことを聞いて、憲兵の通報が間違っているという、この師団長に腹を立てた。姑息な揉み消しかとも思った。

「ちょっと待って下さい。閣下はこの問題をどうしよう、いやどうしたいと考えているのですか。腹をわって話して下さい」

彼はわたしのいうところの意味を解しかねてか、じっとわたしの顔を見つめている。

「わたしのまずお聞きしたいのは、師団長のこの問題対処の基本的な考えなのですよ」

「あの部隊は戦場ではよくやった。軍司令官から感状ももらっている。その部隊長が妙なことになると部隊の功績にも影響するので、この部隊にはできるだけ傷をつけてやりたくはないと思っている」

「わかりました。そうならばですよ、閣下のように一方的に憲兵の調査が違うといわれることはどんなものか。師団は部隊将校から事情も聞くことなく、ただ部隊長から都合のいい言い分だけ聞いて、事を正しくとらえたとしている、とんでもないことだ。もし閣下のいわれるように現地憲兵報告が間違っているというのなら、わたしがのり出しましょう。竹内大佐も部隊将校も共にわたしが徹底的に調べて黒白を明らかにしましょう。その結果がどうなろうとも、それでよろしいか」

「いやよくわかった。前言は取り消す。今いったように、わたしの立場に立って協力してもらいたい」

「そういわれれば話はわかる。これが協力にはやぶさかではありません。だが、竹内大佐の非行が事実とわかれば、師団長はどうしますか」

「もちろんそれは情状によって処罰することは当然だ」

「それまでわかればよろしい。わたしの方でも師団長の意図をくんで、善処してあげましょう」

そこへ、竹内大佐が入ってきた。師団長は、

「竹内大佐、ここにきておられるのは憲兵隊の特高課長だ。今度のことで心配してきていただいている。よろしくお礼をいいなさい」

まるで子供扱いである。竹内大佐はうやうやしくわたしに敬礼した。その顔を見てわたしは、その子供のころの、大阪幼年学校の級友竹内二郎を思い浮かべた。この大佐によく似ているのである。竹内大佐は二郎の兄であった。なんだかこの大佐が気の毒にもなってきた。

ともかくも、わたしはその翌日、千葉分隊長、佐倉分遣隊長を呼んで、よく将校団をなだめ事を鎮静せしめるよう骨折ってもらった。部隊長は重謹慎五日ぐらいの処分で、事はすんだ。斎藤中将は、これをしも憲兵にいじめられたとしているのだろうか。わたしは部隊側に立って善処してあげたつもりなのに。

斎藤中将は、第百一師団の復員後はしばらく兵器本廠附として非役にいたが、のち新設の兵器行政本部長となった。陸軍における兵器行政の大元締めである。

そのころ軍需産業の殷賑《いんしん》に伴って軍人軍属の収賄事件も多発の傾向にあったので、わたしはこうした汚職の一掃にのり出した。堪能な司法特務を本部にあつめて「特別司法班」を編成して陣容を整えた。そして、その効果は現われてその摘発は活発になった。もちろん兵器行政本部も狙われていた。そこでは主計将校から技師、技手に至るまで容疑者を発見して摘発した。しかし、これらの人びとが司法処分として軍法会議に送られるとなると、その長官は監督上の責任から陸軍大臣より行政処分をうける。おそらく斎藤本部長もこのことのためにいくつかの処分をうけたであろう。そのこれを指揮していたのはわたしであったので、ここからも、大谷にいじめられたという実感をもっていただろうと思われる。だが、それはあまりにも虫のよい言い分で、自分の行政監督の責任を棚上げしておいて憲兵を逆恨みするものである。

考えてみれば、どれもこれも、嫌味をいわれる筋合いのものではない。しかしまた、たといそれが斎藤中将の軽口であったとしても、そうした感情をのこしていることは事実だ。わたしにとっては、不快な言葉を聞いたものだが、憲兵を出て憲兵なるものをほんとうに知らされた。これも憲兵のもつ宿命なのであろうが、わたしにとってはさびしいことだった。喜んでもらっていると思っていたのに、いじめられたといわれては。

だが、旅には出るものだ。他人のめしもたまには食うものだ、とつくづく思ったことである。昭南（シンガポール）時代の痛烈なわたしの思い出である。

戦争末期の朝鮮
——戦争が与えた傷痕は深い

戦争と総督政治

わたしが朝鮮京城に憲兵隊長として赴任したのは、昭和十八年八月のことであった。ここでは任期僅か十ヵ月、その朝鮮を見ることも浅かったが、ここでの見たまま、感じたままの二、三を書いておきたい。

そのころ、すでに戦争も下り坂で、南太平洋では、ガダルカナル島からは撤退し、敵の反攻に備えてニューギニア諸島の戦備に専念していた。京城の第二十師団はこのニューギニア戦線にあった。朝鮮はこの戦列にあって、内地同様、銃後の戦いに駆り立てられていた。

さて、李朝の皇居景福宮地域の一角には、石造五階の大建築を誇る総督府があった。朝鮮統治の中枢であり、そこでの主人公は、第八代総督陸軍大将小磯国昭であった。総督政治は、遠く明治四十三年八月日韓併合以後、朝鮮統治の形態であり、初代寺内正毅元帥、二代長谷川好道大将らの武断政治から、三代斎藤実海軍大将による文治政治へと進み、四代山梨半造、五代斎藤実の再任、そして六代宇垣一成大将、七代南次郎大将、八代小磯とうけつがれていた（註、九代阿部信行大将でおわる）。大正年間、原敬の英断によって、現役軍人による総督は廃されたが、しかし依然として陸軍大将によって、総督の地位はうけつがれていた。

ここで、日本の植民地統治としての総督制を批判するつもりはないが、しかし、この総督政治が朝鮮民衆に与えた影響は無視することができないものがある。これによって、約三十五年にわたって日本の朝鮮統治が行なわれたからである。わたしはそのころ、いささか「民政」について興味を持っていたので、朝鮮の人びとに会うごとに、求めて歴代総督の批判を聞いた。初期の寺内、長谷川両総督は論外として、その悪名の高かったのは、かの政党政治に禍された山梨総督であり、善政として古老の喜びは宇垣総督であった。宇垣は朝鮮人のために尽くしてくれたと賞めあげ、なつかしみをこめて、これを懐旧していた。宇垣のかかげた農村振興と工鉱併進政策が朝鮮人民の生活を引き上げたことによるのであろう。ある朝鮮人がしみじみ述懐して、こういった。

「歴代の総督中、朝鮮人のためにやってくれたのは、たしかに宇垣総督だけだった。その宇垣にしても、だいぶん貯めてかえったが、あとの総督はすべて、莫大な財産づくりに朝鮮にきたのであった」

と。けだし、これが彼らの理解する総督政治の結論ではなかろうか。

さて、宇垣が辞めて南次郎が昭和十一年八月、総督の地位につくと、その翌年は支那事変が勃発した。戦争である。これまで民生に重点をおいた朝鮮も、漸く戦争に駆り出されるようになった。しかもその戦争は長期戦となった。総督は南より小磯と代わった。そして大東亜戦争に突入した。日本は朝鮮を積極的な戦争協力へと駆り立てた。朝鮮は内地と同列に苛烈なる戦列へと動員されたのである。

わたしが朝鮮京城に着任したころ、小磯総督は、朝鮮の戦争協力に強力な行政指導を行ないつつ、自らもきわめて精力的に、あるいは食糧増産に、あるいは志気の高揚にと、東奔西走、その席の温まることもないほどに、地方行脚をつづけていた。だが、その戦争政策の遂行は、苛烈なる戦争の要求に応えるものであっても、朝鮮民衆にとってはたいへん無理なことであった。朝鮮民衆は、心からこの戦争に日本と生死を共にする民族の自覚にまではなっていなかった。いや、極言すれば、日本に融合しえないものを内にかくしていた。したがって、彼らにしてみれば、それはあくなき強制であり、苛酷なまでに駆使された日本の戦争政策の犠牲者であり、その戦争における傷痕は、統治者への反発、日本への拭いがたい反情となって、心の底に定着していたことだろう。

戦争協力といえば、その第一は人的資源の動員であった。内地に送り込まれた徴用工員もさることながら、ここでは軍隊要員の充足である。すでに南総督のころから朝鮮人の志願兵制度が採用され、軍にも朝鮮出身の兵隊たちも在隊していた。しかし、十八年には徴兵制が布かれ、十九年の春からこれが徴募が始まった。だが、いかに戦争の要請とはいえ、強制徴兵制は朝鮮人にとっては大問題であった。ちょうど明治初年、日本における徴兵騒ぎを思わせる事態が至るところに起こった。なによりも朝鮮民衆の徴兵に対する無理解による動揺は無視しえないものがあった。

壮丁自体においても、身体毀傷による徴兵忌避も散発していたし、その知的水準の低さ、日本語の未熟など、いくたの欠陥を暴露していた。わたしも、京城市内の二、三の徴兵検査場をのぞいてみたが、壮丁の体格は、みな相当なものであったが、その智能と精神力において壮丁としての適格性をうたがわしめるものがあった。とくに、検査場その他における父兄や壮丁たちの言動によって推知したところでは、一般に悲観的であり、牢獄よりは軍隊に入ったがよいといった一種の諦観に落ちていたようで、志気は低調というほかはなかった。

ともかくも、この制度の採用は時期尚早であり、むしろ志願兵制度の拡大といった方向に進むべきであったと思う。現にその検査合格者にしても、入営までの間に補習教育を行なわなければ、一般内地兵と共に訓練をうけることができない。だから、この合格者には郷村において日本語の学習や軍事の予備訓練まで実施されていた。

ともかくも、この徴兵制度の実施はなんとしても悪政であった。国民としてなんらの参政権もないこの異民族に、徴兵を強制したのである。総督府は、鉦《かね》や太鼓をたたいて朝鮮人の戦争への協力を呼びかけてはいたが、人びとは強い反発を内にいだいていたことだろう。小磯総督は十九年七月、東条内閣のあとをうけて首相の印綬を帯びたが、彼は朝鮮人、台湾人の政治的処遇、朝鮮人、台湾人を国政に参与せしめることに、もっとも熱心で、二十年三月これを閣議決定した。朝鮮からはたった二人の貴族院議員を国政に送ることになったが、これこそ、小磯の植民地総督としての自責がなさしめたものであろう。

さて、戦争協力の第二は、食糧の増産とその強制供出もさることながら、軍需の供給である。供給といっては語弊がある。軍需資材の掠奪にも似た買いあさりである。すでに国内の資材は枯渇し、その買いあさりは朝鮮にも及んできた。海軍は京城にあった武官府を通じ、また軍需省はその直轄の資源収集班を朝鮮に送り込んで、朝鮮のすみずみにまであさり歩いていた。こうした軍需資材の根こそぎの引き揚げには、朝鮮民衆も表面的には協力をよそおってはいたが、しかし、彼らは、ここでも日本への反発を内攻せしめていただろう。

このように見てくると、戦争の急迫とはいえ、この戦争下における朝鮮統治は大きなマイナスであった。一切の強権に抑圧されて手も足も出なかった彼らは、そこに従順をよそおっていても、その内に秘めた民族の心は、日本へのはげしい無言の反抗に色どられていたといえよう。もちろん朝鮮統治三十五年、そこには多くの人材を送り莫大な投資によって、かつての荒廃の朝鮮を見違えるような近代国家にまで引き上げ、その庶民生活も向上せしめたことも事実であるが、なんとしても、この戦争への犠牲は大きかった。敗戦直後の朝鮮の日本敵視は、ここに由来することを反省せねばならない。

民族の心を無視した皇民化運動

小磯総督が朝鮮を大東亜戦争に結集するために大きな努力をしていたことは既述したが、彼はその一切の施策の根本として、朝鮮人の皇民化という一点に努力を集中していた。そのむかし「一視同仁」政策は発展して皇民化運動となっていた。いうまでもなく皇民化運動とは朝鮮人の日本への一体化であり、その同化を求めるものであった。そしてその基礎理念として、日鮮同祖論が大きく提唱されていた。日鮮同祖、それはわが神代の時代、出雲朝のころからの山陰地方より朝鮮への民族交流に始まって、大和朝以後の日鮮関係のいくたの史実をもって、その同祖、同根の根拠としていたのであるが、はたしてこれが朝鮮の人びとにどれだけ説得力があったものか、おそらく人びとは無関心であったであろう。だが、こうした日鮮同祖論に発して皇民化運動は推し進められていた。それはもともと精神運動であったが、その国民運動形態として「精神総動員朝鮮連盟」をもっていた。内地の翼賛運動に相応する実践団体であったが、概してその運動は低調であった。韓相竜が会長ではあったが、その実権は在郷軍人などの日本人に握られて、朝鮮の実態把握が十分でなかったように思う。

皇民化運動は日鮮一体化のための精神運動ではあったが、しかしそこには政策としてすでに、一歩を進められていた。南総督は朝鮮人の日本姓への改姓を許していた。この改姓というか改氏というか、朝鮮名を日本名に改めることは、いたく不評であった。そのころ、わたしは当局がこれを強制したということは聞かなかったが、改姓した人びとは少なかった。ことに「古老」というか民族主義者たちは、これに根強い反発を示していた。数千年来この民族が使ってきた姓氏を日本名に改めるということは、日本語を通用語とするような安易なものではなかった。これも悪政の一つであろう。

さて、朝鮮を知るためにはその歴史を知らねばならなかった。これについて、わたしの一番に気のついたことは、朝鮮は往古以来、歴史的には永いこと隣邦中国のために隷属的立場におかれ、ことに二十世紀に入ってからは、清国と旧帝政ロシアと、そして当時の新興日本との勢力のバランスの上に板挟みの状態にあった。そこでは、人を信じ社会を信じ国を信ずるといった人間的素直さを失っているものが多く、とくに、ここからは卑屈なる事大主義的な民族性が培われたことであるし、また、そこには異民族に抵抗する根強い血脈も生きつづけていた。わたしは当時、これをもって朝鮮民族性の二側面としてとらえた。その事大主義的傾向は、いつでも、強い者、支配する者の保護を求めて生きようとする。総督府に出入りする朝鮮人の指導者はここに迎合し、これからはみ出された指導者は求めて軍、すなわち朝鮮軍司令部に接近し、身の安全をはかろうとする。ところが、総督府は、そこに蝟集する人びとの言にのみ聴いて、わが世の春をうたっている。およそ朝鮮民族の民心をつかんでいないとの誹りを免れない。

さらにその民族性の他の一面、征服民族に抵抗する血脈は民族主義者たちによってうけつがれていた。もともと、日本の併合には無理があった。歴史をひもとくまでもなく、かの有名な閔妃事件といい、伊藤博文の露骨な併合工作といい、武力を背景としたこの合併は、いたくこの民族を傷つけた。そこから朝鮮民族は反日に開眼した。当時の記録をよむと、この民族の悲憤慷慨のはなはだしさを、よく物語っている。いわゆる志士、烈士といわれた人びとは日本の朝鮮奪取に憤って、あるいは食を絶ち、あるいは街路に頭を砕いて憤死した。だが、これらの憤死者は民族の英雄であり、その輝ける栄光であった。しかもこれらの反抗精神は当時の「古老」に生きていた。

したがって、日本の統治以来、もっとも悩まされたものは、なんといっても朝鮮独立の運動であり、統治する日本への反抗の根強い動きであった。しかし、この併合以来、熾烈をきわめたこの動きも大正八年の万歳騒動をへて一応鎮静に向かった。が、それは表面的のことで、なお依然としてその志は失われてはいなかった。すなわち、民族独立の大物たちは、ほとんど国外に逃走し、在鮮の民族主義者もその犠牲の大きさに偽装転向して、その運動を比較的平静ならしめていたにすぎなかった。上海に北満に、遠くはアメリカにあったこれらの英雄たちは、国内民族運動者の憧憬の的であったのである。

朝鮮独立は民族の悲願

さて、そのころの朝鮮の民族運動の形態は、その大部分が民族共産主義であった。総督府あたりの警察取り締まりの対象もここにおいていた。だが、わたしは一つの観察を持っていた。それは、そのころの朝鮮独立運動はおおざっぱにわけて二つとなる。その一つは共産主義による民族運動であるが、その二つは純粋素朴な民族の心に根ざす独立への動きであり、初期民族運動の流れが脈々とつづけられているものなのであった。官憲の弾圧につぐ弾圧で、一応その影をひそめたといっても、その根は生きていて、若い世代にうけつがれていた。

その初め、著名な民族主義者たちは、その故にいくたびか牢獄につながれ、弾圧につぐ弾圧をうけた。この大きな犠牲は、いつかは生かされ、むくいられねばならない。これがため、そのころの著名の在鮮民族主義者は、往年の気魂を失い、現政治に同調するかにみえたが、彼らは決して心から転身転向して日本の統治に同調したわけではなかった。その猪突猛進がいたずらに犠牲の多いことを知って、転向をよそおい、かつ独立への道を突っ走ろうとする若者たちを掣肘していたのだ。

いわば、情勢の推移が彼らにとって依然として不利なるが故に、その時を待っていたにすぎなかった。その心の奥底には熱い民族の血をたぎらせていたのである。かの総督府治下、これに買収されて協力を惜しまなかったといわれていた呂運亨は、日本敗戦と共にいち早く朝鮮独立の旗揚げをして、日本人を唖然たらしめたが、しかしそれは彼の予定の行動だったにすぎない。

わたしは、朝鮮着任以来、朝鮮をもってこの戦争遂行のための危険点であるとみた。日本が崩れるとしたら、その弱点はここにあると判断した。このため、正直にいって、わたしは朝鮮における思想対策をもっとも重視すべきであると考えた。これがため脈々と流れる民族運動の命脈には、周到な視察を怠らなかった。だが、当時の鮮内には、ほとんどこれといった民族的策動は見られなかった。が、その根はあった。道教、天道教など、かつての反日団体もさることながら、わたしは、その根を当時総督府認許の儒林団体に求めた。儒教を中心とする漢学グループともいうか、詩歌を中心とする文学グループ。そこは朝鮮の古老たちの集まりであり、それはまた極端な保守主義であった。その日本の朝鮮併合に反対だった人びとが、なお今日までその節操を持ちつづけていたのだ。ある民族主義者の一人は、わたしにこう告白した。

「これら儒林の人びとは、一様に反日独立を悲願としているが、その時でないので、詩歌に託して静観しているのだ」

たしかに、儒林といった保守反動の一団は併合以来、脈々として詩歌の愛好家とし生きつづけていたが、これが純粋な民族運動の基盤であり、その独立運動の足だまりであったのだ。だからまた、これらの古老たちは民族の先覚者として、目ざめた朝鮮青年のあこがれの的でもあった。

しかし、これらの古老たちは現に独立の運動に挺身していたのではない。いわばそれは休火山的存在であった。だが、国外には大物がいた。そして鮮内に働きかけていた。国外独立運動といえば、昭和初頭は主として上海がその根城であり、昭和七年一月の桜田門事件、四月上海の天長節祝賀会における爆弾事件などは、共に上海をその根拠地とするものであったが、当時においては、その鮮内への策動は二つの方面よりなされていた。

その一つは陝西省延安の朝鮮人部隊であり、他の一つは在満朝鮮共産党であった。前者はいうまでもなく毛沢東の率いる中国共産党であり、後者はソ連を背景とするもの、北鮮の金日成は平壌出身で、しばしば平壌方面への潜入説が伝えられていた。

だが、当時の総督府の思想対策については、詳しく知ることもなかったが、その警務局の刑事統計とか法務局の思想犯罪統計などの資料を見ると、そこには治安維持法違反事件が計上されている。しかし、よくその内容を見ると、ずいぶん滑稽なものがあるので驚いた。どういうことかというと、この治安維持法違反には青少年が比較的に多い。いわば若気の至りで、感情的に内地官僚に反情反感を示して、朝鮮は独立すべきだと若者たちが相談してつかまった。それが治安維持法違反に問われているのである。

わたしが、いま記憶しているのに、こんなケースがあった。ある中学校か商業学校かの生徒四、五人が相談して、朝鮮は日本を脱して独立しなければならないとて、ある近海の孤島に上って数日の間、生活を共にし、独立を密議した。それがばれて彼らは思想犯として検挙されたという治安維持法違反一件である。単に感情的に日本統治に反発したものだろうが、それが思想犯、独立運動者として取り扱われていた。まさに、思想事犯としては噴飯ものなのである。

とにかく、そのころの朝鮮は、思想的にみれば、戦う日本の弱点であり、そこでの同化しえない民族の根はふかいものがあった。

私の思い出・開城への旅

ここで、わたしの京城在任間の一つの思い出を書きのこしておきたい。

昭和十九年の元旦は京城で迎えたが、その日わたしは、隊の新年行事がすむと、開城に旅立った。開城は朝鮮人蔘と陶器で有名な古都、高麗朝三十四代、四百五十五年間の都で、日本でいえば京都といったところだろうか。

わたしは京城に着任してから京城在住の朝鮮人有力者、いわゆる「両班（ヤンバン）」といわれる人びととの交際をもつようになった。しかしこれらの人びとはみな上流の人たちで、その住居なども和、洋、鮮の折衷で、土俗の朝鮮人の生活を代表するものではなかった。わたしはかねがね直接、朝鮮人の生活にふれたいと思っていたが、わたしの周囲にある人のそれは、あまりにも日本化された生活環境であったのだ。そこで、わたしはこれらの人びとに、朝鮮の中流生活を代表する家庭でしばらくでも起居を共にしてみたい、との希望を述べて、その斡旋方を依頼しておいた。そしてこの年始の休暇を利用してこうした家庭生活を体験したいと考えていた。幸いに、金光某氏の好意で開城にある彼の実家をえらんでくれたのであった。わたしはある日の午後京城を発って開城に向かった。開城駅にはさきの金光氏が迎えてくれ、彼の案内でその実家に着いた。そこは開城市の郊外の農村部落であった。

ここの主人、それは金光氏の実父であるが、そのご主人のご挨拶をうけて驚いた。その日本語の流暢なこと、しかも立派な標準語である。だんだん話を聞くとひとかどの知識人であって、田舎の百姓老爺ではなかった。聞けば、この老爺は、朝鮮人としての第一回の内地留学生だったという。なんでも愛知一中へ入校して、かのマラソンで有名な日比野校長の家庭に起居して、直接・間接、同校長よりの薫陶をうけたという。わたしは、まずいところにきてしまったと思った。これでは、純朴な朝鮮人の生活など見るべくもない。が、今更これを変更することも憚られて、できるだけ多くの人に会い、またできるだけ多くのものを実地に見ることにした。まず史跡を訪ねた。松岳山南麓の満月台、今から一千年のむかし高麗朝の太祖王建が、新羅、百済を降して半島の統一に成功して、ここを中心に都を築いたといわれたが、その満月台に上ると、そこには金殿玉楼の跡方もなく、僅かに苔むす石垣と柱の礎石が、一千年の遠いむかしをしのばせる。ただ、現存の高麗朝遺跡としては、いまから五、六百年前の高麗朝最後の恭譲王の忠臣として有名な鄭夢周が書を講じたという崧陽書院が、その旧邸址内にあり、さらに二丁ばかり隔てて善竹橋がある。鄭夢周が暗殺の厄にあったという橋であるが、五百年の歳月をへた今日も、暗赤色の血痕をこの橋の上にとどめていると伝承せられ石欄を設けて保存されていた。これは後世、高麗朝の流れをくむ開城府民が、鄭夢周の忠節をしのんで、石質の一部に暗赤色の個所のあることに結びつけたものだ、といわれていたが、ともかくも節義に殉じた高士に対する憧憬の心の表現であろう。

開城は人蔘と陶器の都、朝鮮人蔘の栽培、試験、改良を目的とした研究所は広大な人蔘畑をもっていたし、古くからの陶磁器の逸品を陳列する博物館もあった。共に総督府の経営するところであった。わたしがこの視察でとくに印象にのこっているのは、朝鮮移民として明治の末期入植した、東北地方よりの農民の実態だった。全く東北地方に見るような農家の構えで、営々として三十数年にわたる水田耕作の実情を聞いた。例の万歳騒ぎでもたいした被害をうけず、今日では各戸十町歩内外の耕作地を持ち、これら開拓農民の実作は、自ずと朝鮮人の水田耕作の改良を促進した、と聞いた。こうした農民の苦心談は、まさに一個の植民史をなすものであろう。

わたしは、三泊したにすぎなかったが、毎夜、数人の人びとを招いてもらって雑談した。だが、その雑談を通じてのわたしの感じたことに二つあった。その一つは彼らが戦争について語らなかったことである。あるいは語ることを避けていたのかもしれない。もはやこの戦争は日本の敗北と見ていたのであろうか。もう一つは、異口同音に朝鮮人官吏の悪口であった。彼らは朝鮮をよく知っているのだから、われわれの困っていることを上に通ずべきであるのに、ただ権力を笠にきて威張る。全く始末におえない奴は朝鮮人の役人だ、と口ぐちに酷評していた。

ともかくもわたしは、たった三日間であったが、朝鮮人の部落で、朝鮮の温突（オンドル）の間で、朝鮮人と寝食を共にした。それはかなり日本人化された生活ではあったが、それでも、土着の人びとの習俗や気質、そのころの心の動きなどをいくぶんでも知ることを得て、今日においても、よい思い出になっている。

わたしはここにくる前、軍政の一部を管掌して「民心」を知ることに関心が強かったのか、あえて、このような試みをしたのであるが、これもわたしの人生、一つの歩みとして記念さるべきことではあった。

空襲と共に東京へ
——本土戦場化とその警察

わたしは昭和十九年六月、突然、憲兵学校教官に転補となった。東京に着いて、近く入校を予定される甲種学生のための専任教官要員になることを知った。だが、その学生教育は戦局の緊迫に伴い中止されることになった。これがため憲兵学校在職一ヵ月にして、その七月、横浜憲兵隊に就任した。

横浜はかつて軍人、軍隊のいない町といわれていたが、戦争はこれを一変せしめて、軍人、軍隊がひしめいており、とりわけ錨のマークがこの港町を圧していた。わたしは、ここにも居ること四ヵ月、ほとんどなすところもなく東京に転任となった。

あの東条政権のもと、その強権をあくなきまでに駆使したといわれた東条憲兵、それは東京憲兵そのものであったが十九年七月、東条政権が倒れたあと、九月末、憲兵司令官大木繁中将は満州に転じ、ついで東京隊長四方諒二大佐は上海に転任となり、そのあとをついだのがわたしであった。着任の際、陸軍大臣杉山大将に申告に伺ったとき、とくに大臣はわたしに向かって、

「憲兵は政治警察から手を引け。その警察務の執行には親切丁寧を旨とせよ」

と戒められた。東条憲兵といった世の悪評に対する警告であった。だが、わたしの着任当初の東京憲兵は、まことにしょんぼりしていた。いままでの政治弾圧を反省したものか、もう政治警察はコリゴリだ、その政治と名のつく警察の一切から解放されて、憲兵はただ軍事警察一点張りでいくのだ、といったきわめて消極的な態度を示していた。

一例を示そう。鶴見祐輔の主宰する太平洋協会という外事団体があった。鶴見は協会の維持資金獲得のためか、情報ブローカー大迫定なるものより軍事秘密情報を得て、これを各界有力者に流していた疑いがあった。その大迫定は海軍報道部将校に接近し、海軍の秘密情報を鶴見に提報したことにより、軍機保護法違反事件として処置したのだが、その鶴見には彼が知名の故をもって手をつけることを躊躇していたのである。それは政治警察だ、弾圧だと非難されることを恐れていたのだ。一個の防諜事件、それは当然に大迫と鶴見の関係を究明すべきなのに、それさえ差し控えていた臆病な東京憲兵であったのだ。東京憲兵、いや東条憲兵としては、たいへんな早い転身であり、むしろその反動のためにか、警察は萎縮していた。

世に東条憲兵といわれたが、わたしは、それは東条に奉仕した指揮官に駆使された憲兵だった、という。だが、憲兵は一つの組織であった。その組織が一時的に東条のために動いたとしても、その全組織が東条色に塗りつぶされていたわけではない。多くの憲兵はむしろそのいき方に批判的であった。だが、上官の命令とあらばこれに従わないわけにはいかない。だから、ひとたびその東条に奉仕する指揮官がいなくなれば、たちどころにその憲兵組織は正常の運営に戻るのである。わたしが着任したころは、すでにその組織はもとの本然の憲兵の姿に戻っていたのだった。この点、はっきりしておきたい。

本土戦場化へ

昭和十九年七月、東条内閣は退陣し、米内提督を副総理格とする小磯内閣が誕生した。小磯は戦勢の挽回に挺身したが、八月グアム、九月テニヤンが全滅し、十月米機動部隊は沖縄を初空襲し、また、台湾には延べ一千機をもって港湾、飛行場、軍事基地を空襲してきた。この台湾沖航空戦では、わが軍は敵機動部隊を攻撃して、敵の空母三隻をふくむ敵艦艇九隻を撃沈被するの大戦果が報ぜられ、一時国民の憂色を解いたが、本土は十一月に入ると、いよいよ敵の本格的空襲をうけることになった。しかも、小磯首相が天王山と称していたレイテは、十月敵の上陸を許し、翌二十年一月には、ついに米軍はルソン島の一角に上陸し、国の生死をかけた比島決戦もあえなく潰え、ついに比島を放棄せざるをえなかった。ここに本土決戦思想が台頭した。

大本営は一月二十日、本土決戦作戦大綱を決定していたが、二月に入るとこれが具体化が始められ、内地各軍は作戦軍にきりかえられ、各軍司令官会同が行なわれ、ついで内地第一次兵備が下令されて、十八個師団の動員が始められた。

政府も一月、決戦非常時措置要綱を決定し、三月には国民義勇隊の結成、四月には国民戦闘組織をきめた。男子は十五歳より五十五歳まで、女子は十七歳から四十五歳までをもって義勇隊を組織し、戦局の推移によりこれに兵役法を適用し、義勇戦闘隊として作戦の任務につかせるという構想のもとに、全国民皆兵の大組織を決定したのである。このように政府は軍の作戦準備に即応して、あわただしく本土決戦体制を固めていった。

二月、硫黄島は敵の上陸を許したが、三月十七日に至ってわが軍はその連絡を絶った。四月に入ると敵は沖縄本島に上陸した。敵の本土来攻も必至と予想されるに至った。

本土は国をあげて決戦に臨むことになり、全国土、全国民は本土決戦準備を急ぐことになった。だが、すでに食糧は国民の自活に足らず、膨大なる本土軍隊を養うに困難を訴えていた。大陸よりの食糧、軍需物資の輸送は五月ごろより始められ、関東地区では新潟港、長岡港が利用され、裏日本はこれらの輸送にいささか活気を呈していた。

軍需資材といえば、食糧に劣らず逼迫を告げていた。航空機生産はガタ落ちで、一月中の生産予定二千二百六十機が、納入僅か八百機といった生産低下、これがため大々的なアルミ動員が行なわれていたし、また綱材生産も低下し、本土決戦に動員する軍隊の小銃、銃剣の装備にも事欠く状態であった。

さて、このような困難な本土決戦準備に対応して、国内憲兵としてわたしは、なにを考え、どのようにその服務を規正していたか、しばらく当時のわたしの憲兵指揮の立場を明らかにしておきたい。

いうまでもなく本土は最後の決戦場であった。ここでは、老若男女を問わず、兵士と共に戦う戦士であらねばならなかった。戦闘の悲惨を乗り越え、極度の窮乏に堪えうる勇敢な戦闘員であらねばならなかった。だから、そこでは、絶対に戦意が高揚せられ、戦争協力への死闘が要求される。

また、戦争は一切の総力がその目的に集中帰一されねばならない。国力の一切が無駄なく戦力化され、統帥部や政府の戦争指導の企図に完全に統制せられ、しかもそれが円滑に運営せられなければならない。そしてまた、そのことは末端に至るまで徹底し、末梢に至るまで実行されねばならないが、しかしそれはなかなかに困難なことで、そこにどうしてもたえず推進助成する力が必要であった。この助成推進は必ずしもわれわれの本務ではなかったが、事の性質と価値の重大さの故に、ときに憲兵においても、これを積極的に推進することが必要であった。

さらに、決戦準備のための各種の施策が、いくたの障害によって停頓し、進捗を見ないならば、これらの阻害事象を機敏に取り除くことは、決戦のための緊急な要請であった。この場合、憲兵がその阻害事実の所在をつきとめて、これが打通のために警察力を使うこともまた、必要なことであった。しかしまた、国民の戦争協力は普遍的・合理的であらねばならなかった。国民の大部が戦争のために、一身一家を犠牲として困難と戦っているのに、一部の国民が不正に利得したり、あるいは安逸に逃避していたり、あるいはまた、それらの非協力が公然と許されているならば、総力結集と国民志気の昂揚は期しがたいことである。かような場合、司法権の発動によってこれを是正することは、当然に国家警察の任務であった。憲兵はこの警察の名において、これらの不正は大小にかかわらず掃滅することを期した。

だが、もともとこのように広く警察の範囲におどり出ることは、その規矩を越えるものであった。したがって、その運用は軽易に適時適当にその事態を制圧すれば足り、あくどい追及は慎むべきであった。要は戦争、ことに国土決戦に背反する事態を是正すればよいのであって、断じて深入りすべきではなかった。

わたしは右のような見地に立って、その警察を運営してきた。

そのころ国民はたしかに疲れていた。食糧は辛うじてその生命をつなぐ配給しかなかった。衣料は粗悪品の代名詞となったスフ（ステープルファイバー）にも事欠いていた。生活は闇と代用品がすべてであった。空襲は激化し家は焼かれ、家財を失い、家族近親は、あるいは焼死しあるいは戦傷した。たしかにそこは戦場であった。その故に国民は戦局の重大さを知って、あえて弱気を抑えていた。彼らは、ただ敗けたくない、敗けてはならないといった感情の支えで、歯をくいしばって生きていた。そこでは前途に大きな不安をいだきながらも、民族の血は「敗ける」という言葉を禁句とし、なんらかの戦局の転換に期待しつつ国民は戦争に堪えていた。だが、国民の国からうける重圧、戦争犠牲の負担に堪えるにも限度がある。この限度を越えてこれを国民に強いることは、国民の暴発か戦列からの離脱しかない。しかし、わたしは当時、敗戦による国内の崩壊、第一次大戦に見たドイツ、ロシアのごとき事態は予想しえなかった。国内の赤の蠢動は見るべきものはなかったのである。だが、国民の動向はいつまでも楽観を許すものではなかった。あいつぐ空襲の連続と生活の窮迫は、国民の志気にも衰えを見せ始めていた。なによりも彼らが不満だったのは、いわゆる戦争特権階級という警防団、末端行政にたずさわる下級役人、あるいは軍需会社の役員、不良軍人などの横暴であった。たとえば、警防団員が市街の雑踏地に張り込んで、通行人の防空服装を点検、強要したり、警報時にささいな過失を咎めて罵詈讒謗《ざんぼう》するボス行為、軍需会社の上役が特別配給物資を横取りし、社員クラブあるいは社員寮の名義で、転廃業した女人を女工として、ここに配置して豪遊したり、不良軍人が軍用物資を持ち出したり、末端行政官公吏の特権的態度などには、心より憎悪していた。だから、戦争犠牲の不平等、さらにいえば、戦争によって権力を持ち、戦争によって利得にうるおう一部国民の存在は、国民の戦争への結集を破るバイキンであった。これらは当然に、われわれが鋭い目を光らせる目標の一つであった。

さらに思想的にいえば、左翼転向者一部の動きはあったが、それよりも重要視すべきは反戦反軍的な一群であった。ここから反戦和平の空気が流れ出ていた。もちろん、達識の政治家の中には、真に国家民族の将来に思いをいたして、戦局の収拾に心を砕いていた人もあったであろう。だが、この国の上層部、ことに自由主義者の一群、政治の圏外にあって戦争を批判的に傍観する政治家の一群、あえて積極的になすこともないが、戦争協力を回避しつつあった文化人など、いわゆる一部知識階級層の敗戦必至を見越しての反戦的戦争非協力の存在は、戦争遂行上もっとも警戒を要するものであった。われわれが反戦和平策動に深甚なる注意を怠らず、ときにこれに弾圧を加えたのは、この故であった。

こうして東京憲兵は、戦争遂行上の要請にこたえるために、政治、経済、言論界はもちろん、広く一般国民の各層を対象として、その警察を推進せねばならなかった。しかしそれは、かつての東条憲兵が東条政権を維持するために、国民を駆使したのとは異なり、一に国家の要請、戦争急迫の要求にもとづくものにほかならなかったのである。

戦争遂行を阻むもの

ともかくも、わたしは戦争の急迫と本土決戦の要請にこたえ、戦争遂行に遺憾なからしめるよう警察力を集中使用した。そこでは国民戦意の喪失を防ぎ、国民の戦争協力の意欲を減殺する事象に適正なメスを加えてきた。戦争負担の不公平、戦争犠牲の不平等は、国民をしてその戦意を消磨せしめるからである。したがって、憲兵は必要に応じては積極的に民間人にも警察の手を加えた。それはまた、当時の一般警察が無気力無能で、本土戦場化の警察としての威力に欠いていたことにもよるものであった。

以下、わたしたちが積極的にあえて国民に向かってその警察力を使った具体的事実を明らかにしておこう。

その一

東京地方では昭和十九年夏ごろから人の疎開が政府の手によって勧奨されていた。子供たちは学童疎開で遠くにやっても、永年住みついた土地、生活の根の生えている土地は、そう簡単に離れられるものではない。そのうちに敵の空襲が始まった。市民はあわてて疎開を始め出した。せめて、主な荷物だけでも疎開をしておかなくてはと、あせり出した。ところが、その荷物の輸送は思うようにいかなかった。鉄道に持っていっても受け付けてくれないのだ。「Mさんは、一貨車買い切りで送りました」「Mさんの荷物は今日発送したそうです」と聞くことがあっても、自分たちの疎開荷物は不親切な貨物係にどなられるだけで、送ってもらえない。彼らがいつもいうことは、疎開荷物が駅に停滞充満してどうにもならんの一点張りだ。しかし、Mさんは駅の貨物助役さんに金一封を包んだというし、Mさんは駅員に知り合いがあって、その駅員が引きうけてくれたということだ。けしからんことだ。この戦争中に人が困っていることをよいことにして、甘い汁をすっている鉄道の奴が憎らしい。こんなことで、せっかく荷造りまでしたこの家財が、今夜にも空襲で焼けたらどうするのだ。

こういったことは、そのころ多くの市民の声だった。だが、警察は少しも動こうとしない。わたしは都内の憲兵分隊長を集めて、こんな指示をした。

「かようなことにまで憲兵が手を出すことは本意ではないが、市民の不平不満が、その戦争遂行の力を鈍らすものである以上、戦争非協力者、ことに市民に迷惑を与えている者を征伐することも、戦争遂行を阻害する事象の打開なのだ。今日以後おおむね二週間を期して、各分隊はその管内にある貨物駅一つをえらんで、その請託にあらざれば市民の疎開荷物を送らないという事実をつかめ。検挙は追って命ずる」

憲兵は一斉に隠密な捜査を始めた。これまで鉄道のことなど全く関心のなかった憲兵だったが、それでも二週間ですっかり容疑資料を握ってしまった。それほど、おおっぴらに不正が行なわれていたのだった。

検挙は発動された。九段分隊は汐留、牛込分隊は新宿、上野分隊は上野、本所分隊は両国といった具合に、貨物助役、貨物係がそれぞれ分隊に留置されて取り調べをうけた。

この捜査が始まって一週間もすると、運輸省の某課長がわたしを訪ねてきた。

「今度の不始末はまことに申しわけないことですが、なにぶんにも貨物輸送はわれわれ当面の重要な仕事であり、このように大量の検挙のため、手不足を生じ輸送が停頓している。この際、なんとか穏便に寛大な処置を願いたい」

明らかに、貰い下げか、もみ消しの要請であった。わたしは、

「あなたがたはこのごろ、鉄道が市民怨嗟の的になっていることをご存知ですか。国民の戦争協力を鈍らし、戦争遂行を妨げているのは、このごろの鉄道ではないのですか。憲兵隊がこんな未知の世界に手を加えたのはよくよくのことです。せっかくですが、鉄道が真に目をさますまではこの圧力は抜くことができません」

と、きっぱり断わった。だが、わたしはいつまでも鉄道をいじめるつもりはなかった。憲兵が手をつけただけで、彼らを戒めることができればよいと思っていた。だから、この一斉検挙が始めであり終わりであった。検事局に事件送致した者三十名に近かった。すべて、金銭物品などの収受によって、荷物輸送に便宜取り扱いをしている者ばかりだった。

その二

そのころ、市民は防空壕に手回りの家財道具、備蓄食糧などを入れておき、いよいよ退避するときはその入口を塞いで逃げた。こうしておけば、家は焼けても応急の生活が支えられるからである。したがってまた、それは明日への生活の貴重品でもあった。

憲兵は罹災者が避難した焼野原、誰も居住していない灰燼の中にも警戒を怠らなかった。それは市民の地下資源を守ることにあった。そのころ、焼跡泥棒といって夜間焼跡にしのび込んで、市民唯一のこの財宝を盗む不徳漢が出没していたからである。

上野憲兵分隊での取り扱いであったから、浅草に近い焼跡での出来事である。若い憲兵伍長が補助憲兵二人を連れて焼跡を巡察していた。夜も更けて十一時ごろのことだった。ふと前方を見ると、星月夜でさだかではないが、暗闇の彼方にゴソゴソと立ち働く人影らしいも足さし足で近寄った。よく見ると屈強な男が地下を掘り返している。あたりは暗いが眼をすえてみると、どうやら三人連れの曲者とわかった。憲兵は一斉にとびかかった。不意をつかれた曲者は、なんなく手錠をかけられてしまった。見るとそのあたりは、どこかの倉庫の跡らしく、食油とおぼしきものの罐を掘り出し運び出そうとするところであった。

彼らは分隊に連行され取り調べられた。現場には三人しかいなかったが、数人に上る焼跡荒らし専門の窃盗団だった。その中に、一人の警視庁の現職巡査がいた。兄にすすめられて現場にいったが、仲間でないといい張っていた。

もちろん、彼らは憲兵捜査のうえ検事局に送られた。

のを認めた。焼跡荒らしと見てとったくだんの憲兵は、音のする怪しい場所に向かって抜き

その三

戦争中、市民にとって一番いやな人間は、警防団だっただろう。官憲の威力をかさにきて人びとを苦しめたものは、この警防団の心なき人びとであった。その警防団についてのことである。二十年五月二十五日の夜間空襲では蒲田、大森地区一帯がやられた。その空襲のあと、罹災者には応急的に区役所から救恤物資が配給される。ところが、この罹災者たちに配給さるべき僅かな乾パン・罐詰類が、公然と役得として警防団員によって横取りされていたのである。もちろん、これを配給する区役所吏員もぐるになっていた。僅か一人あたり乾パン十個、罐詰十個といったものであったが、わたしは、大森憲兵分隊長の報告を聞くと、直ちにそれらの検挙を命じた。

当時、食糧不足のこととて、食については誰でも敏感であった。たった一つの罐詰でも貴重品であった。このような衆人垂涎の貴重物資、しかも当然に罹災者に配給される物をまず彼らが頭をはねて横取りするという役得は、許されないことである。市民はそれを知っているだろう。あえて抗議しないのは、彼らが権力者のごとく装うボスであるためだ。まことに軽微な事犯で、とりあげるのはおとなげないものであるが、しかし考えてみれば、このような事実ほど、市民にとって不愉快のことはあるまい。市民の不平不満は、やがては戦争そのものへの懐疑となる。わたしは断固として十数人に及ぶこれら横領常習者を検事局に事件送致せしめた。

その四

Sという行政裁判所の退職判事がいた。前官勅任一等という。渋谷憲兵分隊の管内に住んでいたが、極端な自由主義者だったのか反戦主義者なのか、この戦争には一市民として全く非協力的だった。そのころ隣組があって時々常会が開かれるが、彼はこの常会に一度も顔を見せたことがない。隣組の人たちが町内のことで協力を頼んでもなに一つ聞き入れない。そしていつも、この戦争はけしからんとて、政府の攻撃もやれば、軍部の悪口もつくといった調子で、町内の人びとも隣組もこの人の扱いにはほとほと困ってしまった。そこで町内で相談の結果、「こんなわからずやは警察にでもつき出して、お灸をすえてやれ」ときまって、町内の代表者が警察へ説諭方を願い出た。ところが警察では、
「あの人は警察でもてこずっているので、どうともしようがない。一つ憲兵隊にでもいって

たのみなさい」

と、あっさり断わってしまった。

彼らは憲兵隊に事情を訴え善処を求めてきた。憲兵もそこまで末端の瑣事にかかわることも憚られたが、一度事情を調べるために本人に出頭を命じた。ところが彼は高等官一等の肩書でたいへん驕慢な態度を示し、この戦争についても、また軍に対する考え方も常軌を逸していた。憲兵は彼を二、三日とめ置いて、うんと油をしぼった。少なくとも形だけは、その不心得を謝し今後一市民として協力するという一札を入れて釈放された。

この人は終戦後、最高裁判所の判事に起用された沢田竹次郎氏である。戦争に非協力で憲兵隊の取り調べをうけたこと、いわばその被弾圧が幸いしてのことであろうか。この老紳士は、取り調べた憲兵を、いたく徳としていたと聞いた。

志気沈滞の軍需省

軍需省が創設されたのは昭和十八年十一月、東条首相自ら軍需大臣を兼ね、国務大臣の岸信介が軍需次官として、わが国軍需産業の中枢を構成していた。まさしくそれは、この大戦争における物的戦力の大元締めであった。したがって、戦時下その高度の秘密性は完全に保たれなければならなかったので、軍需省は憲兵防諜上の重要な対象であった。ところが、軍需省は各省からの寄合世帯であったためか、その秘密保持はたいへんルーズなものであった。

十九年十月ごろ、東京憲兵隊は、軍需省に軍需官として勤務していた応召中の榊原という陸軍中尉を、防諜容疑として検挙したことがあった。榊原中尉が同庁内で、国家秘密と表示してある物動計画書をしばしば披見し、これをメモしているとの密告によって、引き上げたものであったが、取り調べの結果、そのメモしたものは、重臣近衛公に自発的に知らせようと書きとめていたもので、他には絶対に漏洩の事実がなかったので、榊原中尉は警告にとどめ司法処分を留保した。だが、軍需省のこのような防諜態度では危険だというので、憲兵司令部は、軍需省に一憲兵将校を出向せしめ、常時、防諜指導とこれが監察に当たらしめることにした。しかし、大世帯の中に一人の憲兵将校が目を光らせていても、なかなかその効果は上がるものではなかった。いきおい東京憲兵隊は、依然として軍需省を防諜警察の一要点として、隠密な監察をつづけていた。

さて、そのころの国の中央機関で、もっともだらしがなかったのは軍需省だった。あるいは、この戦争にもっとも弱気だったといいかえてもよい。軍需省が軍需生産、いわゆる国家戦力の一切を掌握し、その企画統制に任じていたのであるから、国家戦力の実態はいちばんよく知っている。資源は涸渇するのに消耗は大きい。アメリカの膨大無限の資源に対して、すでに孤島化したわが本土の生産力をもってしては到底勝ち目はないどころか、いつ手を上げなければならぬかも見通していた。ここから戦争に対する悲観論が生まれ、志気は低調となる。

さて、憲兵は、軍需省を防諜警察上の重要目標としていたが、事実、軍需省はいつも防諜上の欠陥を暴露していた。十九年夏ごろのこと、名古屋地方の某工場で国の生産計画の一部が洩れているというので、所在憲兵が調べてみると、地方に出張した本省の軍需官が無関心に必要以上の計数を暴露していた。また、ある軍需官は、その所持する国家秘密書類を忘失して、憲兵にその捜索を依頼してくるといった始末で、どうみてもその内部がだらけきっていた。

わたしはそこで、この軍需省の自粛をはかるために、とくに特高警察の一部をもって、積極的な摘発を目的とした内偵にあたらしめた。そして、その結果わかったことは、省内にみなぎる惰気というか、志気の沈滞というか、およそ決戦的な気魄といったものは、どこにもみられない。戦時生産の大本山がこの国家の危急に、もっとも戦う意欲を欠いていたのだった。あるいは、もはやこの戦争をあきらめていたとでもいおうか。

さて、その内偵の結果、憲兵が最初に槍玉にあげたのが、海軍省より出向していた海軍大佐の一課長であった。この大佐は、二十年正月の年頭挨拶に、課員以下全員を集めて、

「この戦争は、いよいよ今年が敗戦の年である。敵の上陸も近いことであるから、諸君はいつでも逃げ出せるよう、いまから着々と準備しておった方がよろしい」

と、公然と敗戦を断言したというのである。雇傭人の中には、大佐が敗戦というのだから間違いないだろうと、すでに身の始末をつけているものもいた。

憲兵はこの大佐に出頭を求め取り調べたが、司法事件とはならないので、海軍省に厳重な行政処分を要求した。

このように、省内で敗戦が堂々と公言できるような雰囲気なのだから、決戦などといった気構えはどこにもなかった。ただ、索莫たるその日暮らしの毎日であるから、省内の風紀もひどく乱れていた。これらの内容を具体的に書くことさえ憚られるのであるが、ここでは極端な一、二の事件をざっと紹介しておこう。

ある課の次席軍需官は、家族が疎開しているやもめ暮らしの寂しさから、気もすさんでいたのだろうか、当時、勤労動員で勤めにきている良家の子女に目をつけた。自分の手許に使っている女子職員を手に入れようとしたのである。まず、あの空襲さわぎの最中に、その女子職員を連れ出して埼玉県の川越あたりに遠出した。食糧不足の当時のことで、芋の買い出しにいこうというのである。電車で川越に着いたが、芋の買い出しは口実で、女をものにすることが狙いだった。それでも付近の農家を回って一貫目ばかりの芋を求めたが、その夜は川越市のとある旅館に、甘言をもって連れ込んだ。ところが、この生娘はあまりの恐ろしさに、防空服装に身を固めて、一夜まんじりともしないで夜を明かした。とうとう、この不良漢も、その夜は目的をとげることはできなかった。

しかし、この軍需官は、一度の失敗ぐらいでは断念しなかった。川越行から二週間もたつと、また、その娘に働きかけた。こんどは熱海にいこうというのである。上司のいうことなので、女の子もその返事をしぶっているうちに、もう二枚の二等乗車券を手に入れてきた。軍需官は、いや応なしに彼女を熱海に連れ出した。そして二人は温泉旅館に同宿した。女の子も、あわただしい東京を離れての熱海の静けさが気に入ったのであろう。第一夜はかなりの抵抗で目的をとげさせなかったが、第二夜では、男は完全に目的を達してしまった。こうして二人は、二泊三日も役所を休んで遊んでいた。しかし、すでに関係ができてしまうと、もう二人はおおっぴらだった。庁舎内で、しかも昼間でも人目のないところを求めて、二人は逢瀬を重ねていた。あるときのごとき、図書室に入り込んだ二人は、衝立のかげで、いかがわしい男女の姿態を下僚に見つけられていた。たいへん評判になっていたのだが、上司は知っていたのか知らなかったのか、二人は淫蕩の日々を庁内ですごしていた。

もう一つの話。

ある部長、そのころ新官僚として嘖《さく》々たる高名のあった部長は、その室附の女雇員と全く夫婦同様の暮らし方をしていた。この女雇員は、部長が軍需省に転勤と同時に、前の役所から鞍がえさせた気に入りの女であったが、二人の関係のできたのは、軍需省入りをしてからであった。とにかく、この女雇員も部長にはもっとも忠実で、役所の洗面所で男ものの下着まで洗っている。それを同僚の女子職員に見つけられても平気だったというから、全くの貞女であった。

自動車での登庁、退庁も二人同車、部長の昼食時には、室に施錠してどんなに忙しいときでも、一時間は何人も入室させないで、たった二人で楽しい食事をとっていた。また、空襲のため、ときには部長も庁内自室に宿泊することがあるので、寝台が持ち込まれている。部長の泊まりのときは、この女も同室同衾である。まことに、あきれたものであったが、こんなことが許されていた軍需省であった。

このような風紀上のことについては、その摘発はもともと、われわれの本意とするところではなかったが、その捜査をつづけているうちに、それからそれへと出てくる。若い取調官は、興味本位でもあるまいが、淫本のような調書をつくっている。これらの調書は、現にわたしの手許にまで提出されるのであったが、わたしも読んでいてあまりの不潔さに不快をおぼえ、とうとうこの捜査の中止を命じた。

軍需省に対しては、藤原軍需大臣に処理を一任して捜査を打ちきったが、東京地検の岸本義広検事正は、官紀振粛のため検事局で取り扱いたいから、事件を報告してほしいと申し入れてきた。検事局がこれをどう処理したかわたしは知らない。

なお、この風紀事件に関し、迫水久常氏が僚友のため、ぜひ穏便にと陸軍省に申し入れてきたと、あとで聞いた。

惰気満々の軍需省への手入れ、これもその官紀振粛の一助にはなったであろう。

反戦和平の動き

昭和二十年に入ると、戦争はもう土壇場にきていた。国民は歯を食いしばって戦っているが、空襲の激化と飢餓一歩手前の食糧困難では、いくら本土決戦を軍や政府が叫んでみても、志気は沈滞がちである。ただ、僅かにこれを支えているものは、民族の心に根ざす敗戦を恐れる心理、なんとか戦局の転換を願う、神だのみにかけた心の動きだけだった。したがって、ひとたびこの国の心の支えに水をかけるものがあれば、国民の戦争意欲はたちどころにくずれ去る。そこでは厭戦から敗戦へと総崩れになることは見易いことだった。わたしたちは、これを恐れて厳戒した。ここに反戦非戦和平思想を重視する理由があった。

だが、一部の知識層では、すでに敗戦感をいだいていたし、また、つとめて戦争圏外に逃避して、国民の苦しみに堪えた戦争協力を冷視していた一群もいた。だから、憲兵はこうした方面にはたえず監視の眼をはなさなかった。

しかし、和平的言動そのものは、なにも罪を構成するものではない。それが反戦、反軍につながると、軍事上の造言蜚語罪にあたる。だから情報として、和平に進めとか、和平の手を打つべきだといった言動が、憲兵の耳に入っても、これに警告することはあっても、司法的に検挙することはできなかった。

戦後、吉田茂氏が政界入りして幾度か首相となり、あの困難な占領下において、国政を担当し権勢を誇った政治家であったがために、彼がこの戦争末期に憲兵隊に逮捕されたことが、大きくクローズアップせられ、また当時これらと共に検挙された人びとが、そのころ、この戦争や国家主義に対抗した英米的平和主義者だったことを、ことさらに誇称するのあまり、いわゆる吉田逮捕事件を誇大に語るなど、その吉田事件は、いかにも重大なもののように錯覚せしめられたのであって、当時の憲兵隊としては単なる造言蜚語罪をもって、一介の古い外交官だった吉田茂を検挙したまでのことである。ただ、重大というよりも事の慎重を期したのは、吉田の血縁に国家の重臣牧野伸顕がおり、また事の関連に、重臣近衛文麿が存在したという事実を認識していたからである。

しかし、そうはいっても、わたしたちは吉田その人が親英派として和平派の有力なる一存在であることを認識していたので、この検挙が和平派に与える影響を十分に計算したうえのものであったことも事実である。いったい吉田茂という元外交官は、憲兵隊にとっては外事要視察人であり、その偵諜は昭和十四年ごろから始められており、その記録はずっと保存されていた。そして二十年四月、近衛上奏の内容漏洩を機として、単なる造言蜚語罪をもって検挙したにすぎないのである。

さて、東条内閣が倒れてみると、これまで身にひしひしと感じさせていた圧迫感が解けて、政財界といわず言論界といわず、いささかの明るさとゆとりをとり戻していた。

そしてそこから軍不信の声が流れ出してきた。

「このままでは、とうてい勝ち目がない。戦争指導の中枢であるいまの陸軍中央部をこのままにしておいては、ただジリ貧におちいるばかりだ」

「陸軍はすでに戦争に自信を失っている。この際、軍の戦争指導層を刷新強化しなくては敗戦必至である」

といった声が聞かれたし、また一般の民間側からは、

「軍は本土は絶対に安全だと高言していたではないか。この空襲で敵機の蹂躙に委しているとは何事か。軍の防空はいったいなにをしているのか」

「勝った勝ったと喜んでいるうちに、負けたはずの敵が毎日のように本土に来襲してくる。軍の作戦の大失敗ではないか」

といった、当面する軍への辛辣な非難もなされていた。

このような軍に対する不信、非難の声はあったが、当時、なによりもわたしが関心をもったのは、政界上層部に予備役陸軍中将酒井鎬次の翻訳になるクレマンソーの『大戦回顧録』上・下二巻が、たいへん人気を呼んで読まれているという事実であった。なぜ、この本がこれらの指導者たちに愛読されていたのか。いうまでもなく、クレマンソーは第一次大戦におけるフランス再興の名宰相、彼の出馬によって、フランスは大戦の勝利者の列に入ったわけで、その功績は不朽にたたえられていた。多くの人びとが愛読していると聞いて、わたしも一本をとりよせて読んでみた。

第一次大戦にフランス軍は敗戦に敗戦を重ね、降伏の一歩手前だった。このとき老宰相ク

レマンソーが出て、自ら陸軍大臣を兼ね、志気沈滞し腐敗乱脈だった陸軍省を徹底的に粛清することに成功した。これによってフランス軍はよみがえってきた。そしてこれがアメリカの参戦を招いて、フランス軍は頽勢を挽回し、ついにドイツを倒して連合軍を勝利に導いたのである。この本の愛読はここが急所だった。いいかえれば、当面する日本もまた、この陸軍中央部を大粛清することによって、この非勢を一挙に挽回できるのだ。軍の粛清こそ勝利へのたった一つの道だということを示唆するものであった。これを裏返しにすれば、現陸軍当局への不信任であった。現在の軍首脳部では、戦争遂行は不可能であり、頽勢挽回もできないというのであった。

この酒井中将のバックは近衛であった。近衛が和平転換の意図のもとに、いわゆる皇道派、とくに小畑中将らと握手して、皇道派内閣による軍の粛清をたくらんでいたことは、ほぼ見当をつけていた。そして近衛の許に出入していて外交部門における助言者となっていたのは吉田茂であった。そのころ吉田は大磯に別宅をもっていたが、本邸は麹町の平河町にあった。東京に出てきた近衛はしばしば吉田邸に立ち寄って談合していた。

大磯には吉田のほか、池田成彬、原田熊雄、樺山愛輔らが居住していた。共に親英米派であり、そのころわれわれはこの一群を大磯和平グループといっていたぐらいで、反軍的和平の一派であった。しかし、彼らが反軍的であることは困るが、池田にせよ原田にせよ、吉田と共に親英米派であるが、それは彼らの政治主張であり、またその和平論議にしても、政治家として戦争終結を討議するものである以上は、われわれの干与する限りではなかった。問題はそれらの言動が町に流れて人びとの戦争意欲が惑乱されることがあってはならぬのであった。

わたしは、二十年四月十五日、吉田茂を大磯の別邸より検挙することを命じたが、それは右にいうように、近衛がその年二月、天皇に上奏したという内容を彼が流布した疑いによるもので、われわれは近衛の上奏内容を問題としたものではなかった。それは彼の政治上の意見に属するからである。

この吉田事件については、わたしの『憲兵秘録』に詳しいので、改めてここに書くことは憚る。ただ、いっておきたいことは、あくまでもそれは、民間上層の人たちの反戦和平策動の封殺を狙ったものであるということである。現にわたしはこの吉田事件と共に、都内分隊をして、反戦反軍言動者の一斉検挙を実施せしめた。その数は僅か十人内外であったが、これらの被検挙者には、自由主義者が多く、軍に対し、あるいは戦争そのものに批判的な人びとであった。そのことの狙いは、「野放図なことをいいふらしていると、いつでも憲兵の鉄槌が下るぞ」という警告のふくみを多分にもっていたのである。

わたしは、この二つの検挙で、その警告が十分に利いたとみたので、これ以上深追いすることを、あえて中止したのであった。

殺人光線にからまる「科研」騒動
——大発明家か大詐欺漢か

技術大尉の告発

軍の本土決戦準備に即応して内地憲兵もまた大増員大拡張が行なわれた。昭和二十年三月、憲兵隊臨時編制が発令されて、全国にわたり一県ごとに一地区憲兵隊が配置され、これを統轄する中間司令部として、各軍作戦地域に即応して、一個の憲兵隊司令部が設けられること になった。東京ではわたしがその東部憲兵隊司令官を拝命することになったが、その東部憲兵隊はおおむね東部軍（第十二方面軍）の作戦地域、それは関東、甲信越一帯の地域を警察管区とするものであった。

また、その隊司令部も人員、装備など拡充されたので、わたしはその職務編成を新たにし、本土決戦に備えて戦場体制に移行した。とくに司令部のもつ警察主力だった特高警察隊は、神田駿河台の「主婦の友」ビルに分散疎開し、ここを本拠として情報活動や検挙取り締まりに専念せしめていた。四月以降のことである。

六月初めのある日、この主婦の友ビルに、Sという技術大尉が訪ねてきた。係りの者が来意を聞くと、「極秘の要件」というので、中隊長の大西憲兵大尉がこれと面接した。S大尉は、わたしは「科研」の者だが、軍の重要事項について、折り入って申し上げたい、と前提して、次のようなことを話した。科研とは、陸軍科学研究所のことで、そのころ多摩川べりの稲田堤にあり、軍機保護法による厳重な立ち入り禁止の秘密の官衙であった。

「ここでは以前から殺人光線なる秘密兵器が極秘に研究されています。わたしもその研究部の一員ですが、この研究を主宰するXという人物は、まことにいかがわしい男で、わたしたちは、彼の研究そのものに多くの疑問をもっているのです。はっきりいえば、Xという男はインチキ師だと断定して差し支えありません。わたしたち彼のもとで働いている技術将校は、彼を軽蔑し、かつ心から憤慨しているのです。

このようなインチキ師のために、国家の莫大な費用が使われることは、まことに残念なことで、わたしたちは、もはやこんな低級にして無能、詐欺漢に等しい彼の下で研究をつづけることはできません。彼は間違いなく大詐欺師です。軍の上層部が彼にだまされていることはなんとしてもなげかわしい限りです。憲兵隊は、速やかに彼のインチキ性をあばいて、軍の上層の人びとを反省させてもらいたいと思います」

申し出の趣旨をだまって聞いていた大西大尉は、静かに反問した。

「お話の筋はわかりました。だが、あなたはそのXをどうしたことでインチキだというのです」

「彼にはおよそ科学的な知識がありません。口ではエジソンの弟子だとか、ドイツで国立研究所の所長をしていたとかいっていますが、その学問的素養は零に近いのです。これが第一点です。第二点は、彼の研究にはなに一つ理論的な裏付けがありません。そして第三はその研究態度ですが、全くおおざっぱで、すべてが場あたりといった感じです」

「それで、いま研究は進んでいるのですか」

「一度、照射効果はあったようですが、その後まったくゆきづまり、今日では〝にっちもさっち〟もいかなくなっているのです」

「よくわかりました。さっそく上司に報告しまして、憲兵隊として善処したいと思います」

「よろしく願います。わたしたちはいつでも憲兵隊の活動に協力することを誓います。なお、今日はわたし一人が参上しましたが、これは、わたしたち同志が相談のうえで、わたしが代表となって参りましたもので、決してわたし一人の意思ではないのです。この点もご承知おきを願っておきます」

特高警察隊では事重大とみたのであろう。なんらの処置をとることもなく、さっそく、わたしのところに報告してきた。

わたしは考えた。

事はまさにS大尉のいうとおりかもしれない。この研究所は荒れている、これは事実であろう。しかし、すでに陸軍はXなる者を迎えて、この新兵器に戦局のすべてをかけているようにも思われる。いったい、このような兵器はどうしてつくるものだろう。殺人光線というからには、光線や電波を使って飛行機のエンジンを焼いたり、搭乗員を殺傷するものだろうか。すると、こうした光線や電波を遠く一万メートルにまで照射するとなると、莫大なエネルギーが必要となる。素人には、ちょっとむずかしく夢のような話の気もするが、しかし、また、その実用化が開発できるのかもしれない。とすると、憲兵隊のいらざる手出しが、事を不成功に導いたとなっては申しわけないことだ。事は慎重を要する。下手な手を軽々に打ってはならない。

謎の男

わたしは、特高警察隊に対して、とりあえず極秘裡にXなる人物の身元だけを洗うことを命じた。特務は、あの焼野原を四方八方に飛んだ。

以下その特務たちの報告である。

Xというのは、いま科研の構内に一戸を備え夫人と共に住んでおり、女中も使っている。構内に一戸を構えているのは、防諜上の配慮から科研で提供しているのだそうだが、そこでの生活はまず上流の生活とみてよい。彼は軍から勅任待遇をうけているという。どこからここに移り住んだのか、その前住地を調べている。千葉県の稲毛海岸近くに貧乏暮らしをしていたとの情報もあって、この地方をあたってみているが、まだこの事実はつかめない。

現在の妻は二番目とか三番目とかいわれている。だから、彼についての唯一の手がかりは別れた前妻K子をつかむことによって得られるのではないか。——A特務——

現在、彼の本籍地は世田谷区にある。前科はない。昭和十年ごろから三度も転籍している。東京から山梨、山梨から大阪、大阪から東京という風に、転居するごとに転籍をしている。なんのための転籍かは不明だが、われわれの生活常識ではこんなに転籍することはない。あるいは、過去のなにものかをかくすためのものかもしれない。この点、なお引きつづき内査の必要がある。――B特務――

Xの先妻K子が新宿付近に住んでいることがわかった。ある会社の寮の炊事婦をしていた。K子のいうところは、次のようであった。

わたしとXとは三年ばかり同棲していました。ずっと貧乏暮らしで、すっかり生活に疲れてしまいました。Xは全く変わり者でした。明日食べるものがなくても、発明だ発明だと、わたしにはわけのわからぬことをやっています。まあ発明狂とでもいいますか、次々といろいろなものを工夫していたことは事実です。しかし、どれもこれも、ものになったものはありません。一種の移り気で、一つのものに打ち込んでいると思うと、また他のものに移っていく人です。

わたしと一緒だったころは、なにか薬のようなものをつくって売ろうとたくらんでいましたが、あんなインチキ薬では人は相手にしません。これも失敗してしまい、食うや食わずの毎日で、わたしもあまりのことに、Xに愛想をつかして逃げ出してしまいました。

今はどうしているか知りませんが、やっぱり発明かなんかで、人びとに迷惑をかけたのではないでしょうか。

こんな話をしたK子は、いくぶん憂え顔だったので、K子はXの悪妻であったとも思えない。この話はまず正直に聞いてよいであろうと思われる。――C特務――

妻に逃げられた男、生活力のない男、発明発見に明け暮れている男、それが転々と居を変えている。あるいは詐欺の常習ではあるまいか。彼になにか裏がありそうに思えてならない。

しかし、わたしには、ものごとを技術的に判断する能力はない。殺人光線といったものが、空想の世界のものか、それともすでに十分に科学的に根拠を持つものかはわからない。だが、彼はここの研究主任として勅任待遇を与えられ、陸軍より優遇されていることも事実だ。はたして彼がそれに値するものなのか、どうか。

Xはここの若い所員たちに、こんなことをいったという。

「ぼくは、若いころからアメリカに渡った。そしてエジソン博士の知遇を得て、その門弟第一だった。アメリカからドイツに渡った。ドイツでは、ヒットラーの招聘に応じ、ドイツ国立科学研究所の所長をつとめたこともある。日本には長くいないので、ここでは、あまり学者たちになじみもなく、学界にも知られていないが、これでも、外国では名の売れた発明家だ。どこからわたしのことを聞いたか、東条陸相もかつて、ぼくのところに協力をたのみにきたことがあるが、彼の態度があまりにも傲慢だったので、断わってしまった。ところが、こんどは菅中将が見えて、辞を低うして迎えてくれたので、陸軍のために尽くそうという気になったのだ」

いうところの彼の過去は、誰も知る者がない。おそらく彼の大風呂敷であろう。ドイツの国立科学研究所にヒットラーが日本人を迎えるなどということは、ありえないことであろう。また、東条陸相が彼に協力を求めたといったことも眉唾ものだろう。しかし、菅中将がいんぎんに彼を迎え入れたことは事実であった。

ところで、彼の研究所における研究態度といったものは、どんなものだったか。所員たちは、口を揃えていった。

「彼は、気が向かないときは、なにもしないで遊んでいる。彼が研究といっても実証のない空想のようなものである。だいたい彼には基礎知識が皆無である。だから、彼の研究といっても思いつきである。こんな男になにができるものか、全くの食わせものだよ」
と、ひどく辛辣である。

水からガソリン

わたしは迷った。わたしは若いころ、いささか常軌を逸する在郷の一将官を説得してもらおうと、その盟友、中島今朝吾中将に依頼に上がったとき、この中島中将は、「君、天才と気狂いとはどう違うかね」と、わたしに一矢を酬いられたことを思い出した（註、「軍都千葉」の章、参照）。

天才と気狂い、わたしはこの言葉を心の中で反芻していた。あるいは、わたしたちの常識的な判断を許さないものがあるのかもしれない。だが、また、わたしにはこんな経験もある。それは水から油をつくるという詐欺漢のことである。

支那事変も長期化し石油資源は涸渇してきた。ガソリンの一滴は血の一滴などとも叫ばれ出してきた昭和十五年ごろのことである。ある男が自ら発明家と名のって、政客、辻嘉六氏に近づいていた。この男、水からガソリンができたといって持ち込んだのである。石油の涸渇に備えて、国内に石油国策の声が高く、人造石油の事業計画もさかんなときだったので、辻氏は喜んでこれに飛びついた。

水からガソリン、こんな大発明ができれば、すべては解決される。ひそかにこの研究の将来に期待して、その事業化をもくろんでいた。そこで、この男のために家を与え、かつ生活を保障した。さらに、その研究に便するため、彼の計画によって研究所をつくってやった。

さて、この男もさるもの、辻氏のところには、お宅の自動車に使われるぐらいのものは、いつでもつくりますとて、いつも一升壜に入れた自分のつくったというガソリンを届けていた。辻氏は得意になって、この自動車は水で動いているのだ、と仲間にふれ歩いていた。わたしもその車に乗せてもらったことがある。だが、残念ながら辻氏は、この男がいつまでも少量しか持ってこないことに気がつかなかった。彼が今日の研究段階では少量しかできないものだと信じきっていたからである。

この水からのガソリンは、政界仲間では知れわたっていた。それが、どうして海軍の耳に入ったものか、ある日、海軍の将校がこの男の研究所を訪れた。そして、そのバックに辻氏がいることを知った。海軍艦政本部からは、辻氏にあててこれが実験を見せてもらいたいと申し込んできた。事の真実を信じ込んでいる辻氏は、もちろん大喜びでこれを承諾した。この男はまもなく、いくばくかの実験材料を携えて、海軍の水交社にカンヅメにされてしまった。そしてこの男の実験が始まった。

ちょうど、そのころだった。陸軍航空本部の某課長がわたしを訪ねてきた。

「水からガソリンをつくるとのことで、海軍がこれを実験していると聞く。もしこれが成功するならば、海軍の独占とすることなく、ぜひ陸軍も一枚加えてもらいたい。ついては、そういった運びになるよう憲兵に協力してもらえないか」

わたしは陸海軍のとらぬ狸の奪い合いかと苦笑したが、

「水からガソリンというが、これは科学的にも根拠のあることか」

と反問したところ、この課長、

「わたしもよくわからないが、ドイツにはそういった情報もあるということだ」

と、至ってたよりない返事だった。だが、陸軍もこの実験なるものに色目をつかっていた。

さて、水交社での実験は、海軍技術陣の前で公開されることになった。多くの技術者を前にして、くだんの男は、わけのわからぬ薬品を使って苦心惨憺である。だが、いつまでたってもできない。試験瓶を前にして夜、十二時、一時をすぐることも稀でなかった。この男、研究につまると今日は頭が痛い、身体の調子が悪いといって寝込んでしまう。海軍では、この男の研究態度というか、その実験なるものに疑問を持った。これはあやしいと感づいたのである。そこで、海軍は一策をとった。実験用に与えた試験瓶をひそかにスケッチしておいた。それから見学の技術者たちは、あまりこの実験室には出入りしなくなった。

一週間もたった真夜中のことである。

「できました、できました、やっとできました」

この男、試験瓶をふって嬉しそうである。

なるほど、立派なガソリンである。天然のものと寸分違わないものだった。だが、この男の手にしている容器は、海軍のスケッチしたものではなかった。いつのまにかすり替えられていたのだった。

この男は詐欺罪で検事局に送られた。それに、この事業化のために奔走していた辻氏も傍杖をくって警視庁に引っ張られた。

わたしは、こんな思い出をたどりながら、このXなる人物もまた、この部類に属するのであるまいかと疑った。

菅中将の言い分

わたしは、捜査を続行すべきか放棄すべきか、捜査を続行するとなると、もはやこれを研究所内に指向しなくてはならない。わたしは熟慮の末、一応この捜査を留保して、責任者に警告することにした。責任者とは、そのころ兵器行政本部長の菅晴次中将である。

わたしはまず、大城戸憲兵司令官にこれまでのいきさつを報告し、かたがたその意見を伺ってみた。ところが大城戸中将は菅中将と同期（二十五期）で親しい間柄だった。このためか、このケースはしばらくわたしに委してもらえないか、と要望されたので、わたしもこれを容れて、その成り行きを見ることにした。

大城戸中将はさっそく菅中将に連絡された。わたしは菅中将の言い分なるものを大城戸中将より聞いたし、また直接、菅中将とも会ってその話を聞いた。これらを総合して、責任者菅中将の言い分を聞いてみよう。

「Xは決してインチキではない。彼がいう経歴はともかくとして、会ったときの感じでは立派な紳士だ。彼の使うドイツ語も、実に上品で流暢であり、長く外国生活した人に間違いない。

また、偉大な発明発見というものは、決して学者の研究室より生まれるものではない。偉大なる天才による発見のあとに、理論づけされたものが多い。わたしは彼こそ天才的発明家だと信じている。だから、わたしはこの国の危局に、こんな威力兵器が出現することになれば、いっぺんに頽勢を挽回できるものと思う。だから、わずか二、三百万ぐらいの研究費は惜しむべきではない。

なお、この研究に従事している将校たちに大きな不平があることも十分知っている。しかし、このことが成功すれば、こんな不平不満はたちどころに吹っ飛んでしまうだろう。だから、わたしは若い者の騒ぎも一時的なものだと思っている」

では、その研究なるものは、どんな程度に進んでいるものか。再び萱中将はいう。

「Xの企画と設計によって、この殺人光線という新兵器は、一応完成したのだった。それは、だいたい四キロメートル以内の照射効力を持つものであったが、さて、これを実験するということになると、大騒ぎになった。われもわれもと、その実験台になろうとする志願者が続出した。彼の下で働いていた若い将校たちは、常日頃からこのXに疑いを持つだけに、たいへんな意気込みで、進んでこの試験材料に身体を張ったのだ。現にわたしの副官なども進んで試験台になった。ところがその実験の結果はどうだろう。

これに照射されたわたしの副官などは、頭痛、発熱、嘔吐、腹痛に悩まされ、二日間も寝込んでしまった。わたしの副官だけではない。この光線に当てられた人びとは、大小の差はあったが、すべて異状を訴えたのだ。こうしてこの第一回の実験は成功した。今日騒いでいる将校たちも、このときはたいへんな感激で、あらためて彼を見直したといっていたのである。

ところが、この殺人光線はもともと防空兵器として、敵の飛行機を目標としたものであったから、照射距離四キロメートルぐらいではどうにもならない。さらに一万メートルにも効力を及ぼすものにしなくてはならなかった。そこで、これまでの試作がこわされて、また新しい企画で考案されたが、それが最近になって、なんとしても成功しない。そこでまた、これらの将校が騒ぎ立てているのだ」

このことの真偽は、わたしの保証の限りでない。菅中将がこうした話をしたことは間違いのないことである。もちろん、このわたしには、技術的にどうこうといった判決を下すことはできない。専門の技術屋の言い分を肯定するよりほかに途はなかった。

しかし、天才とはこんなものだろうか。この男の身分素姓には、わたしたちの常識では、たしかに疑われるべき節が多い。この男は、菅中将には十六年にドイツより帰国したと語ったといわれるが、すでに昭和十年ごろから日本在住のあとを残している。なんのための虚偽か、疑えば疑わしい男である。

さきに述べた水からガソリンの例のように、この実験はどんなかたちで行なわれたものか、照射というもどれだけの距離でなされたものか、巧妙なインチキをやろうとすれば、魔術使いのようにできたのではあるまいか。また、一度これに成功したとしながら、すぐこわしてしまったというのも、どういうものか。こうした常識的な疑問が起こらぬではない。しかし一面発明狂といわれるように、発明発見に明け暮れている前歴者であることも、また事実であるとすれば、この殺人光線のアイデアもあながち荒唐無稽とけなしてしまうわけにもいかない。いま一歩、つき進んで徹底的に彼を洗うことによって、技術面とは別に、彼の本体があばかれるかもしれない。だがそれには、彼をもはや憲兵隊に呼び出すよりほかに手段はない。が、それはこの戦勢挽回の転機をなすであろう大発明が砕けて、この国の滅亡につながる。わたしは、あれこれ考えた末、部下たちの反対を押しきって、このケースは、そのことの一日も早い成功を祈りながら、あえて疑問を懐きながら、これを捨てた。敗戦二ヵ月前のことであった。

終戦後、進駐軍の調査では、この殺人光線の研究は、ねずみを殺す程度のものだったと発表されたように記憶しているが、はたしてそのとおりのものであったのか、あるいは終戦のころには、もっとよい成果にまで進めていたものか、このわたしには知る由もない。

天才と狂人、詐欺漢か発明家か、Xなる人物については、わたしはいまでも疑問の男だと思っている。

さて、戦争と新兵器、日本ではあの小さい風船爆弾をロッキー山脈の彼方に落とすことしかできなかったのだろうか。わたしたちは、この戦争中、「成層圏飛行が成功すれば、米本土爆撃も可能であり、そしてそれも近いうちに実現するらしい」「比島戦には強烈な特殊爆弾が、ひそかに送られたはずだ。きっと比島ではアメリカ軍はこっぱみじんにやっつけられるだろう」などといった秘密話に、胸をおどらせて、その出現を一日千秋の思いで待ちあぐんでいたが、そんな気配はどこにもなく、たった二発の原子爆弾で、悲惨な敗戦となってしまった。

そのころ、わが国の技術陣は、そのすべてが陸海軍に動員されていた。陸海軍管理工場の奥まった一室には、立ち入り禁止の札がたてられ厳重に警戒されている。学者や技術者の秘密の研究室である。だが、これらの研究室に閉じこめられていた学者、技術者たちが、どこまで新兵器なるものに打ち込んでいたものか、わたしはよく知らない。しかし、事は敗戦後に反省されていたように、わが国の科学水準が相手国に比べて著しく低劣であったということは確かなことである。そのうえ、陸海軍の割拠主義、相互秘密主義、それに学者の奪い合い、研究費の出し惜しみ、目先のことに忙しく、遠大な長期にわたる研究態度の欠如など、こういった悪条件のもとでは、決して斬新卓越した新兵器を生み出すことはできなかったであろう。敗戦は物量の不足だけではなかった。

敗戦と憲兵の終焉
――その悲惨なる末路

聖断下る

昭和二十年四月、鈴木内閣は成立し、全陸軍の与望をあつめた阿南惟幾大将は陸相に就任した。すでに書いたように、軍は本土決戦の遂行を期し膨大な兵力を本土に展開して作戦準備に忙しかったが、一方、鈴木内閣には戦争終結の動きが具体的に始まった。最高戦争指導会議は本土決戦を期するも、とくに対ソ施策の強力な実施を期していた。その対ソ施策は北方の静謐か、ソ連を通ずる和平か判然としなかったが、東郷外相は戦争終結に心を砕いて、ソ連を仲介とする和平工作にのり出した。だが、その対ソ交渉は遅々として進まなかった。ついに宮中の発議によって、ソ連を通ずる和平の動きは活発となった。しかし、ソ連はすでに日本を見くびっていた。天皇のご親書を携えての近衛特派使節の派遣の申し入れにも冷ややかであった。そのうち、連合軍は七月二十七日、英米支三国共同宣言、いわゆるポツダム宣言を公表した。鈴木首相は翌二十八日の記者会見で、

「わたしは、あの共同宣言は、さきのカイロ宣言の焼き直しだと考える。政府としてはこれを重視する要はないと思う。戦争完遂に邁進するほかはない」

といった。これを新聞紙上では、「わが方これを黙殺す」と大きく伝えた。首相が最後に「戦争完遂に邁進するほかはない」との駄句をつけたことが大きく響いて、アメリカの原爆投下、ソ連の参戦にその口実を与えてしまった。

こうして運命の日、八月六日広島の原爆投下となった。この報がわれわれに伝わったのは、その日午後のことであった。特殊爆弾といい原子爆弾といったが、広島市は一瞬にして壊滅したと聞いた。

越えて翌九日午前、わたしはソ連の参戦を知った。早朝四時、短波放送によって、ソ連の対日宣戦布告を伝えたというのである。だが、マリク駐日大使は、前日、すでに対日宣戦通告をわが東郷外相に手交していた。ソ連はその中で、「日本のポツダム宣言拒否によって、極東戦争に関する日本政府のソ連に対する調停方の斡旋は全くその基礎を失った」と書いていた。さきの近衛特派について、首を長くして待っていた回答は、ソ連の対日宣戦布告であった。

また、この日長崎に再び原爆攻撃をうけた。ついに土壇場に追い込まれた統帥部も政府も、午前中からずっと閣議につづく最高戦争指導会議を開いて、緊張した討議がつづけられていた。和戦いずれに進もうとするのか。陸軍省、参謀本部のおかれた市ヶ谷台は、勇ましい戦争継続派が幅をきかせていた。

八月十日朝五時すぎ、わたしは部下の将校特務より、政府は今暁ポツダム宣言受諾による無条件降伏を決定したとの報告をうけた。

「昨夜来、閣議と戦争指導会議により、午前四時廟議はポツダム宣言受諾を決定し、利益代表団を通じ通告の手続きがとられるということである」

わたしは即刻、大城戸憲兵司令官を官舎に訪ね、その旨報告すると共に、これに関し治安対策その他につき協議するところがあった。大城戸司令官は直ちに車を陸軍省に走らせた。

ここで、わたしの回想を書かせてもらおう。わたしは九日の昼から夜につづいた右の会議が、戦争の転換をはかるものであることを想像していた。小さいことだが、ソ連の参戦によってソ連外交官を敵国人として抑留する必要があるので、憲兵はこれを陸軍省に伺った。ところが、こんどに限りその処置はしばらく保留してくれと回答してきた。それはソ連と戦う意思がないものとみた。ソ連と戦う意思がないのは、この機に英米との和平に転換する動きと判断したからだ。

しかし、鈴木内閣の政治力では、戦争終結に持ち込むことは困難だと考えていた。なぜなら、陸軍は戦争終結にはあえて反対ではない。ただ、乾坤一擲の出血作戦によって敵に大打撃を与えることを第一とし、このままの態勢で和平に入ることを欲しなかったのである。だから、原爆とソ連の参戦によって手を上げることはあるまい。また、このような国家浮沈の重大事項が、わずか数時間で決定されるとは、考えられなかったのである。だから結局は、戦争継続に落ちつくのではなかろうかと、願いかつ思っていた。

だが、司令部に出勤するとまもなく、閣議の模様や御前会議の内容なるものが伝わってきた。統帥部が戦争継続を主張して譲らなかったので、鈴木首相は天皇のご聖断を仰いだのだとか、天皇は痛烈に軍の不信を表明され、軍の作戦計画が一つとして予定のごとく進行しなかったことを難詰せられ、東部軍の作戦準備は完了したと上奏したが、事実、千葉地区ではまだ完成に至っていないではないか等々、お叱りをうけたとか、平沼枢府議長が国体護持を条件として、ポツダム宣言受諾に同意したとか、およそ真偽いずれかわからぬままに、情報として流されてきた。

だがそのころ、わたし個人としては、戦争はいかに天佑神助にたよっても、もはや勝ち目のないことはわかっていた。しかし、敗けるということはないと考えていた。妙な論理だが、わが方から敗けたと手を上げなければ、敗けたことにならんというのだ。早い話が、対中戦争であれだけ日本軍にたたかれた蔣介石が、重慶という奥地に逃げていても、支那は敗けていないのだ。だから、どんなに困難であっても、忍びに忍んで敵に出血を強いながら降参したと手を上げなければよいのだ、と割りきっていた。これがため、東部憲兵隊にしても、いよいよ敵の上陸が九十九里浜あるいは相模湾に行なわれれば、方面軍司令部と共に、群馬県西部山岳地帯に移動することを考えていたし、この際、ゲリラ部隊として憲兵の最後の働き場所を求めるつもりで、隊員にもその心の準備をさせていた。これはわたしばかりではなく、多くの第一線指揮官の心構えであるよりも「覚悟」であったと思う。

降伏決定に至るまでの紛糾

さて、国の意思は天皇のご裁断できまったが、陸軍の幕僚はすごい剣幕だった。ことに、陸軍省軍務課、それは省部の統合で戦争指導課でもあったが、戦争継続の強硬派の中核であった。彼らはポツダム宣言をのめば、絶対に国体護持はできないというのである。ここでは鈴木内閣をどうして打倒するか、国内戒厳に直入するにはどのように持ち込めばよいか、などと案を練っていた。現にこの日の午後、ある幕僚はわたしのところへ顔を見せて、鈴木内閣を倒すのに合法的手段はないかと聞いていた。彼ら強硬派唯一のたのみは、阿南陸相の態度にあった。阿南の戦争継続に唯一の望みをかけていた。

十日夜八時ごろ、新橋駅付近と赤坂のアメリカ大使館前で、爆弾騒ぎがあった。何者かが爆弾を投げつけ、新橋では通行の二、三人が負傷した。翌十一日朝、省線山手線一帯の主要駅には、デカデカと〝鈴木バドリオ内閣を倒せ〟と書いたビラが貼られていた。

この日午後、警視庁から次の連絡があった。

「昨夜、新橋、赤坂の爆弾事件について警視庁の鑑識課で調査したところ、その爆弾は日本軍の手榴弾であることがわかった。軍についてその出所を調査してもらいたい」

わたしは、この爆弾騒ぎもビラ貼りも、軍幕僚と気脈を通ずる右翼一派の行動とにらんでいた。そこで、憲兵司令部を通じ、陸軍省に対し、わざわざ「この事件を徹底的に捜査をするが、それでよいか」とダメを押させた。陸軍が尻尾を出すと思ったからだ。案の定、防衛課から「その下手人はわかっているので、憲兵の捜査は一時保留されたい」と折り返したのんできた。軍の強硬幕僚の小細工で右翼を通じて帝都の治安を破壊しようとしたのだ。これが、のち愛宕山に立て籠もり二十二日、壮烈なる集団自爆を遂げた尊攘義軍の一派であった。

ポツダム宣言の受諾は、十日午前七時、アメリカへはスイス政府、イギリスへはスウェーデン政府を通じ電報せられ、ソ連に対してはソ連大使に手交された。が、その電文には「天皇ノ国家統治ノ大権ヲ変更スル要求ヲ包含シオラザルコトノ諒解ノ下ニ」という条件がつけてあった。この条件を連合国が受け入れるかどうかが問題で、おそらく連合国はこれをのまないだろうとの臆測が多かった。まだまだ問題は残されていると、戦争継続派は希望を捨てなかった。

十二日朝、その回答が短波放送によってキャッチされた。ここで問題となったのは次の二点であった。

一、降伏ノ時ヨリ天皇及ビ日本政府ノ国家統治ノ権限ハ、降伏条項ノ実施ノタメ、ソノ必要ト認ムル措置ヲ執ル連合軍最高司令官ノ制限ノ下ニ置カルルモノトス

二、最終的ノ日本国政府ノ形態ハ、ポツダム宣言ニ従イ日本国民ノ自由ニ表明スル意思ニ依リ決定セラルベキモノトス

すなわち、これで国体護持ができるのか、というのである。天皇が連合軍最高司令官の制限の下におかれるということ、また最終的な日本国政府の形態とは、いったいどういう意味なのか、あちこちで議論は沸騰していた。わたしなども、わからぬままに原文を取り寄せて、国家統治の権限が最高司令官に subject to するということは、「従属する」というのか「制限の下にある」というのかと訳語をめぐって人びとに聞きただしていた。首相官邸にいる閣僚の中にも、これでは国体護持はできない、占領下に国民の自由な意思表明など歴史上ありはしない、と受諾反対を唱えるものがいると聞いた。

十二日午後、陸軍省より東部軍参謀長、憲兵司令部本部長、東部憲兵隊司令官に命令受領に出頭せよとの通達があった。わたしたちは、次官室の前の控室でしばらく待たされたが、

その間、入れ替わり立ち替わり幕僚が顔を出しいろいろと情報を伝える。首相官邸にいる阿南陸相からであろう。「閣内の空気は今朝のアメリカ回答では国体護持はできないといい、鈴木首相でさえ、これはひどいといっている。情勢は有利に進みつつある」と伝えてくる。省内は情報におどり一喜一憂していた。

しばらくして、若松只一次官は、一片の紙片を持ってわれわれの前に現われた。東京の警備命令を下すというのである。その口頭の要旨命令というのは、全く月なみの、

「東京の警備を厳重にするため、宮城、中央官衙を警備し、要人の警護を周到にし、治安の確保を期すべし」

といったものだったが、この命令は予達だった。というのは、

「その実施は追って命令されるが、その実施命令は直接陸軍次官自ら下達するから、幕僚の伝達によっては、絶対に実施してはならない」

というのであって、それは抗戦幕僚による彼らの独断による兵力使用を封殺しようとしたものであった。

午後二時ごろ、東京上空に敵機一機進入、市内焼跡に爆弾ならぬ伝単を撒布した。政府のポツダム宣言受諾通告と、これに対するアメリカの回答の日本語版であった。市民はこれを見て、敵の謀略だと憤慨していたが、その大部は警察、憲兵によって回収された。

十三日、アメリカ国務長官からの正式回答が届いた。政府はその回答をめぐって再び甲論乙駁、これを決定しかねていた。終戦をめぐる上部の動きは、まだ一般市民には洩れていなかったが、通信報道関係の間ではすでに知られていた。十二日、横浜憲兵隊長から、十三日

には宇都宮隊長から、これが真否につきわたしのところに照会してきていたので、情報は東京周辺にはすでに流れていた。

十三日、元帥会議があり、広島より上京した第二総軍司令官畑元帥は、「これでは国体護持は不可能だから、ぜひ、陛下のお考え直しを」と直言したとも聞いた。また、十四日午前の御前会議によって最終的に廟議が決定されるとのことであったが、陸軍は変に備えて十三日午後、東京地区の警備を命令した。さきの予報命令の実施である。わたしはこの機に、第一相互ビルに東部司令部を訪ね、田中静壱大将に会った。田中軍司令官は、

「ひたすら戦争継続のご聖断が下るものと期待している」

と沈痛な表情で語っていた。

八月十五日

十三日夕刻、那須義雄兵務局長は憲兵司令部を訪ね、

「明十四日の終戦決定を前にして、省内幕僚の越軌の独断行動を厳戒するの要がある。とくに、幕僚がほしいままに大臣命令をもって、軍隊に命令し、あるいは自動車を駆って自ら軍隊に赴き、これに命令することの危険を恐れるので、明十四日、省内警戒のため憲兵を増派されたい」

と要請し、かつこのことは軍務局長たっての要望である、ともつけ加えた。

陸軍省には、補助憲兵を含めて約四十名の市ヶ谷憲兵派遣隊が、将校指揮のもとに常駐されていたが、わたしは、これを増強するため、佐官一、尉官三、准士官、下士官約二十名を

増加配属し、省内各門の警備を厳重にすると共に、軍務局を中心とする抗戦幕僚の動向を警視することを命じた。

十四日午前十時より宮中で御前会議が開かれ、ここに再び聖断は下って、ポツダム宣言を受諾することになった。午後三時、陸軍大臣は省内において、全職員に対し、会議の次第、天皇の御言葉を伝え、あらためて承詔必謹を訓示した。

この日、万一に備えて陸軍省に増派していた憲兵は、夕刻に至って撤去した。予想に反し強硬幕僚も大臣訓示により沈静し、不穏の兆候もなかったとの報告であったが、それが皮相な観察であったことは、数時間後に知らされた。正午ごろ空襲警報の発令があり、熊谷地区に焼夷弾攻撃をうけた。この空襲のあとまもなく、わたしは近衛師団長森赳中将の殺害と同師団の不穏な情報を得て、急ぎ登庁した。十五日午前二時すぎであった。隊司令部全員、九段憲兵分隊に非常呼集を命じ、先着した将校をもって、近衛師団司令部、宮城外囲に向け二組の将校斥候を派遣し事態を偵察せしめ、また九段分隊長には宮城の警備と事態の真相をつかむことを命じた。いくばくもなくわたしは偵察将校の報告によって、近衛師団司令部では師団長とほか一人の参謀将校が師団長室で殺され、宮城は近衛兵によって固められ、何人も入門せしめない厳重な警備をとっていることがわかった。昨日来、軍においても警戒怠らなかった不穏の事態が突発したのであった。

いわゆる近衛兵乱といわれる一連の事態については、今日数々の終戦秘史にくわしいので、これらの顛末を書くことを遠慮し、ただここでは、わたしの行動を略記しておくことにとどめたい。

わたしは、夜空のしらみかけた午前四時前、自ら自動車を駆って近衛師団の状況を視察した。まず九段坂をのぼって竹橋兵営に入ろうとすると、道路に近く立哨していた二人の歩哨にストップをかけられた。下車して理由をただすと、「近衛師団将兵のほか一切の出入りは禁ぜられている」という。

しかし歩哨の態度からみて、往年の二・二六事件のような殺気はいささかも感じられない。そこで、歩哨をして連隊本部に連絡せしめた結果、渡辺第一連隊長差し向けのサイドカーの誘導で、わたしは兵営に入り、渡辺大佐と会った。渡辺はわたしの同期だった。彼は「偽命令」とはつゆ知らず、一部を配兵し大部は兵営内で待機させていた。わたしの注意に、彼はこういった。

「命令によって配兵はしたが、どうもおかしいと思った。そこで、師団司令部にいって師団長の意図をはっきり確かめようとした。ところが、司令部では師団長はいま不在だという。どこへいったかと聞いてもわからぬといい、師団長に会わせようとしない。態度もよそよそしい。やむなく部隊にかえってきたが、どうも気がかりだった」

渡辺はわたしの警告で事態を知り、副官を呼んで一部派遣部隊の撤収を命じた。そのときである。副官は、「ただ今、東部軍から連絡があり、今朝の命令は偽命令であるから従ってはならぬ。間違いのない命令受領者を即刻軍司令部に差し出せといってきた」旨、連隊長に報告した。わたしはこの調子ならば事態はすぐ収拾されるであろうと、安心して引き揚げた。

東部軍司令官田中大将は、夜明けと共に、自ら近衛師団、宮城にのり込んで、首謀将校らを説得し、午前八時ごろには、事は終熄した。一に田中大将の身を挺しての説得が功を奏したのであった。

なお、このさわぎの最中、朝の六時すぎ、わたしのところに高島軍参謀長より電話があった。正午放送予定の陛下の録音盤が紛失した、憲兵の手で捜索してもらいたいというのである。はたして正午の放送にまに合うかどうかが危ぶまれたが、さっそく宮城に憲兵を差し向けた。だが、その録音盤は反乱軍の手にも入らず、侍従の手で金庫にしまわれていることがわかり、この捜索は中止した。

かくて正午、わたしはその日、集めておいた隊下の各地区隊長と共に、天皇の玉音放送を聞いた。なんの感慨もなかったといえば、ウソのように聞こえるが、今日までの事態に対処して、ヘトヘトになっていたわたしは、もはや涙も涸れていたのであろう。ただ、頭を垂れて言葉もなかった。僅かに隊長たちを前にして、今後に山積する困難な仕事に、この精神の落ち込みから立ち上がることを希望したにすぎなかった。

なお近衛兵乱の最中、横浜隊長から、

「横浜警備隊所属の佐々木武雄大尉、横浜工専の学徒七名の一団は、トラックにより京浜国道を東京に向かったが、彼らは徹底抗戦派にして首相官邸襲撃の企図あり」

との報告があった。わたしはさっそく隊司令部に待機せしめていた本所分隊長堀江少佐に憲兵二十名を付し、佐々木大尉一行の逮捕を命じたが、堀江少佐は事ごとに逮捕の機を失し彼らのあとを追いつづけていた。彼らは首相官邸玄関にガソリンをまいて放火し、ために官邸玄関は焼かれ、さらに首相を追って本郷丸山町の鈴木私邸、また枢密院議長平沼男を西大久保の私邸に襲ったが、その逃避により目的を達せず僅かに放火して引き揚げた。憲兵は午後三時ごろ、漸く彼ら一味を逮捕したが、取り調べの結果、和平絶対反対の彼らは、首相を暗殺して局面の転換をはかろうとしたが、首相を捕捉しえず、放火したにすぎなかった。

その日、わたしは右の堀江報告を聞いたあと退庁した。そして官舎に引き籠もった。身心ともに、疲労困憊していたことは確かだが、なによりも静かにものを考えたかった。

敗戦——そして日本の将来は……。天皇は「国体護持についてはわたしに自信がある」とおっしゃったとも聞くが、それがどうして可能なのか。わたしは寝床の中で、悶々反転していた。

憲兵部隊の動揺

その夜八時ごろ、わたしは憲兵司令部岡村中佐より、

「陸軍省からの連絡によると、市ヶ谷派遣憲兵隊の補助憲兵が、続々と隊列を離れつつありという。速やかに善処される要がある」

との警告をうけた。とりあえず、市ヶ谷を直接指揮する九段憲兵分隊長に、これが実態把握を命じ、わたしも自ら登庁し隊司令部に非常呼集を行ない、人員点呼をしたが、ここには隊員の離脱は認められなかった。だが、翌十六日未明を期し隊司令部将校立ち会いのもとで行なった都下各分隊の人員点呼では、すでに九段、本所の両分隊には、相当数の補助憲兵の離隊が認められ、とくに市ヶ谷派遣隊の離脱はひどかった。

市ヶ谷派遣隊、この軍中央官衙の警備に当たっていた憲兵部隊で、十五日夕方からどうして補助憲兵の離隊が行なわれたのであろうか、理由は簡単である。彼らは敵の進駐におびえ

たのである。さきに書いたように、十四日、憲兵は幕僚の越軌行動を封ずるために、各門を厳重に固めていた。だが、そこではこれといった事故もなく表面的には平穏にすんだ。この間、憲兵詰所では、班長と補助憲兵との間に、いろいろと雑談がかわされていた。以下、彼らの問答である。

「班長殿、日本が手を上げたとなると、敵はすぐ東京を占領するでしょうか」

「なんでも、敵の艦船一集団を捕捉したという情報もあるから、まっさきに東京にのり込んでくるだろう」

「敵がきたら、さっそく武装解除するのでしょうね」

「そうだ。阿南さんは、わが軍の手で武装解除をすることで、がんばっておられるが、どうなるだろうね。まあ敵が上陸すればすぐ陸軍省や参謀本部を押さえ、それから武装解除といくだろうよ」

「武装解除というのは、どんな要領でやるのですか」

「さあ、アメリカさんのことはわからないが、将校でも兵隊でも、敵さんが武器をとりあげて丸腰にしてしまうのだよ」

「それからどうするのですか、武装解除してから」

「さあ、それもよくわからんが、丸腰にした部隊をならべて、どこかに連れていってバラバラとくるからね」

「バラバラとはなんですか」

「機関銃をならべて、一斉にバラバラと、それでおしまいさ」

「ところで憲兵はどうでしょう」

「憲兵は東条の秘察警察みたいに思っているらしいから、一般の兵隊と違ってひどいことをするだろうな」

「しかし、ぼくたちは補助憲兵ですよ」

「そうだ、補助憲兵だ。が、アメリカにはそんな区別はないよ。憲兵は憲兵だからね」

「ところで、敵が上陸してくるのは、いつでしょうか」

「そんなことは、わからないよ。いつきてもよいように、チャンと身の始末をしておかんとね」

補助憲兵の中には、こんなウソかホントかわからぬ雑談に半日を過ごした者がいたが、彼らが心の中にうけた驚きはたいへんだった。

「俺たちも憲兵は憲兵だ。たしかに敵はむごいことをするだろう。なんとか早くこの身をかくしてしまわないとあぶない」

彼らはその夜から離隊を始めた。このような風説は、同じように本隊たる九段分隊にも流れてきた。そしてここの補助憲兵も動揺した。

だがそのころ、軍隊の統率はゆるんでいた。軍隊指揮官が心にうけた敗戦の傷は深く大きい。皇軍の統帥は天皇の降伏によってその中心は失われていた。指揮官自身、その精神的苦悩にわが身をも処分しかねない。わたしもその例外ではなかった。わたしは部下たちが離隊逃亡しても、これを引きとめる気魄に欠けていた。こうして東部憲兵隊では、その流説の伝播と共に離隊者を増していた。

わたしが、これではならぬと気がついたときは、九段分隊は三分の一に減り、本所分隊のごときは四分の一以下になっていた。わたしが勇を鼓し悲痛をのり越えて、隊の現状回復に起ち上がったのは、事実、十七日以後であった。隊下を巡視し部下に努力を要求し、やっと二十日をすぎたときは、おおむね現状をとり戻すことができた。だが、この間、本所分隊長堀江少佐は自決した。年齢僅かに二十八歳、わたしの統率はまたもや動揺していた。

さて、兵の離隊逃亡は、ただ東京憲兵だけではなかった。一般在京部隊にも、どんどん逃亡者が出ていた。しかしこれらの逃亡にもその動機はいろいろあった。占領軍の上陸に備えて自らゲリラでもやりかねない意気さかんな集団逃亡、ここでは糧食をもち弾薬を積み自動車をもっていた。また、どうせ軍は解体される、指揮はゆるんでいる。いずれは家にかえらねばならぬが、村や町は荒れている。糧食、衣類、ガソリン、なんでも役に立つだろう。掠奪に等しい持ち逃げ組も多発していた。

東京憲兵の逃亡は主として補助憲兵であったが、敗戦を思い国の前途に傷心し身を捨てた者もいた。憲兵司令部の一准尉は自決したし、東部隊司令部の下士官一、女子職員一は宮城前で拳銃自殺した。まさしく異常の混乱であった。

だが、憲兵は敗戦に伴っての治安維持、なによりも大切なことは、敵の進駐に対処する国内の静謐であった。軍の動揺はおさまっていないし、敵の進駐を目前にしている。二十日ごろ、なお抗戦派一隊の宮城占拠計画ありとの情報もあった。

憲兵は悲痛をのり越えて、治安粛清に死力を尽くさねばならなかった。

なお、帝都およびその周辺の混乱の実態については記述を省略した。けだし、戦後多くの終戦秘史に詳しいからである。ただ、ここにその事件名を列記することによって、当時の混乱を想起していただこう。

1、十五日、豊岡航空士官学校の動揺。
2、十六日夜以降、水戸航空通信学校学生隊の大挙上京、上野山占拠。
3、二十二日、尊攘義軍の愛宕山集団自爆死。
4、二十三日、日本郵船明朗会幹部の宮城前集団自決。
5、二十四日、影山正治の大東塾、影山の父庄平を筆頭とする塾生十四名の代々木練兵場における集団自決。
6、二十四日、予科航空士官学校学生隊二十数名による埼玉県川口放送所の占拠。
7、原木海軍航空隊の徹底抗戦騒動。

厚木進駐を前にして

八月二十日、大城戸憲兵司令官は東部軍司令部附に発令、これに代わって飯村穣中将が憲兵司令官になった。翌二十一日、東部憲兵隊司令官だったわたしも新隊司令官、前教育総監部本部長原守中将と交代した。飯村中将は二十一期、中将の最先任、大将一歩手前というところ、原中将は二十五期、憲兵首脳部は大物司令官に置きかえられた。この陸軍の意図はどこにあったのか。敵の進駐を前にして、国内治安の主体は憲兵部隊におかれた。まず、これがための憲兵部隊の大拡張であることに間違いはなかったが、わが国国防軍再建の基幹として、国家警察軍としての残置を期するのだとの声もあった。

憲兵司令部には、副官部、参謀部、警務部、兵器部、経理部といった各部を持ち、おおよそ軍司令部なみの編成となり、隊司令部は師団司令部に準ずる機構改正が行なわれ、東部隊司令部に参謀三名が配属せられ、憲兵将校の参謀も続々誕生するといった具合、同時に各地区隊長の更迭も、逐次発令せられ、憲兵将校に代わって、一般兵科上級将校がその任に就いた。たとえば、中佐クラスの千葉地区隊長は陸軍少将に、長野、甲府のごときは少佐クラスの憲兵隊長であったのが、大佐級をもって充用せられ、全くその陣容を一新してしまった。

また、憲兵隊司令部には、臨時憲兵隊が付設された。主として威力的機動部隊であって、警備力の充実を狙ったものである。この臨時憲兵隊は全員憲兵腕章を用いたが、それは補助憲兵ではなく、建制の連隊、大隊がそのままに憲兵部隊として転用されたもので、これらは、すべて隊司令官の指揮下におかれた。このような編制改正は、あたかも固有の憲兵隊に警備軍隊を合わせた憲兵部隊となり、国土警備の主体としての実力を持つことになった。

しかし、この編制替えは、まず東京地区より始められ、以後、逐次地方隊に及んでいったが、かかる急速なる憲兵部隊の改編、ことに憲兵指揮官の更迭は、憲兵の統率指揮を著しく困難にしてしまった。なぜなら、すでに統帥権を失った軍隊では、ただ上官と下官との精神的つながりにおいてのみ、統率の確実を期しうるものなのに、見ず知らずの、しかも憲兵本来の任務、伝統を理解することなき多くの指揮官によって統率指揮される憲兵部隊は、その団結を保持し、困難なる軍事警察ないし治安維持の重責を果たすことはなかなかに至難なことであるからである。

すでに、一般軍隊は続々と復員が始められているのに、憲兵部隊だけはかえって増強拡大され、その任務を過重されることになった。当面、敵の進駐を前にして、抗敵、抗戦の不穏分子を一掃して治安上の危険を絶無にすることは、国家最大の要請であったし、しかもこれら危険分子の多くが、軍人軍隊を対象とするものなる限り、憲兵の任務はとくに重かった。

東京付近において最も頑強に徹底抗戦を主張し、その志気もさかんだったのは厚木航空隊であった。しかもこの厚木飛行場は近く敵の進駐の予定されるところ、その厚木進駐は八月二十五日となっていた。二十三日、航空隊はやっと退散したが、この進駐に不穏の事態が発生してはと、東部憲兵隊は全力をあげて厚木付近の清掃にのり出していた。厚木基地には、かねてから横浜地区憲兵隊の隷下として、原町田憲兵分隊があったが、横浜地区憲兵隊長には、新たに憲兵学校長木下栄市中将が任命せられ、同中将の陣頭指揮で、この地区一帯の警備は至厳をきわめていた。

米軍の沖縄よりの進駐は、天候の都合により二十八日と延期されたが、数日前より飛行場周辺外囲には二重の警戒線を布き、検問所を設けるなど、とくに軍人軍属の通行を絶対に禁止し、不祥事件の絶滅を期した。単に地上の警戒のみならず上空に対する警戒も必要であった。憲兵司令部は全国憲兵隊に対し、所在の地上航空機の使用不能を点検確認することを命じた。米軍の進攻に残存飛行機の飛び出すことなきを期したのであった。

二十八日早朝、わたしも車を駆って厚木飛行場警備の実況を視察し、つづいて飛行場上空を旋回しつつ逐次下降する進駐軍機を眺めていた。彼らはたいへんな慎重さをもって着陸したが、そこにはなにごともなく厚木進駐は完全に成功した。

東京付近では、つづいて千葉県館山進駐が行なわれたが、ここでも事はなかった。爾来、地方各隊においても、米・英軍の進駐に際し、不穏事象の発生を防止し、敵の無血進駐を成功せしめたものであった。

八月三十日、マッカーサー元帥が厚木に進駐したとき、第八軍司令官アイケルバーガー中将は、元帥と共に横浜に向け自動車を走らせたが、当時のことを次のように書いている。

　日本には四百万の武装した人間がいた。ただ、敵が屈服するという約束だけをたよりに、単刀直入に、日本人が食言《しょくげん》しないことに一切をかけ、連合軍による強制的な武装解除ないし、押収も行なわず、はるかに効果的なる天皇の威信と布告により、無事に進駐が運ばれた。しかし、私は不時の事態を恐れていた。マ元帥と共に自動車に乗る時、顔つきはきびしかった。日本人の規律につき、いろいろ聞いていたが、同時に一人の小銃を持った無軌道な狂人が、平和占領をたちまち懲罰的討伐に代えてしまうことができることを知っていた。

彼はこのことあるを憂慮しながら進駐したのであった。だが、それは完全なる無血進駐におわった。マッカーサーは、十月十六日、誇らしげに、世界への放送で、

「歴史上戦時平時をとわず、わが軍によると、他のいかなる国によるとにかかわらず、かくも速やかに、かつ円滑に実施された復員の他にありしことを知らない。約七百万人の軍人が武器を捨てるにあたり、歴史上空前のことであるが、一回の発砲すら必要とせず、一滴の連合軍兵士の血を流さずにすんだのである」

と述べた。もちろんそれは天皇のご威徳と国民の忠誠心によったことであるが、また、かくれたる警備機関の人知れぬ苦労があったことが忘れられてはならない。

憲兵の終焉

八月十五日、正午玉音放送がすんでまもなく、三時二十分、鈴木首相は参内して内閣の辞表を捧呈した。翌十六日午前九時半、陸軍大将東久邇宮稔彦王が参内して組閣の大命を拝受した。敗戦という日本人がいまだかつて経験したことのない現実が、この国土に始まろうというとき、その内閣を担当するものは、もはや皇族でなければならなかった。

たしかに、荒廃した国土は混乱していたし、すべての国家の機能は麻痺していた。ここに内外地約六百万の軍隊を解いて社会に復帰させることは、思っても難事中の難事であった。ことに、陸軍だけでも本土に二百万以上の軍隊を擁しているし、海外には二百七十万の軍隊が、おおむね無疵である。すなわち満州には山田乙三大将の率いる六十五万、支那には岡村寧次大将の百五万、南方には寺内寿一元帥の百万がなお健在している。内地軍隊はともかくとして、海外にある膨大な軍隊が無抵抗で降伏を受け入れるか、はたして終戦命令が徹底するかどうかが、当時最も懸念されたことであった。

東久邇内閣は、歴代の内閣がいまだかつて経験したことのない難局に堪えねばならなかった。赤坂離宮を組閣本部として十七日午前、組閣を完了したが、近衛公を副総理格の国務大臣に迎え、陸軍大臣は自ら兼摂した。海相に米内、外相に重光を起用した。しかし東久邇の陸相兼任は、まもなく北支から迎えた下村定大将を専任とした。だが東久邇政府は、この混乱のさなかで、すでに敗戦の反省を始めていた。その第一声が首相談話であった。

「特高と憲兵がこの国をあやまった」

というのである。憲兵の前途に険しいものがあることが直感された。

そのころ、内地復員は二ヵ月でおわる計画で、あわただしさを見せていた。兵隊たちは戦争や軍隊から解放されて、続々と家路へと急ぐ。だが、憲兵は依然として国内治安と軍事警察に奔命しなければならなかった。いずれは家郷にかえり生業を求めねばならぬのに。

軍の復員を傍らに見ながらの憲兵勤務には熱が上がらなかった。それだけではない、交通、通信はほとんど杜絶し、東京からの指令も各隊からの報告も、きわめて鈍重だった。たとえば各隊司令部は、その重要報告はすべて東京に向かって伝令によらねばならなかった。ここでは警察指揮は困難で、各隊割拠のありさまであったといっても過言ではない。

当時、軍事警察の重要目標は、復員軍人の不正物資の獲得、軍需部隊と民間会社の不正結託の摘発など、主として軍需物資にからまる不正事件の検挙にあった。政府は、軍の貯蔵物資を府県あるいは会社、団体に有償交付することにきめた。しかし、どれだけの貯蔵物資が本土決戦に備蓄されたのか、その数量をつかんでいたわけではない。また有償交付といっても、その価格判定はデタラメで、タダ同然で放出されていた。米、砂糖、甘味品、小麦粉、衣類、靴など涸渇していた生活物資は、町に流れ出し至る所に闇市場を繁盛させたが、それは闇商人をふとらせ闇成金をつくったにすぎなかった。

ともあれ、貯蔵倉庫はいつも掠奪と盗難にさらされ、軍人と業者との不正取引は堂々と行なわれていた。このような事態に対して、軍は憲兵に厳重な取り締まりを要求するが、その実効はあがらなかった。復員を前にした憲兵の活動意欲は鈍かったし、敗戦の丸腰憲兵では、その威力も世間には通じなかった。そのうえ指揮官の指揮統率も弱いとあっては、その憲兵警察は弱体無能に近かった。残念なことであったが、これが偽らざる敗戦直後の国内憲兵の実情であった。

米英軍は、横浜、東京、館山、名古屋、呉等々に進駐を始めてきた。そこでは憲兵隊調査なるものが、CICによって行なわれた。彼らは憲兵をもって秘察警察機関と信じている。わたしは九月初め東京を去って、広島の中国憲兵隊司令部にあったが、ここで初めて米軍将校と接触した。憲兵の実情調査にのり込んできた情報将校に、憲兵の歴史、法制、現状をいくら説いても彼らは納得しなかった。特務機関的な憲兵の存在を固く信じているのである。この彼らの持つ憲兵に対する先入観が、容易に拭いえないとすると、その占領政策に具現されるであろう憲兵への態度は、きわめて険しいものがあろう。思うてわれわれの心は痛かった。

九月十二日、初めて戦犯指令が連合軍司令部より発表された。その中に東条内閣の閣僚らと共に、大田憲兵大佐、長浜憲兵大佐の名があった。共に比島マニラの憲兵隊長だった。それは、マニラにおける憲兵の責任追及であり、憲兵に迫る連合軍の弾圧の前ぶれを予感せしめるものがあった。

このころになると、憲兵もまた復員の兆しをみせていた。九月初め憲兵警衛任務が解かれ、二十日には行政・司法警察が停止された。また十月初めには、終戦直後にわかに編成された臨時憲兵隊に復員が命ぜられた。こうなると、憲兵はただ軍人、軍属を対象とする軍事警察専掌機関となったわけである。

十月に入ると憲兵部隊の復員が始まった。各隊はそれぞれ復員式を行ない、憲兵に訣別して社会に復帰することになったが、世間の目は憲兵に冷たく厳しいものがあった。十月中旬、憲兵司令官は憲兵総復員を内達した。そして憲兵司令部、各隊司令部は十一月一日をもって復員をおわった。

かくて憲兵の歴史はおわりを告げた。わたしが広島から東京に戻ったのは十一月二日の夕刻であった。わたしはすぐ九段の憲兵司令部を訪ねた。この日、当の憲兵司令部は進駐軍によって接取された。彼らは異常な関心をもって、庁内すみずみまで入念に見て回った。各室はもとより、屋上から地下まで、精細に調べ歩いた。が、彼らは期待はずれに失望の色を濃くしていた、という。彼らはナチの秘密警察、ソ連の国家保安本部のように、日本の秘密警察と信ずるその本拠、憲兵司令部にのり込んで、その謎のからくりをつかもうと、必死にさがし回ったが、そこにはなんのからくりもない、至って平凡な官庁でしかなかったのである。

憲兵の終焉はあまりにもみじめだった。憲兵の大増員によって、その首脳部は憲兵を知らない人びとによって占められた。憲兵の歴史と伝統を身につけていない人びと、憲兵にはいささかも愛着を感じない人びとによって指揮運用された憲兵は、荒れ果てて劣弱無能な憲兵となっていた。六十数年国軍中の精鋭を誇り、監軍護法の理想に燃えていた憲兵も、崩れ落ちるように、その長い生命を絶った。すでに憲兵への、ののしりが聞こえていた。

軍に奉仕して二十五年、この憲兵の道に入って十六年、かつての「憲兵一年生」もすっかり「憲兵」という甲羅を身につけていた。かえりみれば、この十六年にわたる、わたしの小さい歓びも哀しみも、まことに追憶つきないものがあるが、しかし憲兵は所詮にくまれ者、それは、任を警察に奉ずる者の宿命というべきか。まことに「感慨無量」なるものがある。

あとがき

わたしは、昭和の初頭から十数年にわたる、あの激動の中に生きて来た。しかも、そのはげしい時代旋風の目である陸軍の中にいた。そこでは、時に、その嵐に身をまかせ、時に、その嵐に立ち向かうこともないではなかったが、それは所詮、蟷螂の車轍に向かう空しいものでしかなかった。

しかしその始め、「憲兵」という襟章をつけて戦々兢々としていたわたしも、戦争末期頃には、もはやひとかどの「憲兵甲羅」を身につけて、威風（？）あたりを払っていたかもしれない。いや、そうであったであろう。だが、半面、わたしはその職務柄、軍民の間にあって、つねにいくばくかの民情に接し人間の機微に触れることの多かったのも、また事実である。

さて、敗戦後二十七年、「憲兵」といえば時代の権力悪の象徴として、国民の間に定着している。しかしこの長い歳月は漸くにしてその罵声を聞くことも少なくはなったが、それでも、茶の間のテレビドラマの映像にうつる「憲兵腕章」は、依然として権力悪の憎らしさを写し出している。われわれにとっては、残念なことではあるが、それも無理からぬ一面の過去の事実であり、それはまた、かつての軍国主義、軍閥の糾弾とともに、長く次代の国民に告発されつづけられることであろう。それもよい。これがこの世代の人々が素朴にうけとめた憲兵の姿であり、また、それが、かつての憲兵に対する国民の評価である以上、われわれは甘んじて謙虚にこれをうけねばならぬものと思っている。

国民の告発といえば、近頃は旧軍における「残虐性」がきびしく取り上げられている。その旧軍における諸悪の告発も、時代の反戦風潮の中で、当面、自衛隊の増強に対する牽制策ともとられないではないが、しかし、事実としての「皇軍」の精神的頽廃は、率直にこれを認めなくてはなるまい。この場合、「監軍護法」などと威張っていた憲兵が、これら軍人、軍隊の「悪業」に、どれだけの抑制を加えたのかと、考えさせられている今日この頃である。ここでも、甚だ微力だった「軍事警察」が悔まれてならない。本来、憲兵の主任務は、この軍事警察であった。「憲兵令」は〝憲兵は軍事警察を主掌す〟と教えていたのに、この軍事警察を忘れた憲兵は失格である。

なお、今日いろいろと考えさせることが多いが、しかし、それはそれとして、わたしはわたしなりにこの十六年を生きた。一軍人警察官として、また、一個の人間として、時に怒り、時に喜び、時に悲しんだ、その十数年の公的生活は、それが、無力無能のものであっても、やはり、わたしにとっては、その半生の中味をなすものである限り、なかなか忘れがたいものである。

こうしたことから、わたしは、最近、「忘れ得ぬ警察におけるわたし」なるものを書きつづってみた。それは、みな、わたしの記録の中につよく刻みつけられているものであり、そこには、わたしの人間としての未完成、いや、欠点だらけのそれを立証するものばかりで、まことにはずかしい次第であるが、あえて、ありのままに、これを書くことによって、わたしの半生の「ざんげ」と反省の「あかし」ともしたいと思っているのである。

今日、わたしもすでに七十五の齢を数え、静かにその余生を刻んでいる。かえりみて、その過去十数年にわたる公的生活の歩みは、まことに貧弱で空しいものであるが、「警察」という職にあって、時代の流れに生きてきた一軍人の、つたないこの公的記録が、どれだけ時代の証言価値をもつものか、わたしにはこれを肯定する勇気はないが、ただ、はかない昔ものがたりにすぎない、このわたしの公的生活における記念像が、幸いに多くの読者の眼を汚し、この時代に生きた一軍人の、そこでの人間関係のむずかしさを味読していただければと思うのみである。

なお、この記述には、事の正確を期するために、ここに登場していただいた多くの方々に、ご迷惑をかけ、また、わたしの先輩・僚友たちにも、甚だ礼を失したことの多いのを恐れている。謹んでご宥恕を願いたい。

また、本書の公刊にあたっては、ＡＲプロダクション社長本多喜久夫氏の絶大なるご支援によるもの、これまた記して厚く感謝の意を表するものである。

昭和四十七年十二月

著　者

単行本　昭和四十八年三月　新人物往来社刊

NF文庫

憲兵　新装版

二〇二三年九月二十四日　第一刷発行

著　者　大谷敬二郎

発行者　赤堀正卓

発行所　株式会社　潮書房光人新社

〒100-8077　東京都千代田区大手町一-七-二

電話／〇三-六二八一-九八九一㈹

印刷・製本　中央精版印刷株式会社

定価はカバーに表示してあります

乱丁・落丁のものはお取りかえ致します。本文は中性紙を使用

ISBN978-4-7698-3328-4　C0195

http://www.kojinsha.co.jp

NF文庫

刊行のことば

第二次世界大戦の戦火が熄《や》んで五〇年——その間、小社は夥しい数の戦争の記録を渉猟し、発掘し、常に公正なる立場を貫いて書誌とし、大方の絶讃を博して今日に及ぶが、その源は、散華された世代への熱き思い入れであり、同時に、その記録を誌して平和の礎とし、後世に伝えんとするにある。

小社の出版物は、戦記、伝記、文学、エッセイ、写真集、その他、すでに一、〇〇〇点を越え、加えて戦後五〇年になんなんとするを契機として、「光人社NF（ノンフィクション）文庫」を創刊して、読者諸賢の熱烈要望におこたえする次第である。人生のバイブルとして、心弱きときの活性の糧《かて》として、散華の世代からの感動の肉声に、あなたもぜひ、耳を傾けて下さい。